KB092011

천작 天爵

천작天爵
선비의 삶에서 사람의 길을 찾다

초판 1쇄 인쇄 2012년 5월 10일
초판 1쇄 발행 2012년 5월 20일

지은이 김기현
펴낸이 이영선
펴낸곳 서해문집

이 사 강영선
주 간 김선정
편집장 김문정
편 집 허 승 임경훈 김종훈 김경란 정지원
디자인 오성희 당승근 안희정
마케팅 김일신 이호석 이주리
관 리 박정래 손미경

출판등록 1989년 3월 16일 (제406-2005-000047호)
주 소 경기도 파주시 교하읍 문발리 파주출판도시 498-7
전 화 (031)955-7470 | **팩스** (031)955-7469
홈페이지 www.booksea.co.kr | **이메일** shmj21@hanmail.net

©김기현, 2012

ISBN 978-89-7483-526-2 93100

이 도서의 국립중앙도서관 출판시도서목록(CIP)은 e-CIP 홈페이지
(http://www.nl.go.kr/cip.php)에서 이용하실 수 있습니다.(CIP제어번호:2012002184)

●이 책은 2011년도 전북대학교 저술 장려 연구비 지원에 의하여 연구되었습니다.

김기현 ◦ 지음

天爵 천작

하늘이 내린 영원한 벼슬

선비의 삶에서 사람의 길을 찾다

| 삶의 행복을 찾아 떠나는 고전 탐사기 |

서해문집

세상 사람들은 하늘과 땅 사이에서 길을 헤매면서 살아가고 있으니, 되돌아 자신을 살펴본 일이나 있는가? 배고프면 밥 먹고, 목마르면 물 마시며, 이득거리를 보면 쫓아 나서고, 해로운 것은 피할 줄 알면서, 정작 하늘이 나에게 삶을 준 뜻과, 사람이 사람 된 까닭에 관해서는 생각하지 않는 것은 어째서인가?

《심경心經》

머
리
말.

글을 써 나가다 보니 한 마디, 한 줄의 내용이 모두 나 자신을 경각
시키는 잠언이다. 아직도 올바르게 실행하지 못하고, 또 앞으로
평생 풀어야 할 삶의 과제들을 정리한 셈이다. 그런데 이러한 자기성찰
과 채찍질의 자료를 책으로 내어 남들에게 읽혀야 하는가? 옛사람의 말
처럼, "세상 사람들을 속여 명예를 훔치려는欺世盜名" 짓은 아닌가? 아직
도 나 자신을 흔쾌하게 설득하지 못하고 이렇게 머리말을 쓴다.

이 글은 원래 2010년에 전주 MBC 프로그램 〈라디오 고문진보〉를
진행하면서 작성한 원고를 고쳐 거의 새로 쓰다시피 한 것이다. 평소 가
까이 지내는 최태주 피디의 강권에 밀려 일을 떠맡게 되었다. 학문의 세
계에 갇혀 지내지 말고 사회로 나와 사람들을 계몽해야 한다는 것이었
다. 인문학이나 우리의 전통사상을 외면하는 일반인들만 탓할 것이 아
니라, 그들에게 다가가 삶의 정신을 일깨워 주어야 한다는 것이었다.

이 말을 거절할 수가 없었다. 그동안 유가儒家 철학을 공부해 온 사람
으로서, 《중용中庸》의 "참자아를 완성하고 타자를 성취시켜 줄 것成己成物"을

학생들에게 강조해 왔기 때문이다. 아니 어쭙잖은 지식인의 책무의식 이전에, 남들과 더불어 살아야 할 사회에서 '사람의 길'을 함께 고민하고 또 모색해 나가야 한다고 평소 생각해 온 터였다. 떠밀려 맡게 된 일이지만, 이러한 기회를 마련해 준 최태주 형에게 이 자리를 빌려 고마움을 전한다. 무엇보다도 나 자신의 삶을 꼼꼼히 되살펴 보고 또 점검하는 계기가 되었다.

이 책은 나 자신을 비롯하여 오늘날 사람들의 삶을 진단하면서 그 문제점들을 찾고, 또 지향해야 할 바를 나름대로 모색해 본 것이다. 필자가 판단하기에 이 시대의 삶을 지배하는 것은 한마디로 '가벼움'의 정신이 아닐까 생각된다. 사람들은 인간관계에서는 물론, 사물이나 현실과 진지하게 마주하고 깊이 있게 접촉하려 하지 않는다. 마치 차를 타고서 차창 밖의 풍경들을 바라보듯이, 모든 일들을 그렇게 가볍게 스치면서 살아간다. 신작로를 걸으면서 풀 한 포기, 나무 한 그루를 가까이 대면하듯 하는 진지함과 여유로움을 사람들은 잃고 말았다.

자신의 하루 생활을 한 번 되돌아보자. 온통 잠재적인 경쟁자들에 둘러싸여 살아가면서 나는 그들과 서로 깊은 속마음과 인격을 교류하지 못하고, 그저 기능적이고 업무적인 만남으로 시종한다. 아무리 술자리를 함께하는 사이라도 너와 나의 거리를 좁히지 못하고 덧없이 이합집산하는 관계를 면치 못한다. 퇴근하여 귀가 후 티브이의 시청으로 하루를 마치는 일상 또한 가정생활의 가벼움을 예증한다. 이처럼 사람들은 자신의 온존재를 기울일 자리를 어디에서도 갖지 못하고, 또 그러한 노력을 하려 하지도 않는다.

사람들은 자신의 존재 의미나 삶의 참가치에 관해서도 진지하게 고

천작天爵

민하려 하지 않는다. 거기에 무슨 정답이 있는 것은 아니지만, 골치 아픈 그 문제가 세상사에 하등 도움이 되지 않는다고 여기기 때문이다. 그들은 그러한 고민을 접어 두고 대신 현란한 현대문명에 도취되어 역시 가볍게 한세상을 살아간다. 어쩌면 예외적일 것 같은 종교인들조차 대개 전도나 기복의 행위에 열중할 뿐, 자신의 존재 깊은 곳에서 울려올 법한 신의 말씀에 귀 기울이려 하지 않는다. 누군가의 말대로 그저 "신에 대한 믿음을 믿을 뿐이다." 그리하여 진지하고 경건한 삶의 정신은 이제 오늘날 사회에서 거의 사라져 버린 듯한 느낌이 든다.

하지만 억만 년을 빌고 또 빌어도 다시는 못 얻을, 이 세상 그 무엇과도 바꿀 수 없는 자신의 존재와 삶을 그처럼 가볍게 취급해도 괜찮은 것일까? 신을 믿든 안 믿든, 우리에게는 이 세상에서 실현해야 할 존재의 의미와 삶의 과제가 있는 것이 아닐까? 아무리 인생무상이라 하지만, 그렇게 느낄수록 삶에 더욱 진지하게 나서야 하는 것 아닌가? 그렇지 않으면 그야말로 "참을 수 없는 존재의 가벼움(밀란 쿤데라)"에 시달리는 허무의 삶을 면할 수 없을 것이다.

물론 자신의 존재에 대한 의문은 결코 간단히 답변될 수 없으며, 평생 고민해야 할 어려운 과제다. 하지만 그렇다고 해서 질문과 해답의 노력을 포기하는 것은 자신의 삶을 스스로 허무의 세계에 내던지는 것이나 다름없다. 더 큰 문제는 그것이 곧 자기 존재의 왜곡으로 이어진다는 점이다. 사람들은 참자아에 대한 성찰의 노력을 하지 않기 때문에 삶의 목표를 허망한 것들에 둔다. 권력이나 높은 지위, 특히 물신숭배의 자본주의 사회에서 돈과 같은 것들이 그 대표적인 예다. 사람들이 인생무상을 말하면서도 초연하기는커녕, 오히려 그러한 것들에 집착하는 것도 자신의 존재를 진지하게 성찰하지 않는 데에 기인한다.

하지만 그러한 것들이 '무상'한 인생을 '유상'하게 만들어 줄까? 결코 그렇지 않다. 그것들은 인간존재의 본질적인 것이 아니기 때문이다. 결국 그것들을 삶의 목표로 추구하는 한 '무상'감은 더 깊어질 수밖에 없다. 그것은 마치 갈증을 소금물로 달래려는 것이나 다름없다. 흔히 사람들은 이렇게 노래한다. "이 풍진세상을 만났으니 / 너의 희망이 무엇이냐? / 부귀영화를 누렸으면 / 희망이 족할까? / 푸른 하늘 밝은 달 아래 / 곰곰이 생각하니 / 부귀영화가 춘몽 속에/ 또 다시 꿈같다.(〈희망가〉)"

그러면 인간의 참다운 본성은, 나의 참자아는 과연 무엇일까? 이에 관해서는 철학자들의 수많은 논의들이 있어 왔지만 너무 관념적이어서, 사람들이 일상의 현장에서 그것들을 삶의 좌표로 삼기가 어렵게 되어 있다. 이와는 달리 실제의 깨달음과 실천을 통해 인류에게 삶의 길을 밝혀 준 선각자들을 우리는 주목해 볼 필요가 있다. 예를 들면 석가모니, 공자, 예수와 같이 오랜 수행 끝에 자신의 내면 깊은 곳에서 본성을 깨닫고, 진·선·미·성의 가치를 온몸으로 보여 준 사람들이 있다. 그들의 가르침은 인생의 '무상'을 '유상'으로, 존재의 '가벼움'(불행)을 '풍요로움'(행복)으로 전환시켜 주는 실천적인 지혜를 담고 있다.

이 책은 그러한 지혜를 얻고자 하는 노력의 일환이다. 필자는 그 자원을 우리의 역사적 자아의 원형인 선비의 사상에서 주로 찾았다. 부분적으로는 졸저《선비》(민음사, 2009)와 논문들을 참고로 하였다. 물론 선비의 사상을 회고적으로 소개한 것이 아니라, 철저히 오늘날의 정신으로 정련하고 재가공하여 그것으로 우리들 자신의 삶을 성찰하고 참자아를 찾아 실현할 수 있도록 노력하였다. 그 과정에서 지적으로나 실천적으로나 턱없이 부족한 자신을 수없이 자각한다. 부끄럽게 책을 내지만, 혹시 독자들이 함께 고민하면서 자신을 성찰하는 자료로 삼는다면 참으로 다행이겠다.

끝으로 아내(기화성)에게 고마움의 뜻을 전하고자 한다. 이 책의 주제에 대해 종종 조언을 아끼지 않았다. 무엇보다도 일상의 현장에서 해준 아내의 지적과 충고들은 나의 생각을 가다듬고 자세를 바로잡는 데 적지 않은 힘이 되어 왔다. 부부란 단순히 "검은 머리 파뿌리 될 때까지 백년해로"하는 사이에 그치지 않고, 서로의 존재를 향상시켜주는 '도반道伴'이라는 생각을 잊지 않으려 한다.

2012년 4월
전북대학교 연구실에서
김기현

차례

역사적 존재

자기부정의 몽매함

온고지신溫故知新의 정신

▲

제 1 부

역사적
자아의
현재성

까치도 까마귀도 응접을 못하는 시꺼먼 가지를 가진
나도 감히 상상을 못하는 거대한 거대한 뿌리

– 김수영, 〈거대한 뿌리〉

▶역사적 존재◀

**나는
한 개인이기 이전에
역사적이고
문화적인 존재다**

────────── 사람은 사회적인 존재다. 나는 결코 자기
혼자만으로는 존재할 수 없으며, 다른 사람들과 각종의 관계를 맺으면
서 살아가도록 되어 있다. 그 어떤 사회에도 속하지 않는 '개인'은 우리
의 상상력이 만들어 낸 가공의 모습일 뿐이다. 망망대해의 외딴 섬과도
같은 느낌의 고독도 사실은 이미 남들의 존재를 전제하고 있다. 그야말
로 "독존은 공존의 반증 (하이데거)"일 뿐이다.

그런데 "사람은 사회적인 존재"인 것은 사실이지만, 그 명제는 인
간학적 관점에서는 무언가 불충분하다. 그것만 가지고는 인간적인 것
이 내 안에서 어떻게 형성되는지 알 수 없기 때문이다. 다 같이 사회적
인 존재인데 어째서 사람됨의 의미가 나라마다 다를까? 예를 들면 우리
사회의 통념상 사람다움의 뜻과 미국 사회의 그것은 크게 다르다. 그러
고 보면 '인간적'이라는 말만큼 모호한 표현도 드물 것이다. 한 사회에

서 당연한 것으로 인정받는 '인간적인' 행동이 다른 사회에서는 '비인간
적인' 것으로 비난당하는 경우가 흔하다. 아니 한 사회 안에서도 신구세
대 간에, 심지어는 개개인들 사이에서조차 '인간적'이라는 말이 다르게
쓰이기도 한다. 이를 어떻게 설명해야 할까?

사실 모든 사회에는 '사람됨'을 규정해 주는 무엇이 있다. 그것은
바로 역사와 문화다. 선재하는 역사와 문화가 나의 사고방식과 행동에
개입하는 것이다. 나의 사람됨은 자신의 독자적인 형성물이 아니다. 나
의 존재는 출생 시, 아니 그 이전부터 내외의 환경에 의해 끊임없이 만
들어져 왔다. 말하자면 나는 조상과 부모, 이웃과 친구, 사회와 시대, 더
나아가 자연환경의 영향을 받으면서 형성되어 왔다. 만약 내가 다른 시
대에, 다른 나라에서 태어났더라면 결코 지금의 '나'가 될 수 없었을 것
이다.

물론 내가 그렇게 수동적으로 형성되기만 하는 것은 아니다. 나는
동시에 능동적인 역량으로 내외의 환경을 변화시키면서 자신을 창조해
나가기도 한다. 엄밀히 말하면 나의 성장과정에는 그러한 창조성과 피
조성이 상호작용한다. 예를 들면 남녀유별의 전통에 의해 나의 인격이
형성되어 왔을 뿐만 아니라, 동시에 그 전통을 얼마간 부정하고 비판하
기도 하면서 자신의 인격을 형성해 나간다. 신구세대 간 남녀관념의 차
이와 갈등이 여기에서 생겨난다.

인간사회에서 나의 형성에 가장 커다란 영향을 미치는 환경은 역시
우리의 역사와 문화다. 나의 성장과 발전에는 이미 우리의 역사와 문화
가 깊이 개입되어 있다. 나는 우리말을 내 스스로 좋아서 선택한 것이
아니라 선험적으로 강요받았으며, 그리하여 우리의 민족어에 담겨 있는

천작天爵

그 고유의 사물관과 인간관, 세계관을 어려서부터 부단히 주입받아 왔다.

그 밖에 효도 등 각종의 가치관념들도 나의 이성이 스스로 구성해낸 것이 아니다. 역시 우리의 조상이 오랜 역사 속에서 형성하고 실천해 온 그것들을 나 자신의 것으로 내면화해 왔다. 우리는 왜 자신의 불효를 자책하면서 고통스러워하는가? 서양의 개인주의 사회에서는 상상할 수 없는 그것은 내 안에 있는 역사적 자아를 따져 보지 않으면 이해할 수가 없다.

그러므로 나는 한 개인이기 이전에 역사적이고 문화적인 존재가 아닐 수 없다. 역사와 문화를 배제한 나를 우리는 도대체 상상할 수 없다. 나의 역사와 문화는 "까치도 까마귀도 응접을 못하는 시꺼먼 가지를 가진 / 나도 감히 상상을 못하는 거대한 거대한 뿌리(김수영, 〈거대한 뿌리〉)"다. 그것들의 부정은 곧 자신의 현 존재를 부정하는 것이나 다름없다. 우리가 자신의 역사와 문화를 돌보고 사랑해야 할 이유가 여기에 있다. 참다운 창조정신도 그 토대 위에서만 발휘될 수 있다.

물론 거기에는, "요강, 망건, 장죽, 종묘상, 장전, 구리게 약방, 신전 / 피혁점, 곰보, 애꾸, 애 못 낳는 여자, 무식쟁이"와 같이 고리타분하고 추하여 외면하고 싶은 "더러운 역사, 더러운 전통(김수영, 〈거대한 뿌리〉)"도 있을 것이다. 하지만 우리는 그(것)들조차도 사랑해야 한다. 설사 내가 그처럼 못났다 하더라도 자신을 사랑하지 않는다면 자기모멸적인 삶을 살 수밖에 없다. 무릇 인생은 자신의 인간(자아)관에 따라 영위되는 법이기 때문이다. 이는 애국주의나 국수주의를 선동하려는 것이 아니다. '더러운' 역사와 전통까지도 그것을 나의 현 존재의 토대로 적극 받아들이면서 그 위에서 새로운 나, '깨끗한' 미래를 창조하려는 것이다.

게다가 우리에게는 그처럼 "더러운 전통"만 있는 것이 아니다. 우리의 역사에는, 미물에게까지 따뜻한 생명의 눈빛을 보내면서 구원의 손길을 뻗쳤던 대자대비의 스님과, 우주적 대아大我의 정신으로 세상을 그의 품에 아우르면서 때로 정의를 위해 죽음도 불사했던 기개 호연한 선비와, 또 아무리 "곰보, 애꾸, 애 못 낳는 여자, 무식쟁이"라 하지만 사람됨까지 비뚤어진 것은 아니어서 이웃과 다정을 나누며 소박하게 살아온 우리의 무수한 할머니와 할아버지 등 자랑스러운 조상도 있다.

▶자기부정의 몽매함◀

**참다운 아름다움은
자신의 본래적인 모습을
소중하게 돌보고
발전시키는 데에서 드러난다**

─────────── 오늘날 사람들은 전통문화의 중요성을 말하면서도 정작 우리 문화의 가장 큰 기반인 유교에 대해서는 상당히 부정적이다. 많은 사람들은 유교 하면 과거 왕조 시절 '치국평천하'의 벼슬길에 나가기 위한 입신출세의 학문이나, 또는 봉건체제와 지배질서의 유지에 봉사하는 정치이데올로기 정도로 여긴다.

그러므로 그들이 보기에 유교의 공부는 기껏 케케묵은 우리 역사의 유물을 정리하려는 노력 이상의 의미를 갖지 못한다. 그들은 어쩌면 거기에서 우리의 초라한 역사를 지우고 못난 전통을 외면하고 싶은 생각조차 들 것이다. 그 단적인 증거를 우리는 10여 년 전 한동안 베스트셀러가 되었던 책,《공자가 죽어야 나라가 산다》라는 선동적인 구호에서 본다. 요즘 중국은 전 세계에 공자 아카데미를 세워 공자 살리기에 외교적인 노력까지 기울이고 있는데 말이다.

우리 사회가 그동안 근대화의 이름 아래 서구화를 추구해 온 것도 이러한 부정적인 인식의 소산이다. 봉건적인 유교문화의 전통은 근대화의 걸림돌인 만큼 당연히 그것을 단절해야 한다는 생각은 자연스럽게 선진의 서양 문명에 선망의 눈을 돌려 그들을 모방하려 할 것이기 때문이다. 이렇게 하여 서양(문명, 사람)은 언제부터인가 이상적인 모델로 우리 사회와, 그리고 우리들 자신의 내면에 자리 잡게 되었다. 광고도 서양 모델을 등장시켜야 물건이 잘 팔리고, 상품이나 상호(간판)도 뜻 모를 알파벳을 박아야 멋져 보이며, 말도 영어를 섞어야만 유식하게 들린다. 아파트 이름을 영어로 바꾸니까 집값이 올라가더라는 웃지 못할 현상을 어떻게 이해해야 하는가? 사람들은 과거 유학자들의 사대의식을 비난하지만, 이처럼 자신의 존재를 부정하면서 남을 닮으려는 것만큼 심한 사대주의가 또 어디에 있을까?

게다가 갈수록 강화되는 영어교육 정책은 결과적으로 학생들에게 한국인의 사고방식과, 더 나아가 한국인의 사람됨 자체를 스스로 부정하도록 장려하기까지 한다. "언어는 존재의 집(하이데거)"인 만큼, 우리 말에 담긴 사물(존재)의 모습이 영어상의 그것에 의해 혼란되고 또 흐려지고 말 것이기 때문이다. 일례로 경어敬語를 모르는 영어의 사고문법을 자꾸 익히다 보면 우리의 경어에 담긴 예의와 공경의 정신이 점점 흐려질 것이다. 아이(자식)들이 어른들에게, 아니 부모에게조차 '너you'라고 칭하는 사고방식을 익히다 보면, 어른들(부모)을 존중하는 마음이 생기기 어려울 것이다.

작년(2011년) 4월경 서울의 어떤 특급호텔에서 그 종사자가 한복을 입은 여성을 제지한 일이 있었다. 언론매체들은 즉각 이를 뉴스화하여 비난하였고 그 호텔의 책임자는 바로 사과했지만, 사람들은 그 이면의 근본적인 문제점을 간과하고 있었다. 사실 그것은 우리 사회를 지배하고 있는 서구지향적인 '사대'의식이 우리들 자신의 문화전통을 암암리에 부정해 온 결과의 한 단면일 뿐이다. 그처럼 자기의 문화와 역사적 자아를 부정하는 현상을 우리는 사회의 도처에서 목격한다. 대학에서 우리말을 버리고 영어로 강의할 것을 강요하다시피 하는 당국의 교육정책도 심각한 한 가지 예다. 그들은 영어 강의가 학생들의 학문 활동과 창의적 사고의 증진에 과연 얼마나 도움이 되는지 따져 보려 하지 않는다.

문제는 이처럼 자신을 자부하지 못하고 남을 선망하면서 따라가려는 사람이 필연적으로 얻게 될 결과에 있다. 설사 외형상으로는 아무리 그럴싸해 보인다 하더라도, 그는 안으로 자아의 빈곤과 삶의 가벼움을 면치 못할 것이다. 머리를 노랗게 염색하고 콧대를 높이며 얼굴을 하얗게 화장한다 해서 그가 서양인이 되는 것은 아니다. 그가 서양인 앞에서 느낄 위축감과 열등감을 상상해 보자. 혹자는 이를 아름다움의 추구본능으로 변명하려 한다. 하지만 참다운 아름다움은 자신의 본래적인 모습을 소중하게 돌보고 발전시키는 데에서만 드러나는 법이다. 자신을 자부하지 못하는 사람은 결코 성공적인 삶을 영위할 수 없다.

다른 가치들도 마찬가지다. 진정한 가치 창조는 자신의 고유한 내면세계를 토대로 해야 하지, 그것을 외면하면서 남들의 것이나 흉내 내서는 결코 가능하지 않다. 이는 남들의 것을 무조건 폄하하고 배척하면서 자기애에 빠지라는 말이 아니다. 남들에 대해 열린 관심을 갖고 그들의 좋은 점을 받아들이되 자신의 고유한 토대를 잊어서는 안 된다는 것이다. 자아는, 삶은 그 가운데에서만 풍요로워질 수 있다.

인간관계와 삶의 총체적 현장인 사회도 이와 다를 것이 없다. 제 역사와 문화를 부정하고 외면하는 사회는 결코 참다운 번영을 누릴 수 없다. 요즈음 한국학에 대한 사람들의 관심은 이러한 자각의 산물일 것이다. 그들은 자신이 그동안 추구해 온 서양인의 삶과 문화로는 자신의 정체성을 찾아 세울 수 없다는 체험 속에서 우리의 역사와 문화에 관심을 갖기 시작한 것이다. 물론 다른 한편으로는 여전히 자기 역사와 문화를 은근히 부정하는 이율배반적인 사고와 행태를 드러내고 있지만 말이다.

천작天爵

▶온고지신溫故知新 의 정신◀

**우리는 전통을 재해석하고
보충하고,
때로 저항하기도 하면서
자신의 삶을 완성해 나간다**

─────────── 사람들이 유교를 오해하고 있는 데에는 대
체로 두 가지 관점이 작용하고 있는 것처럼 보인다. 첫째 그들은 조선사
회 이래 기층민중의 삶에서 유교를 이해하려 한다. 예를 들면 그들은 소
설이나, 또는 자기 주변의 노인들에게서 남존여비의 행패를 직간접으로
목격하면서 그것을 유교의 본질이라고 단정한다. 하지만 그러한 태도는
위험하기 짝이 없다. 민중의 삶에서는 어떠한 이념과 사상도 왜곡 굴절
을 면하지 못하기 때문이다.

이는 마치 종교신자들의 행태에서 해당 종교의 본질을 단정하려는
것이나 다름없다. 뒤에서 살피는 것처럼 부부 문제만 하더라도 선비들
은, "서로 공경하기를 손님 대하듯이 할 것相敬如賓"을 강조하면서 실천하
려 하였다. 사랑은 상호간 공경의 마음과 예의 속에서만 완성될 수 있음
을 그들은 알고 있었던 것이다. 이러한 사랑의 윤리정신이야말로 오늘

날 서로 조심할 줄 모르고 함부로 대하는 남녀(부부) 관계의 현실에 오히려 귀감이 된다.

둘째 사람들은 유학을 공부하여 벼슬길에 나선 정치인들의 행태를 통해 유교를 평가하기도 한다. 그들은 역시 소설이나 티브이 사극 등에서 전개되는 조정의 권력 다툼과 유교정치인들의 권모술수를 보면서 저것이 바로 유교의 모습이라고 단정한다. 또 유학을 공부한 것으로 여겨지는 양반들이 민중에게 횡포를 부리고 수탈을 자행한 우리의 역사를 사람들은 역시 유교의 탓으로 돌린다.

사실 유학자들 가운데에는 표리부동하게 살았던 위선자와, 부귀영화를 뒤쫓았던 벼슬아치 등 이른바 '소인유小人儒'들이 많이 있었을 것이다. 하지만 이렇게 반문해 보자. 오늘날 정치인으로 변신한 학자들의 사고와 행태를 두고 해당 학문의 본질을 말할 수 있는가? 우리는 그 대답을 찾기 위해 깊이 생각해 볼 필요가 없다.

게다가 어느 시대, 어떤 사회를 막론하고 아무리 훌륭한 종교와 탁월한 사상이라 하더라도, 그것이 특히 사회적인 힘을 얻게 되면 그것을 이용하여 자신의 이익을 챙기려는 사람들이 생기는 법이다. 우리는 그러한 실상을 우리 사회의 종교현장에서 흔히, 그리고 생생하게 목격한다. 성직자들이 벌이는 각종의 비행과 이권의 다툼에 대해서는 더 이상 이야기할 필요가 없을 것이다.

그러므로 어떠한 사상이든 그것으로 행세하는 사람들의 행태만 가지고 논단하려 해서는 안 된다. 한 사상을 말하려면 그에 앞서 그것의 본질을 제대로 알아야 한다. 유교도 마찬가지다. 공자가 제자들에게 강조한 '군자유君子儒'의 정신을 헤아려야 한다. 조선 시대 청빈淸貧의 문화를 주도했던 선비들의 철학을 들여다보아야 한다.

이는 단지 회고적인 차원에서 화석의 발견이나 골동품의 수집처럼 사상사를 정리하기 위해서가 아니다. 우리의 집단 무의식 깊이 내재하여 현재의 삶에 여전히 작용하고 있는 전통의 유전인자, 역사적 자아를 찾아 이를 계승 발전시키기 위해서다. 더 나아가 이러한 작업은 오늘날 자연과 인간과 사회를 계속 파괴해 가고 있는 야만의 문명 속에서 그 대안을 모색하는 데에도 일조를 할 수 있을 것이다.

물론 그것만으로 우리가 당면하고 있는 삶의 문제들이 해결되는 것은 아니다. 전통이 역사 속에서 축적되어 온 삶의 지혜를 우리에게 많이 전해 주는 것은 사실이지만, 우리는 이 시대에 우리 자신에게 고유한 문제들을 갖고 살아가기 때문이다. 나의 삶을 선조들이 대신 살아 줄 수는 없는 일이다. 이는 과거의 전통과 현재의 삶 사이에는 일정한 틈이 생길 수밖에 없음을 일러 준다. 우리는 그 사이에서 전통을 재해석하고 보충하고, 때로 저항하기도 하면서 자신의 삶을 완성해 나간다.

이제 아래에서는 이와 같은 문제의식을 바탕에 깔고서 인간은 어떠한 존재인지, 나는 어떻게 살아야 할 것인지에 관해 살펴보고자 한다. 다시 말하지만 이는 단순히 우리의 역사적 자아를 사생하려는 것이 아니다. 전통을 참조하되 오늘날 우리들 자신에 초점을 맞추어, 문자 그대로 '온고지신溫故知新'의 정신으로 새로운 삶의 길을 모색하려 한다.

제
2
부

사람됨의
뜻

이 세상에서 가장 넓은 집에서 살고,
이 세상에서 가장 바른 자리에 서며,
이 세상에서 가장 큰 길을 걷나니,
뜻을 펼 기회가 주어지면 만민과 더불어 그것을 행하고,
그렇지 않으면 혼자만이라도 그 길을 가리라
　－《맹자》

▶해석학적 인생◀

**자신을 못났다고
여기는 사람은
열등한 인생을 살 수밖에 없다**

"모든 인생은 그 자체가 해석학적(M. 란트만)"이라는 말이 있다. 모든 사람은 각자 나름대로의 세계관과 인간(자아)관을 갖고 있으며, 삶은 그것을 실천적으로 해석해 나가는 과정이라는 뜻이다. 예를 들면 혹자의 말대로, 사람은 자기 자신을 하느님의 피조물로 여기느냐, 아니면 진화된 원숭이로 여기느냐에 따라 삶의 방식이 달라진다. 전자는 여타 피조물과는 다른 존재로서 하느님의 말씀에 따라 경건하게 살려 할 것이다. 그는 동물적인 욕망을 스스로 용서하지 못한다. 하지만 후자에게는 동물적인 욕망도 소중하다. 사람도 근본적으로는 동물이기 때문이다.

이처럼 내가 자신을 어떻게 여기느냐에 따라 삶의 내용이 크게 달라진다. 자신을 못났다고 여기는 사람은 열등한 인생을 살 수밖에 없다. 이에 반해 자신의 내부에서 존엄한 가치를 발견하는 사람은 역시 존엄하게 살려 할 것이다. 인간(자아)관은 이렇게 삶의 핵심 정신으로 작용하면서 사람들의 행동거지를 지배한다. 달리 말하면 사람들의 말 한 마디, 행동 하나에도 그들 각각의 인간관이 배어 있다.

물론 인간관이 고정불변한 것은 아니다. 그것은 어려서부터 형성되면서 죽을 때까지 끊임없이 변한다. 예컨대 그 변화는 향상의 모습을 띨 수도, 타락의 모습을 띨 수도 있고, 아니면 선악의 차원을 넘어 아예 질적인 변모를 보일 수도 있다. 먼저 후자의 예로는 종교 신앙의 개종을 들 수 있다. 모든 종교에는 제각기 고유한 인간관이 있는데, 개종은 그동안 믿었던 것과는 다른 새로운 인간관을 택하여 살겠다는 뜻이기 때문이다.

전자의 예를 과거의 시대사조에서 살펴보자. 앞서 인용한 란트만의 주장에 의하면 다윈의 진화론은 당시 유럽의 대중들을 열광시켰다고 한다. 사람은 하느님의 형상대로 만들어진 존재인 만큼 품위 있게 살아야 한다고 강조해 온 기독교의 교리에 질식할 것 같던 차에, "사람도 근본에 있어서는 동물에 지나지 않는다"는 다윈의 주장이 그들의 숨통을 터 주었기 때문이라는 것이다. 그들은 기독교의 금욕적인 윤리를 거부하고 동물적인 욕망을 정당하게 추구할 수 있는 과학적인 근거를 다윈의 진화론에서 발견한 것이다.

물론 그렇다고 해서 그들이 인간을 동물과 똑같은 존재로 여겼던 것은 아니다. 그들은 다른 한편으로 자신이 '이성적인' 동물이라는 사실에 자부심을 갖고 있었다. 하지만 그들에게 '이성'은 더 이상 진리를 발견하고 삶의 윤리와 이념을 추구하는 고상한 정신능력이 아니었다. 그것은 기껏 욕망의 실현을 위해 합당한 논리를 개척하고 이해득실을 계산하는 지능의 수준에 머물러 있다. 말하자면 이성이 욕망에 봉사하는 수단으로 도구화되고 만 것이다.

그리하여 이제 사람들은 너 나 할 것 없이 욕망의 충족을 삶의 목표로 내세우면서 온갖 노력을 기울인다. 거기에 더하여 사람들의 욕망을 끊임없이 부추기고 또 조장하는 상업문명의 발달과 함께, 오늘날은 욕망의 인간관이 이 시대를 지배한다고 해도 과언이 아니다. 문명의 진보가 인간관을 제고하기보다는 오히려 전락시키는 결과를 초래한 것이다. 그러므로 우리는 현대사회가 겪고 있는 각종의 병리현상을 이러한 인간관에서부터 근본적으로 진단하고 또 처방해야 한다.

오늘날 우리 사회를 지배하는 욕망의 인간관도 그렇지만, 예나 지금이나 사람들의 잘못된 자아관은 더 근본적인 문제를 안고 있다. 그것이 삶을 오도하기 때문이다. 우리는 종종, "나는 누구인가?" 하는 질문을 자신에게 던지곤 한다. 물론 이에 대해 분명한 해답을 찾는 사람은 거의 없다. 그것은 인류에게 영원히 열려 있는 의문이기 때문이다. 고대 그리스 델포이의 신전 기둥에 적혀 있었다는, "너 자신을 알라!"는 경구가 여전히 인구에 회자되는 것만 보아도 이를 잘 알 수 있다.

자아의 정체를 찾는 데에는 일반적으로 두 가지 방식이 있다. 사람들은 흔히 그것을 사회적인 신분이나 이력, 재물, 명예 등에서 찾는다. 그들은 그것들을 자아와 동일시한다. 이를테면 나는 한 사람의 남편이고, 대학의 교수이며, 또는 출근하는 회사의 무엇이라는 사실에서 자신의 존재감을 얻고 정체성을 확인한다. 하지만 그처럼 외재적이고 또 일시적인 것들을 가지고 진정한 '나'라고 말할 수 있을까?

그러한 자아의식에 갇혀 있는 사람은 틀림없이 허무감을 겪게 될 것이다. 언젠가 그러한 '이름'들이 모두 떨어져 나가면 '나'라고 말할 수 있는 게 더 이상 아무것도 남아 있지 않기 때문이다. 사람들이 정년퇴직을 하고 나면 갑자기 늙어 버린다는 사실도 그러한 자아의식의 결과일 것이다. 또 이른바 '노욕老欲' 또는 '노탐老貪'은 늙어 가면서 점점 상실되어 가는 자기정체성을 새로운 욕망의 대상에서 찾으려는 모습 중 하나이기도 하다.

아니 노년을 기다릴 필요도 없다. 그러한 자아의식은 지금 이 순간에조차 일말의 불안감을 떨치기 어렵다. 교수라 하지만 학생들한테서 존경은커녕, 비난을 당할 수도 있다는 사실을 스스로 잘 알기 때문이다. 더 나아가 사회적 지위나, 재물, 명예 등이 하루아침에 상실될 수 있다는 사실도 우리를 불안게 하기는 마찬가지다. 그런데도 우리는 여전히 그처럼 외재적이고 비非본래적인 것들로 자아를 채우고 존재감을 얻으려 애쓴다. 사람들이 삶의 불안과 허무에 빠질 수밖에 없는 한 가지 이유가 여기에 있다.

델포이 신전의 경구를 우리는 이러한 관점으로 해석해 볼 수 있다. 그것은 본래, "네가 죽을 수밖에 없는 존재임을 알아 신 앞에 겸손해야 한다"는 뜻이라 한다. 그런데 죽음은 권력, 재물, 사회적 지위 등 모든 외재적인 것들의 무상함을 철저하게 일깨워 준다. 문자 그대로 "빈손으로 왔다가 빈손으로 가는空手來空手去" 것이 인생이다. 그러므로 그러한 것들을 모두 떨쳐 버리고, "너의 참자아를 찾아야 한다"는 것이다.

인류의 역사 속에서 소수의 사람들은 자신의 정체를 정말 참자아에서 찾아 실현하였다. 우리는 그 대표적인 사례를 인류가 존경해 마지않는 성인들, 즉 석가모니와 공자, 예수의 삶에서 확인한다. 그들은 현실의 그 무엇에 의해서도 가감되지 않는 인간의 본래적인 성품을 깨달아 삶에서 성취하였다. 훗날 사람들은 그것을 불성佛性, 덕성德性, 영혼靈魂 등으로 개념화하기도 하지만, 그 용어는 무어라 해도 상관없다. 자기 안에서 얻은 깊은 깨달음을 실천하면 된다.

인류의 스승들은 역설한다. 세속에 묻혀 사는 우리 일반인들도 누구나 그러한 성품을 타고났으며, 그것이야말로 인간존재의 위대한 힘이라고 말이다. 사실 사람들이 부처님이나 예수님 앞에서 마음의 안식과 평화를 얻는 것도 그 때문일 것이다. 막강한 재력가나 서슬 퍼런 권력자들도 저 성인聖人들 앞에서는 무릎을 꿇고 고개를 숙이는 것을 보면, 진정한 힘은 나의 내부에서 나오는 것이지 외재적인 데에 있는 것이 아니라는 사실을 알 수 있다.

공자 역시 참자아를 인간의 내부에서 찾았다. 그는 당시 부귀공명을 목표로 하는 잘못된 공부의 풍토를 다음과 같이 탄식한 바 있다. "옛날 사람들은 자기를 위해서 공부했는데, 오늘날 사람들은 남을 위해서 공부하는구나.《논어》" 여기에서 '남을 위한 공부'란 남에게 봉사하고 덕을 베풀기 위한 공부라는 말이 아니다. 그것은 남들에게 인정받고 과시하려는, 즉 권력이나 재물, 명예 등을 목표로 하는 공부를 뜻한다. 한편 '자기를 위한 공부'란 그처럼 입신출세를 위해서가 아니라, 참자아를 찾아 실현하기 위한 구도의 노력을 뜻한다.

조선 시대 선비들의 학문은 본래 이러한 인간학이었다. 그들은 '남을 위한 공부'를 극력 경계하였다. 그것은 자아를 빈곤하게 만드는 요인으로 여겨졌기 때문이다. 그들은, "인간의 본래적인 자아는 무엇인가?", "참자아를 실현하기 위해 나는 어떻게 살아야 할 것인가?" 하는 등의 문제를 자신에게 수없이 제기하고, 그 답변을 실천하려 하였다. 오늘날 사람들이 흔히 상상하는 선비들의 올곧은 삶은 그러한 자아의식의 산물이다.

이황李滉, 1501~1570 선생의 예를 들어보자. 선생은 학문을, "깊은 산 숲속에서 종일토록 맑은 향기를 뿜으면서도 제 스스로 그 향기를 알지 못하는" 한 떨기 난초의 꽃피움에 비유하였다. 난초가 남들의 찬탄을 받기 위해 꽃을 피우고 향기를 뿜는 것이 아니듯, 공부도 오직 자신의 존재를 온전히 꽃피우는 데에 목표를 두어야 한다는 것이다. 이는 오늘날 '남을 위한 공부'에만 열을 올리는 우리들의 이지러진 모습을 가슴 아프게 되돌아보게 해 준다.

천작天爵

▶사람이 바로 하늘◀

**모든 사람들을 '이름' 너머
본래적인 인격으로
경건히 대면해야 한다**

━━━━━━━━━━━━━━ 그러면 내가 꽃피워야 할 내 안의 본성, 참
자아는 무엇인가? 인류의 스승들은 완전한 깨달음 속에서 불성, 덕성,
또는 영혼 등을 강조했지만, 우리도 차분한 숙고를 통해 참자아의 모습
을 엿볼 수 있다. 이를 위해 우리는 무엇보다도 먼저 비非본래적인 자아
의 상을 버리지 않으면 안 된다. 재물, 사회적 지위, 권력 등으로 자신의
존재감을 얻으려는 어리석음에서 벗어나야 한다. 그리하여 그러한 것들
을 모두 벗어던지고 자기 안의 '벌거벗은 나'를 만나야 한다.

하지만 그렇게 드러나는 '나'는 과연 누구일까? 개념이 전혀 잡히
지 않으니 막막하기 짝이 없다. 이에 관해 어려운 철학적 논의는 생략하
려 한다. 다만 시선을 나 자신 안으로 돌려 보자. 재물, 지위, 권력 등 외
재적인 모든 것들을 떨쳐 내다 보면 아마도 삶(존재)의 광야에 홀로 서
있는 자신의 모습을 발견하게 될 것이다. 나는 그 자리에서 어쩌면 신음

하듯 자신의 존재에 대해 물음을 던질 것이다. 나는 누구이며, 어디에서 왔는가, 나의 근원적인 태생은 어디인가? 하고 말이다. 우리가 익히 아는 것처럼, 공자는 거기에서 '하늘'을, 예수는 '하느님'을 발견하였다. 유교의 사상과 기독교의 신앙이 여기에서 비롯된다. 다만 그 신봉자들이 자신의 존재에 대해 저와 같이 진지하고 치열한 물음과 고민을 거치지 않는다면, 그들은 기껏 '(공자와 예수의) 믿음을 믿는' 수준에서 벗어나지 못할 것이다.

물론 '하늘'이나 '하느님'같이 초월적인 존재의 발견과 믿음이 유일한 해답은 아니다. 혹자는 삶(존재)의 광야를 밝혀 주는 불빛을 초월자가 아니라 자신의 본래적인 심성에서 발견할 수도 있다. 이목구비의 감각과 사려 판단 이전에, 세속의 그 무엇에도 오염되지 않은 자아 심층의 맑고 깨끗한 본성을 말이다. 석가모니가 왕궁 생활을 회의하면서 오랜 방황과 수행 끝에 깨달은 '불성佛性'이 그 예다.

이러한 내재적인 접근은 꼭 초월자를 부정하지만은 않을 것이다. 혹자는 자신의 본래적인 성품에서 초월자를 깨닫고 그의 '말씀'을 들을 수도 있다. 그중 어느 것을 강조하느냐에 따라 참자아 추구의 방식이 달라질 것이다. 예컨대 불교는 초월자를 배제하면서 마음의 본성을 깨달을 것을 강조하고, 기독교는 '하느님'을 이 세계와 삶의 중심에 둔다. 이와는 달리 유교는 상당히 절충적이다. 선비들은 인간의 덕성에서 '하늘'의 뜻을 읽지만, '하늘'을 전면으로 내세워 종교신앙의 대상으로 삼지는 않는다. 어쨌든 그들 모두에게 공통된 정신이 한 가지 있다. 인간(과 만물)을 존엄한 존재로 여겨 그의 참자아(와 만물의 고유한 본성)를 실현할 것을 강조한다는 점이다.

우리의 사상사 속에서 또 다른 사례를 살펴보자. "사람이 바로 하늘"이라는 동학의 '인내천人乃天' 사상이 그것이다. 다 아는 것처럼 이는 당시의 불평등 신분질서를 부정하고 뛰어넘었던 획기적인 의의를 갖고 있다. 뿐만 아니라 거기에는 오늘날에도 여전히 매우 중요한 삶의 정신이 담겨 있다. 아니 그것은 미래에까지 인류가 추구해야 할 영원한 과제이기도 하다.

당연한 이야기지만 "사람이 바로 하늘"이라는 말은 단순히 인식의 문제에 그치지 않고, 모든 사람들을 하늘처럼 존엄하게 받들어야 한다는 실천적인 뜻을 내포하고 있다. 그런데 우리는 거기에서 그동안 전혀 생각해 보지 못한, 사람을 바라보는 새로운 시선을 느낄 수 있다. 이를 위해 고 신동엽1930~1969 시인의 대서사시 〈금강〉의 한 구절을 인용한다. 시인은 동학의 2대 교주인 최시형崔時亨, 1827~1898 선생이 어느 신도의 집에서 저녁을 먹을 때의 대화를 다음과 같이 엮는다.

(전략)
어느 여름
동학교도 서徐노인 집에서
저녁상을 받았다

수저를 들으려니
안방에서 들려오는 베짜는 소리

"저건

무슨 소립니까?"

"제 며느리 애가
베 짜는가 봅니다"

"서선생
며느리가 아닙니다
그 분이 바로 한울님이십니다

어서 모셔다가
이 밥상에서
우리 함께 다순 저녁
들도록 하세요"

(후략)

우리는 평소 시아버지와 며느리, 남편과 부인, 선생과 학생, 남자와
여자 등등 사회생활상 주고받는 '이름'들에 따라 삶을 영위한다. 삶은
그러한 이름들의 의미를 풀어 나가는 과정이라 할 수도 있다. 아니 정확
하게 말하면 우리는 평소 자신이 얻은 이름들의 의미에 따라 주어진 역
할을 연기하면서 살아간다. 예를 들면 우리는 결혼과 함께 전에 없던 남
편과 아내라는 이름을 얻으면서 그 의미와 역할을 갑자기 떠안게 된다.
그 이전에는 처녀와 총각, 여자와 남자, 아니 더 이전에는 사람일 뿐이
었는데 말이다. 그러므로 인생은 각종의 이름들이 연출하는 한 편의 거

천작天爵

대한 연극이라 할 수도 있다.

그런데 여기에는 우리가 흔히 간과하는 심각한 문제가 도사리고 있다. 그러한 이름들은 당사자의 존재를 은폐하고 왜곡시키는 속성을 갖고 있다는 점이다. 예를 들면 똑같은 사람인데도 남자(아들)와 여자(딸)라는 이름이 각종의 차별을 지어 내고, 더 나아가 그 차별은 남편과 아내라는 이름 속에서 더욱 심화된다. 영호남의 지역감정이나, 또는 다문화 가정 속 인종차별적인 언행도 따지고 보면 사람들이 자타의 존재를 왜곡시키는 이름에 매몰된 결과에 다름 아니다. 한 사람을 순수인격이 아니라 그러한 이름들로 규정해 버리는 것이다.

위의 시는 이러한 문제점을 시집살이의 현장에서 폭로하고 있다. 한 여자가 '며느리 애'라는 이름과 역할을 얻으면서 시아버지와 상하의 불평등관계를 맺는 모습을 말이다. 시아버지와 며느리의 '이름'을 얻는 순간, 두 사람은 태어나면서부터 갖고 있었던 본래적인 존재(인격)가 은폐되고 마는 것이다. 이는 며느리에게만 해당되지 않는다. 시아버지도 존재의 은폐와 소외를 겪기는 마찬가지다. 더 나아가 이러한 현상은 사람을 넘어 사물에도 나타난다. 예를 들면 똑같은 풀인데도 그것에 '잡초'라는 이름이 붙여지는 순간 사람들의 마음에는 그것이 혐오와 제거의 대상으로 떠오른다.

요컨대 "이름은 우리에게 사물의 진실을 전하도록 의도되어 있지 않(E. 카시러)"은 터에, 이름에 갇히고 또 집착하는 한 자타를 막론하고 존재의 은폐와 소외가 불가피하다. 이러한 관점에서 살피면 고 김춘수 1922~2004 시인의 〈꽃〉은 매우 예리한 통찰이지만, 동시에 '이름'의 존재 은폐와 왜곡성을 간과하고 있다. "내가 그의 이름을 불러주기 전에는 /

그는 다만 / 하나의 몸짓에 지나지 않았다 // 내가 그의 이름을 불러주었을 때 / 그는 나에게로 와서 / 꽃이 되었다" 하지만 '꽃'의 아름다운 영상 때문에 그렇지, 만약 '뱀'이라면 사람들은 공포심과 혐오감을 먼저 드러낸다. 뱀의 존재가 왜곡당하는 것이다. 뱀이 왜 그렇게 취급되어야 하는가?

"그분이 바로 한울님"이라는 가르침은 이와 같이 존재를 은폐하고 왜곡시키는 '이름'의 폭력성을 고발하는 일갈대성의 경구다. 그것은 사람들을 깍듯이 공경해야 한다는 도덕적인 의미를 넘어선다. 무슨 말로도 충분히 설명할 수 없는 신비로운 '한울님'을 우리가 우러러 경외하듯이, 모든 사람들을 '이름' 너머 본래적인 인격으로 경건히 대면해야 한다는 것이다. 시아버지와 며느리, 남편과 부인이라는 일상적인 존재의 겉모습을 벗어던지고, 무어라 이름 할 수 없는 '벌거벗은' 순수존재로 만나야 한다는 것이다. 우리는 이를, 사람을 넘어 만물에 대해서도 말할 수 있다.

이렇게 살피면 '인내천'의 정신은 동학혁명 시절의 화석에 불과하지 않다. 그것은 오늘날, 아니 미래에도 인류가 끊임없이 추구해야 할 영원한 이념이다. 사람들은 각종의 '이름'들에 갇혀 자타의 존재를 제멋대로 왜곡하고 은폐하면서 살아가고 있기 때문이다. 그러한 현상은 일상의 도처에서 목격된다. 예컨대 우리는 사장 앞에서는 긴장하면서 조심스러운 태도와 말씨를 보이지만, 수위에게는 거만하게 함부로 처신한다. 똑같은 사람인데도, 불리는 '이름'이 다르기 때문에 그러는 것이다.

물론 사람은 '이름' 없이는 살 수 없다. 그것은 우리에게 삶에서 해야 할 일과, 해서는 안 될 일들을 끊임없이 가르쳐 준다. 하지만 그렇다고 해서 '이름'에 갇혀서는 안 된다. 그것의 폭력성을 경계하지 않으면 안 된다. 그리하여 우리는 '이름' 속에서도 '이름' 밖의 뜻을 헤아리고, '이름'을 긍정하면서도 동시에 부정할 줄 아는 변증법의 정신을 익혀야 한다. 일상생활에서 사람들과 사물들에게 상투적으로 불러 주었던 '이름'들을 벗겨 내는 순간 그동안 은폐되어 있던 존재의 세계가 새롭게 열릴 것이다.

▸하늘의 뜻◂

**천지는
만물을 생육하는 위대한
역량을 갖고 있다**

인간의 본성, 또는 참자아를 추구하는 그 끝에서 '하늘'을 발견하는 사람은 그 '하늘'을 결코 객관적으로 무심히 대면하지 않을 것이다. 존재의 최후 근원까지 거슬러 올라간 그는 무한한 외경심 속에서 형언할 수 없는 전율과 신비의 감동을 느낄 것이다. 일본학자 유아사 야스오는 말한다. "성스러운 빛과 접촉했을 때 인간은 깨끗하고 맑은 것을 느끼고 감동한다." 그러한 감동 속에서 그는 '하늘'로부터 어떤 소리 없는 '말씀'을 들을 것이다. 영적인 깨달음이요, 종교적인 각성이다.

종교가 외경심을 강조할 수밖에 없는 이유가 여기에 있다. 외경을 모르는 마음은 결코 신을 접촉할 수 없다. 그러한 사람에게 신은 그저 복이나 내려 줄 것으로 기대되는, 이기심의 대상이요 하나의 사물에 지나지 않는다. 위에서 인용한 신동엽 시인의 〈금강〉은 이러한 신앙의 허

천작天爵

위를 다음과 같이 폭로한다.

(전략)

누가 하늘을 보았다 하는가
누가 구름 한 송이 없이 맑은
하늘을 보았다 하는가

네가 본 건, 먹구름
그걸 하늘로 알고
일생을 살아갔다

닦아라, 사람들아
네 마음속의 구름

아침 저녁
네 마음속, 구름을 닦고
티 없이 맑은 영원의 하늘을
볼 수 있는 사람은

외경
을 알리라

차마 삼가서

발걸음도 조심

마음 아모리며

(후략)

시인이 여기에서 말하는, 사람들이 '하늘'로 착각하는 '먹구름'은 무엇일까? 우리는 그 대표적인 예로 돈을 들 수 있다. 오늘날 사람들은 물신숭배의 사조 속에서 돈을 하늘처럼 떠받든다. 그러나 그것은 그들의 존재를, 그리고 그 이면의 '하늘'을 어둡게 덮는 '먹구름'일 뿐이다. 마르크스가 자본주의의 병폐로 지적한 '존재의 절대빈곤'은 이의 필연적인 결과다. 돈이 모든 평가의 기준이요, 삶의 목표가 되면서 인간존재의 참모습, 존엄한 인간정신은 실종되고 마는 것이다.

시인이 사람들에게 "네 마음속의 구름을 닦으라"고 말한 것은 이러한 인식에서였을 것이다. 부단한 수행을 통해, '먹구름'에 가려지기 이전 자기 존재의 참모습을 깨달으라는 것이다. 더 나아가 자신의 존재 배경을 이루고 있는, "티 없이 맑은 영원의 하늘"을 보라는 것이다. 그러한 종교적 각성을 얻으면 자연히, "발걸음도 조심 / 마음 아모리며" 외경의 삶을 살게 될 것이다.

《중용》의 작자, 자사子思는 아마도 이러한 '하늘'을 보았던 사람으로 생각된다. 그는 책의 첫머리를 다음과 같이 시작한다. "하늘이 명한 것을 성性이라 한다." 그는 인간과 만물의 본성을 추구하다가 그 근원에서 '하늘'을 만난 것이다. '하늘'은 이 세상 모든 것들의 존재근원이며, 사람이나 초목금수나 다 같이 '하늘'의 뜻(소명)을 타고났음을 그는 깨달았다. 그러므로 이에 의하면 사람만이 '하늘'이 아니라, 만물 하나하나

천작天爵

가 다 '하늘'과도 같은 존재다. 사람들은 살아가면서 그러한 '하늘'의 뜻을 외경의 마음으로 받들어 수행하지 않으면 안 된다. 풀 한 포기, 벌레 한 마리에까지 내재해 있는 '하늘'의 뜻을 깨달아 존중하지 않으면 안 된다.

그러면 '하늘'의 뜻이 내재된 인간의 본성, 참자아의 실상은 무엇일까? '하늘'은 나에게 어떠한 삶을 명하는 것일까? 이 의문은 그동안 "먹구름을 하늘로 알고 살아왔던" 보통사람들에게는 너무나 어려워 보인다. 하지만 인류의 스승들처럼 온몸으로 깨닫지는 못하지만, 우리도 어렴풋이나마 '하늘'의 뜻을 짐작해 볼 수는 있다. 인간은 어떠한 존재이며, 어떻게 하면 의미 깊은 삶을 살 것인가에 관해 진지한 성찰의 정신을 늦추지만 않는다면 말이다.

우리는 보통 하늘, 땅 하면 그저 텅 빈 공간이요, 거대한 흙덩어리에 불과한 정도로만 여긴다. 하지만 하늘과 땅 사이에서 만물이 생장쇠멸하는 현상을 눈여겨보노라면, 그것을 가능하게 하는 배후의 신비한 힘에 경이로운 마음이 일어날 법도 하다. 어떤 사람은 거기에서 창조주를 상념하고, 또 어떤 사람은 자연의 섭리를 추상하기도 한다. 대체로 말하면 전자는 서양인들의 사고방식이요, 후자는 우리 전통의 것이다.

전통적으로 우리 선조들은 하늘과 땅(자연)을 단순한 시공간의 장에 불과한 것이 아니라, 만물의 요람이요, 생명의 모태로 여겼다. 《주역》은 말한다. "천지는 만물을 생육하는 위대한 역량을 갖고 있다." 하늘과 땅은 만물에게 생명을 주는 창조적인 역량이라는 것이다. 이는 오늘날 어느 과학자가 제시한 '가이아의 가설'과 일맥상통한다. 그에 의하면 지구는 흙덩어리에 불과한 것이 아니라, 모든 생물을 생육하는 하나의 거대한 생명체다. 한마디로 "자연은 살아 있다"는 것이다.

우리는 여기에서 '하늘(과 땅)', 즉 자연의 숨은 힘을 밝혀 볼 수 있다. 생명창조의 정신이다. 천지자연은 근원적인 생명정신으로 만물을 부단히 생성한다. 생명 없이 그저 하나의 공간으로만 존재하는 천지자연을 우리는 상상할 수 없다. 삭막한 한겨울의 추위 속에서도 생명정신은 내밀히 작용하면서 만물소생의 봄을 준비한다. 사람은 물론, 모든 생물들은 이처럼 천지자연의 근원적인 생명정신을 제각각의 형식으로 타고나서 삶을 영위한다.

그러면 사람이 고유하게 타고나는 '하늘'의 뜻은 무엇일까? 우리는 그것을 동물과의 비교 속에서 헤아려 볼 수 있다. 다윈은 사람을 진화된 원숭이라고 말했지만, 그렇다고 해서 사람이 한갓 원숭이에 불과한 것은 아니다. 진화의 결과 현재 사람은 분명히 원숭이(동물)와는 다른 고유의 본질을 갖고 있다. 우리는 그것을 양자가 타고난 생명정신의 행사 방식에서 확인할 수 있다. 즉 동물은 자신의 생명만 보전하려는 '자리自利'의 존재인데 반해, 사람은 다른 생명까지도 돌보려는 '이타利他'의 정신을 갖고 있다. 물론 동물도 제 새끼를 키우고 또 그들 집단을 위해 봉사하기도 하지만, 그것은 모두 본능의 산물이므로 사람의 이성적인 사고 및 행위와는 차원을 달리한다.

물론 사람들 중에는 이기심 속에서 '짐승만도 못한' 행동을 하는 자도 있다. 하지만 그것은 '하늘'의 뜻이 아니며, 그 스스로 '하늘'의 뜻에 역행하여 사람됨을 포기하는 짓일 뿐이다. 옛날 우리의 전통에서 수행이 강조되었던 이유가 여기에 있다. 진화론적으로 말하면, 수행은 아직 덜 진화된 '동물적인' 성향을 정화하고 극복하여 '하늘'의 뜻을 실현하기 위한 노력이라 할 수 있다.

이처럼 사람은 생명을 자기 안에 폐쇄시켜 자신만을 위해 살려 하지 않는다. 그는 동물과는 달리 자신의 생명을 개방하여 남들을 배려하고 또 자기희생까지도 마다하지 않는 '열린' 존재다. 달리 말하면 그는 자신의 존재를 열어 남들을 깊이 보듬어 안고서 그들을 보살필 줄 아는 정신능력을 타고났다. 즉 생명정신의 개방적인 행사 능력이야말로 인간의 고유한 본성이다.

'하늘'이 내린 사람됨의 뜻을 우리는 이러한 관점에서 생각해 볼 수 있다. 자기만 돌보려는 이기심을 버리고 모든 생명을 따뜻이 품에 안고서 자타 사이에, 그리고 만물과 화해롭게 사는 아름다운 생명세계를 만들라는 것이다. 사람됨의 크기가 여기에서 달라진다. 생명정신의 개방 정도가 사람됨의 크기를 결정해 준다. 예를 들면 모든 생명에게 무한한 자비를 베푸는 부처님이 있는가 하면, 철저히 자기 안에 갇혀 사는 스크루지 같은 사람도 있다. 당연히 후자는 존재의 빈곤과 삶의 고독에 시달릴 수밖에 없다.

이처럼 사람이 천부적으로 타고난 '열린' 생명정신을 선비들은 네 가지의 덕목으로 범주화하였다. 대체로 말하면 사랑과 의로움과 예의와 지혜가 그것이다. 그 근본에는 물론 생명정신이 핵심으로 놓여 있다. 생명을 따뜻하게 보살피고(사랑), 올바르게 성취하며(의로움), 공경히 받들고(예의), 진리로 밝혀야(지혜) 한다는 것이다. 사람들이 천부적으로 타고난 사람됨의 뜻, 삶의 길이 여기에서 구체적으로 드러난다.

▶사랑◀

하나와 하나가 하나가 되면
벌거벗은 존재가
벌거벗은 존재 안에서 빛난다

──────────────── 사랑은 매우 넓은 외연을 갖는 말이다. 그
것은 남녀관계에서뿐만 아니라, 친구나 이웃, 민족, 만민, 더 나아가 만
물에 대해서까지 다양한 양상으로 드러난다. 또한 일상생활 속에서 사
랑만큼 사람들에게 널리 강조되는 덕목은 아마 없을 것이다. 이는 사랑
이 그만큼 중요하다는 말이기도 하다. 그러므로 우리는 사랑의 정신을
깊이 성찰할 필요가 있다. 올바른 사랑을 위해서다.

사람들은 '사랑' 하면 보통 남녀의 애정을 떠올리면서, 누군가가 나
에게 감각적인 기쁨을 주고 열정을 불러일으키며 성적인 욕망을 자극하
면 그것이 곧 사랑이라고 생각하는 경향이 있다. 그리하여 많은 사람들
은 사랑을 그처럼 뜨거운 감정에 내맡길 뿐, 그 이상으로 거기에서 어떤
'정신'을 찾아 실현하려 하지 않는다. 그저 서로 만나서 육감적인 즐거
움을 나누기만 하면 그것이 곧 사랑인 것처럼 여긴다.

그들의 사랑이 가벼운 이유가 여기에 있다. 저와 같은 감정은 결코 오래가지 못하며, 근본적으로 거기에는 인격 또는 영혼이 실려 있지 않기 때문이다. 오래전에 유행했던, 〈사랑은 연필로 쓰세요〉라는 대중가요의 제목은 이러한 사랑의 풍토를 압축적으로 보여 준다. 가사의 내용처럼 "쓰다가 틀리면 지우개로 지워 버리는" 사랑은 얼마나 가볍고 피상적일까? 요즈음 젊은이들은 남녀 간 만남과 헤어짐을 '쿨하게' 한다고 하지만, 아픔과 상실의 깊은 여운을 갖지 못한 사랑은 처음부터 생명(존재)의 환희를 결코 알 수 없을 것이다.

사랑은 남녀의 사이는 물론, 어느 누구에게든 나의 인격 전체로 다가서고, 나의 온존재를 기울이는 가운데에서만 아름답게 성취될 수 있다. 그러한 사랑 속에서만 나와 그대, 두 존재의 빛나는 결합이 이루어질 수 있다. 마르틴 부버는 말한다. "하나와 하나가 하나가 되면 벌거벗은 존재가 벌거벗은 존재 안에서 빛난다." 혹자는 이에 대해, 젊은 남녀가 주고받는 열렬한 사랑의 모습을 떠올릴지 모른다. 하지만 만약 인격과 영혼의 깊은 교류가 없다면 그 사랑은 역시 가벼움을 면치 못한다.

이와는 달리 성인聖人들은 온존재의 사랑이 무엇인지를 우리에게 온몸으로 보여 준다. 석가모니는 만물을 자신과 한 몸으로 여기면서 무한한 자비심으로 중생의 구원에 헌신하였다. '동체대비同體大悲'의 정신이다. 공자는 세상을 외면한 은둔자들의 비난을 들으면서도, "나는 사람들을 버리고 새나 짐승과는 살 수 없다.(《논어》)" 하면서 박시제중博施濟衆의 사랑을 펴고자 하였다. '인仁'의 정신이다. 예수는 십자가 위의 죽음이 말해 주는 것처럼, 인류의 구원을 위해 하느님에게 자신의 몸을 바쳤다. '박애'의 정신이다.

굳이 덧붙일 것도 없지만 성인들의 사랑은 사람들을 가난과 박해로부터 구원하여 행복하게 살도록 하려는 뜻에 불과한 것이 아니었다. 궁극적으로는 만민과 만물이 모두 그들 존재의 본성을 회복하도록 하는데에 사랑의 목표를 두었다. 사람들이 청정한 불성佛性과 밝은 덕성德性과 고결한 영혼으로 밝고 평화로운 삶을 살도록 하려는 것이었다. 이 세상에 가장 아름답고 고귀한 사랑이었다.

우리의 사랑도 그 핵심에는 그러한 정신을 두어야 한다. 일반의 인간관계에서는 물론, 남녀의 사이에서까지도 사랑을 통해 고결한 인격과 맑은 영혼의 세계에 함께 들고자 노력해야 한다. 《예기禮記》는 그것을 '군자의 사랑'이라 말한다. "군자는 덕으로 사랑하고, 소인은 고식적으로 사랑한다." 여기에서 '고식적'이란 열띤 감정에 만족하고 습관화된 사랑에 안주할 뿐, 상대방에게 인격으로 다가가려 하지 않는 태도를 지적하는 말이다.

그러므로 사랑은 단순히 감정에 불과한 것이 아니라, 매우 이성적인 숙고를 필요로 한다. 사랑에는 평소 상호간 인격을 제고시켜 주는 제반의 노력이 병행되어야 하기 때문이다. 가령 상대방이 어떤 잘못을 저질렀을 경우에 그것을 감싸 안거나 묵과해서는 안 된다. 그가 자신의 존재에 끼친 오점을 스스로 씻을 수 있도록 충고하고 질책해 주어야 한다. 그렇게 해야만 상호간 인격적인 유대가 돈독해질 것이다.

이른바 '사랑의 매'도 이와 같은 문제의식의 산물이다. 오늘날 학교사회에서 체벌은 아예 법규로 금지되어 있지만, 그 원래의 의도는 사랑의 실천을 위한 것이었다. 만약 상대방에 대해 애정이 없다면 매를 들이유도 없다. 과연 어느 경우에 매를 들어야 할지, 어느 정도로 매를 대야 할지, 매질이 지나쳐 도리어 사랑의 정신을 해치는 것은 아닌지 깊이 생각해 보아야 할 문제이긴 하지만 말이다.

사랑은 인격 존중의 정신을 내포한다. 상대방에게 그저 좋아하는 감정으로만 다가가 그를 무례하고 버릇없이 대하는 사랑은 결코 오래가지 못한다. 뜨거운 감정은 머지않아 식기 마련이며, 무례한 태도 속에서는 인격의 교류와 영혼의 교감이 불가능하기 때문이다. 참다운 사랑은 상대방의 인격을 존중하면서 그에게 정중하고 조심스럽게 다가가는 노력 속에서만 완성될 수 있다. 두 존재의 빛나는 결합과 환희도 그 가운데에서만 가능하다.

공자가 한 제자로부터 사랑에 관한 질문을 받고서 동문서답하듯이 대답한 것도 이러한 뜻을 주지시키려는 의도에서였다. 그는 말한다. "문을 나서 사람들을 만날 때에는 마치 큰 손님을 대하듯 정중하고, 사람들에게 일을 시킬 때에는 큰 제사를 받들 듯 경건해야 한다.(《논어》)" 즉 참다운 사랑은 상호간의 인격 존중과 예의를 통해서만 이루어질 수 있다.

사랑은 사람만을 대상으로 하지 않는다. 그것은 모든 살아 있는 것들을 향해 열려 있다. 그것이 인간이라는 '열린' 생명의 본래적인 모습이다. 말하자면 사람은 누구나, "별을 노래하는 마음으로 / 모든 죽어가는 것들을 사랑(윤동주)"하고 싶은 근원적인 생명감정을 갖고 있다. 우리는 여기에서 사랑의 '정신'을 발견한다. 즉 사랑은 모든 살아 있는 것들을 따뜻하게 보듬어 안고 보살피려는 열린 생명애의 정신이다.

생명애의 정신은 풀 한 포기, 개미 새끼 한 마리에 대해서까지 따뜻한 눈길을 보낸다. 그는 자신이 그들과 똑같은 생명임을 깨달으면서 따뜻한 마음으로 그들의 생육을 도와주려 한다. 달리 말하면 사랑은 상대방과 생명을 교감하고 상통하면서 그와 하나가 된 마음속에서 그의 생명을 진작시키려는 노력이다. 이는 사랑의 핵심에 생명정신이 놓여 있음을 일러 준다.

일화를 하나 소개한다. 옛날 중국의 주돈이周敦頤, 1017~1073라는 학자는 자기 집 뜨락의 풀들을 베지 않고 자라나는 그대로 놓아두었다. 그들도 자신과 마찬가지로 생명의 뜻을 갖고 있음을 자각하였기 때문이다. 뒷날 선비들은 이를 생명애의 전형으로 칭송하였다. 생명애의 정신이 풀들과 교감하고 상통하면서 물아일체가 되는 모습을 우리는 여기에서 목격한다. 사람과 풀이라는 존재의 외피를 벗어던지고, 그야말로 '벌거벗은' 존재로 '하나와 하나가 하나가 되는' 빛나는 광경이다.

사랑은 삶의 고독을 극복하게 해 주는 강력한 힘을 갖고 있다. 고독이 나와 남의 단절 속에서 나타나는 심리현상이라면, 사랑은 생명의 교감과 상통 속에서 동심일체 의식과 자타간 유대감을 강화시켜 주기 때문이다. 그러므로 거기에는 고독이 자리할 여지가 없다. 사랑을 나누는 남녀의 환한 얼굴과 빛나는 눈빛이 그 단적인 예증이다. 사랑하는 이가 있는 사람은 심장마비에 걸릴 확률이 적으며 면역력이 높다는 의학자들의 주장을 우리는 이러한 관점에서 이해할 수 있다. 자타간 긴밀한 유대의식과 존재의 충만감은 생명의 활력을 불어넣기 때문이다.

사람들이 사랑을 갈구하는 이유가 여기에 있다. 이 세상에 홀로 내던져진 삶의 외로움이 본능적으로 사랑을 열망하게 만든다. 하지만 주의해야 할 점이 있다. 감각적인 사랑만 찾아 나서려 해서는 안 된다는 것이다. 뜨거운 감정도 육체적인 욕망의 충족과 함께, 그리고 그것도 만성이 되면 식어 버릴 것이기 때문이다. 그러므로 남녀의 관계에서조차 감각적인 것을 넘어 순수인격과 맑은 영혼으로 교류하는 사랑만이 존재구원의 진정한 힘으로 작용할 것이다.

자타간의 유대의식은 사람들 사이에서만 생기는 것이 아니다. 그것은 초목금수와의 관계 속에서도 가능하다. 요즈음 사람들이 '애완동물' 대신에 '반려동물'이라는 표현을 선호하는 것도 이러한 자각에서일 것이다. '애완'은 사람이 동물을 예뻐하면서 양육하는 일방통행적인 행위라면, '반려'는 사랑하는 동물을 자기와 똑같은 생명으로, 삶의 동반자로 여기는 뜻이 담겨 있기 때문이다. 우리는 그 지극한 경지를, "만민을 나의 형제로, 만물을 나와 더불어 사는 이웃(이황)"으로 여기면서 만민(만물)과 화해로운 삶을 추구하는 우주적 대아大我의 사랑에서 엿본다. 그야말로 존재구원의 최대 비결이다.

▶측은지심◀

**측은지심을 모르면
사람이 아니다**

———————————— 생물학자 에드워드 윌슨에 의하면 사람에
게는 '생물호성生物好性, biophilia, 또는 생명사랑의 성향'이 있다고 한다. 사람은 누구
나 생명을 애호하는 심성을 선천적으로 타고났다는 것이다. 그는 이를
인류가 진화해 오면서 갖게 된 유전적인 성질로 이해한다. 즉 사람들이
무생물보다는 생물에, 사멸적인 것보다는 생명적인 것에 친화감과 안정
감을 느끼는 것은 유사 이래 인류의 경험 속에서 전해져 온 유전인자의
작용이라는 것이다.

그는 그 증례를 자연환경에 대한 사람들의 반응에서 찾는다. 그는
심리학자들의 임상보고를 인용한다. 이에 의하면 사람들은 푸른 녹지를
보면 불안과 두려움이 줄어들고 대신 평화로운 마음을 갖는다고 한다.
또 평소 자연환경을 마주하는 직장인은 스트레스가 적고 업무의 만족도
도 높으며, 창밖의 나무를 내다볼 수 있는 환자는 건물 벽만 보는 환자

보다 더 빨리 회복된다고 한다.

그러고 보면 옛날 유행했던 대중가요의 노랫말, "저 푸른 초원 위에 그림 같은 집을 짓고" 살고 싶은 마음은 개인의 취향을 넘어서, 인류가 보편적으로 타고난 '생물호성'의 발로라고 여겨도 좋을 듯하다. 앞서 생명애의 정신을 '하늘'이 부여한 사람됨의 뜻이라 했지만, 우리는 이를 생물학의 이론에 부합시켜 볼 수도 있을 것 같다. 생명사랑은 자연세계 안에서 진화의 정점에 있는 인간의 본성이라는 것이다.

이러한 생명사랑의 정신은 일상의 심리 현장에서 일반적으로 두 방향으로 발로된다. 하나는 다른 생명을 기쁘게 받아들이고 보살피는 마음이다. 남녀의 사랑이나, 부모의 자식사랑이 그 대표적인 예에 해당된다. 또 하나는 다른 생명의 고통과 슬픔을 함께 느끼는 연민과 동정의 마음, 즉 '측은지심'이다. 옛날 어떤 임금이, 도살장에 끌려가는 소의 애처로운 눈빛을 차마 볼 수 없어서 "양으로 바꾸라"고 지시했던 것이 그 예다. 물론 이 역시 사랑의 발로다. 다만 전자가 즐거운 사랑이라면, 후자는 슬픈 사랑이다.

측은지심은 위에서 말한 '생물호성'의 반사적인 발로라 할 수 있다. 말하자면 생명을 좋아하고 사랑하는 천부의 본성이 생명 손상의 현상 앞에서 본능적으로 드러내는 어두운 마음이 곧 측은지심이다. 그러므로 맹자의 말대로, "측은지심은 사람의 본래적인 심성이다." 그것은 단순히 연상 심리를 통해 상대방의 아픔에 상상적으로 동참하는 마음에 불과한 것이 아니다. 그것은 인간생명의 근원적인 정조다.

오늘날 사람들은 측은(연민, 동정)이라는 말을 좋게 여기지만은 않는 것 같다. 이에는 여러 이유가 있을 것이다. 그러한 감정은 일시적인 감상의 산물일 뿐 실제로 도움의 행위로 이어지지 못하는 경우가 많고, 또 그 말은 상대방을 낮추보거나 얕잡아 보는 느낌을 주기도 하며, 심지어 듣기에 따라서는 마치 자선행위를 강요하는 것 같은 어감을 풍기기도 하기 때문이다. 키케로는 이렇게 반발한다. "우리는 타인의 슬픔을 떠맡아야 할 의무가 없으며, 타인의 고통을 덜어 줄 의무도 없다."

하지만 측은지심은 모든 미덕의 토대를 이루는 근원적인 생명감정이다. 남의 고통과 슬픔을 함께하는 마음 위에서만 도덕행위가 가능하기 때문이다. 이 점은 측은지심을 방해하는 무관심, 이기주의 등을 생각해 보면 잘 드러난다. 거기에서는 사랑은 물론, 정의와 예절과 진리의 정신이 싹틀 여지가 없다. 이와는 달리 다른 생명의 아픔을 그냥 지나치지 못하고 깊이 공감하는 마음속에서만 도덕의식이 생겨난다. 레비스트로스는 말한다. "지혜 중에서 가장 보편적인 동시에 필요한 지혜는 연민에 충실한, 또는 연민에 근거한 지혜다."

그러므로 역시 맹자의 말대로, "측은지심을 모르면 사람이 아니다.(《맹자》)" 측은지심을 모르는 사람은 자타간 상통하는 넓은 생명세계를 버리고, 생명의 온기가 없는 밀폐된 공간에 자신을 가두는 것이나 다름없다. 만약 남들의 슬픔과 고통에 공감하고 동정하지 못한다면, 그는 중풍환자의 손발처럼 세상에 대해 아무런 감각도 갖지 못할 것이다. 그는 세상과 소통하지 못하고 그렇게 자기 안에 갇혀 무감각하고 외롭게 살다 갈 것이다. 그런데 많은 사람들은 몸의 마비는 염려하면서도, 마비되어 가는 생명정신에 대해서는 별로 개념이 없다. 그들은 측은지심이 나와 남 사이의 장벽을 깨트려 실존의 고독과 불안을 해소시켜 주는 강력한 힘을 갖고 있음을 모른다.

천작天爵

부처의 자비와 공자의 인仁과 예수의 박애도 사실 인류에 대한 측은 지심에서 나온 것이었다. 중생을 마지막 한 사람까지 구원하겠다는 보살의 맹세나, 은둔자의 비난을 듣고는 "이 세상에 진리가 행해진다면 내가 세상을 바꾸려 하지 않을 것《논어》"이라 했던 공자의 탄식이나, 인류의 원죄를 대신 짊어졌던 예수의 죽음이 다 몽매한 인간에 대한 가없는 측은지심(연민)을 뿌리로 하고 있다. 성인들의 사랑은 여기에서 발로된 것이다.

측은지심은 공동체 생활의 긴요한 토대다. 어려운 이웃과 소외된 사람들의 아픔에 무관심한 이기주의는 공동체의 치명적인 해악이다. 사실 전쟁이나 살인, 폭력, 절도 등 모든 파괴적 행동들은 자타를 분리시키고 대립시키는 '나'의식에서 비롯되며, 근원적으로는 측은지심의 부재에 기인한다. 만약 나의 소행으로 인해 상대방이 입을 피해를 가없게 여기는 마음을 갖는다면, 그리하여 내 안에서 너를 발견한다면 그러한 만행들을 저지르지 못할 것이다. 그러므로 측은지심은 역시 자타의 관계와 사회 전체를, 더 나아가 자연세계까지도 생명으로 활기차게 해 줄 고귀한 감정이다.

조선 시대에 선비들이 측은지심을 정치인의 중요한 덕목으로 여겼던 이유도 여기에 있다. 일례로 조선 중기 김인후金麟厚, 1510~1560 선생은 당시 한 재상에게, "굶주린 사람들과 삶의 자리를 얻지 못한 사람들을 불쌍히 여겨 그들을 반드시 구원해 주도록" 당부하였다. 사회의 소외계층에 대해 복지의 시책을 펴도록 강조한 것이다.

그것은 물론 현대의 사회복지와는 크게 다르다. 이는 오늘날처럼 복지가 널리 제도화되지 못했다는 그 시절의 한계를 말하려는 것이 아니다. 선비들의 복지이념에는 우리에게 결여된 중요한 정신이 깔려 있다. 우리는 그것을 선거공약이나 정책과제로만 추진하는데 반해, 그들은 인간에 대한 깊은 애정에서 사회복지를 추구하였다. 달리 말하면 "세상 사람들의 질병과 아픔을 자신의 것처럼 받아들고, 삶의 자리를 얻지 못한 사람을 보면 마치 자신이 그렇게 만든 것처럼 여기는(김인후)" 측은지심과 사랑의 정신을 우리는 갖고 있지 않다.

측은지심은 인간사회를 넘어 모든 살아 있는 것에 대해서까지 펼쳐진다. 열린 생명감각은 이 세상에 고통받는 모든 생명체들 앞에서 예민하게 반응하기 때문이다. 아무리 잡초라 하지만 제초제로 인해 누렇게 떠 있는 논밭 두렁의 풀들을 보면서 희열을 느끼는 사람은 없을 것이다. 2010년 구제역 파동으로 수백만 마리 가축들의 생매장 소식에 죄책감과 함께 몸을 떨지 않은 사람이 없었을 것이다. 이처럼 다른 생명의 고통을 함께 아파하는 측은지심을 우리는 소중하게 키워 나가야 한다. 그것은 사람들끼리뿐만 아니라, 풀 한 포기, 개미 한 마리와도 더불어 화해롭게 살게 해 줄 위대한 힘이다.

측은지심은 물론 마음으로만 끝나서는 안 된다. 고통받고 있는 자들을 따뜻하게 위로해 주고 또 구원해 주려는 사랑의 실천으로 나아가지 않으면 안 된다. 다만 측은지심이야말로 사랑의 강력한 동력임을 알아, 무엇보다도 먼저 측은지심을 내 안에서 부단히 길러야 한다. 측은지심의 뿌리를 생명 깊이 내릴수록 사랑의 결실이 많을 것이다. 그 긴요한 방법은 자타간 공감을 가로막는 이기심과 욕심을 버리고 생명정신을 순화하는 데에 있다.

불행하게도 오늘날의 교육은 측은지심의 함양에 전혀 무관심하다.

천작天爵

사람들은 '연민에 근거한 지혜'를 키우려 하지 않고 오직 이기의 술수만을 가르치고 또 배우려 한다. 생명정신을 자기 안에 폐쇄시키는 동물적인 이기심과 욕심으로 출세와 성공만 추구한다. 사람들은 교육과 배움의 목표를 거기에만 둔다. 하지만 그것은 자신의 존재를 스스로 가볍고 빈곤하게 만드는 것이나 다름없다. 남들에 대해 무관심한 삶은 마치 절해의 고도처럼 외로움을 면할 수 없기 때문이다.

그러므로 인간존재의 질병인 이기심과 욕심을 줄이고 제거하여 측은지심을 키워 나가야 한다. 마치 어린아이의 살결과도 같이 순결하고 투명한 생명감각으로 사람들과, 나아가 만물과 교감상통하면서, "별을 노래하는 마음으로 / 모든 죽어가는 것들을 사랑"해야 한다. 생로병사의 운명을 같이하는 모든 것들과 아픔과 슬픔을 함께하면서 그들을 위로하고 보살피는 사랑으로 살아야 한다. 삶의 희열을 알게 될 것이다.

▶차마 못하는 마음◀

**봄에 한창 만물이
생동하는데, 어찌 내 병을 위해
생명 있는 것을 죽이겠는가**

―――――――――――― 측은지심은 한편으로 '차마 못하는 마음',
곧 불인지심不忍之心을 배태하기도 한다. 가학성의 인격 파탄자가 아닌
한, "남의 상처에 소금 뿌리는" 짓은 차마 하지 못할 것이다. 그것이 인
지상정이다. 이는 이성적인 판단 이전에 어쩌면 본능의 산물이다. 남의
고통과 불행에 나의 생명감각이 자기도 모르게 아픔을 느끼고 위축되면
서 그에게 모질고 야박한 짓을 차마 못하는 것이다.

'차마 못하는 마음'은 측은지심과는 무관하게 사랑의 다른 모습으
로 발동되기도 한다. 어린아이가 사랑스러워 아이를 차마 거칠게 대하
지 못하는 것이며, 친구를 사랑하기에 그의 비행을 차마 묵과하지 못하
고 충고하는 것이다. 만약 사랑의 마음이 없다면 아무리 제 자식이라 하
더라도 모질게 대할 것이며, 친구의 잘못을 보고도 수수방관할 것이다.

'차마 못하는 마음'은 측은지심과 마찬가지로, 앞서 말한 '생물호

천직天職

성', 또는 열린 생명감각의 또 다른 표출이기도 하다. 남의 생명을 무단히 해치려는 사람은 아마도 없을 것이다. 사람들은 그러한 일을 차마 하지 못하며, 심지어 옆에서 보거나 듣는 것조차도 견디기 어려워한다. 물론 '막가파' 같은 자들도 있지만, 그들의 잔인한 소행은 타고난 것이 아니라, 후천적으로 비뚤어진 성격의 산물일 뿐이다. 우리는 결손가정이나, 또는 그들을 외면해 온 사회 등 그들의 삶의 배경을 살펴볼 필요가 있다.

맹자는 '측은지심'과 마찬가지로 '차마 못하는 마음'을 정치인이 갖추어야 할 중요한 덕목으로 여겼다. 이는 정치의 목표를 사회 안정과 경제 번영에만 두는 오늘날 사람들의 생각으로는 도저히 이해될 수 없는 일이다. 그러나 민생의 안정에 더하여 사랑과 정의의 인격가치가 지배하는 사회를 꿈꾸었던 그에게 '차마 못하는 마음'은 정치인의 자격조건이었다. 백성을 함부로 대하지 말고, '차마 못하는' 사랑의 마음으로 민생을 보살펴야 한다는 것이다. "백성은 나라의 근본(《서경書經》)"이기 때문이다. 이황 선생은 임금에게 말한다. "마치 다친 사람을 대하듯이, 어린아이를 보호하듯이 백성을 대해야 합니다." 이는 특히 소외되고 고통받는 사람들을 염두에 둔 것이었다. 부자들과는 달리, 그들은 정치적인 보호 없이는 삶을 꾸려 나가기가 힘들기 때문이다.

'차마 못하는 마음'은 사람뿐만 아니라 초목금수 앞에서도 발로된다. 예를 들어 보자. 명종 때 좌의정을 지낸 안현安玹, 1501~1560이라는 사람이 종기를 앓았는데, 의원한테서 "지렁이 즙을 내서 발라야 한다"는 처방을 받았다. 그는 이에 대해, "봄에 한창 만물이 생동하는데, 어찌 내 병을 위해 생명 있는 것을 죽이겠는가." 하면서 거절하였다. 병 치료를 이유로 지렁이를 차마 죽일 수 없었던 것이다.

한편《주역》에 의하면 옛날에 임금들은 사냥을 할 적에 짐승들을 사방으로 포위하지 않고 한 면을 열어 놓았다. 그들이 도망갈 수 있는 길을 열어 주기 위한 것이었다. 살고 싶어 하는 자들까지 차마 잡아 죽일 수 없었던 것이다. 심지어 어느 임금은 한 방향에서만 짐승들을 몰기도 하였다. 이 역시 그 이면에 생명존중의 정신이 놓여 있음은 물론이다.

옛날 선비들이 푸줏간을 멀리했던 이유도 여기에 있다. 가축을 잡는 데 전문 도축장에서 기계를 동원하는 오늘날과는 달리, 가정에서 직접 사람의 손을 이용했던 그 시절 그 현장을 차마 볼 수 없었던 것이다. 맹자는 말한다. "군자는 짐승이 죽는 모습을 차마 보지 못하고, 죽음 앞에서 슬피 우는 소리를 듣고서 그 고기를 차마 먹지 못한다.(《맹자》)"

조선 시대에 백정이 그토록 천시되었던 것도 따지고 보면 이러한 생명존중의 정신이 잘못 행사된 '폭력'의 결과다. 생명을 죽이는 것을 직업으로 갖고 있다 하여 백정을 무시하고 또 차별했던 것이다. 사람을 해친 것도 아니고, 오히려 사람들의 수요에 부응했던 '직업인'에게 그처럼 인격적이고 제도적인 폭력을 행사한 것은 사실 사랑의 정신을 스스로 부정하는 자가당착에 다름 아니다. 지렁이 한 마리에게까지 보였던 따뜻한 마음이 백정 앞에서는 증발되고 만 것이다.

우리는 '차마 못하는 마음'을 과연 얼마나 갖고 있을까? 나는 남들의 고통에 측은지심으로 도움의 손길을 내밀기는커녕, 오히려 그들을 더욱 괴롭히는 잔인한 짓을 '차마 하는' 것은 아닌가? 내가 먼저 승진하기 위해 경쟁자가 잘못되기를 바라고, 시기와 질투심 속에서 남들의 실패를 내심 고소하게 여기는 것은 아닌가? 적자생존의 사회라 하여, "눈

64

뜨고도 코 베이는 세상"이라 하여, 그렇게 내 안에 모질고 살벌한 마음만 키우고 있지는 않은가? 한 마디로 오늘날 우리 사회에는 애틋한 '차마의 마음'과, 생명을 소중하게 돌보려는 따뜻한 사랑의 정신이 갈수록 사라져 가고 있지 않은가?

당국자나 언론이 수백만 마리 가축의 끔찍한 생매장을 '살처분'이라는 아리송한 말로 호도하는 것을 따져 보자. '생매장'이라고 노골적으로 표현하지 않는 것을 보면 사람들에게 '차마 못하는 마음'이 아직 남아 있기는 한 것 같다. 하지만 그러한 언어 조작을 통해 일말의 자책감과 죄의식을 스스로 무마하려는 교활한 사고방식은 절망스럽기까지 하다. 하늘이 노여워할 생명 대학살의 만행을 뼈저리게 반성하려 하지 않기 때문이다. 사람들은 여전히 동물을 인간의 먹거리에 불과한 것으로 여기는 잔인한 욕망과 편견을 고치려 하지 않는다. 사람과 마찬가지로 동물도 '하늘'이 똑같이 내놓은, 존엄하고 고귀한 생명인데 말이다.

우리는 이와 대조적인 사례를 우리의 역사에서 본다. 위에서 사냥과 푸줏간 이야기를 했지만, 선비들은 생명보호의 정신을 강하게 갖고 있었다. 그들은 물고기를 잡는 데 촘촘한 그물을 사용하지 못하도록 하였고(《맹자》), 만물소생의 봄철에는 나무의 벌채를 금지하고, 애벌레와 새끼 밴 짐승, 짐승새끼를 잡지 못하도록 하였다.(《예기》) 이는 물자 절약의 차원이 아니라 생명사랑과 존중의 정신에서였다. 그리하여 그들은 대자연 속에서 모든 살아 있는 것들과 공생 공영하는 삶을 추구하였다. 이황 선생의 말을 다시 한 번 들어 보자. "하늘과 땅은 세상만물의 큰 부모이므로 만민은 모두 나의 형제요, 만물은 모두 나와 더불어 지내는 이웃이다."

그러고 보면 우리는 문명사회에 살고 있다고 우쭐하면서 옛사람들을 내려다볼 일이 결코 아니다. 오늘날 우리들의 야만적인 심성과 생활을, 즉 '문명 속 야만'을 되돌아보아야 한다. '생명'의 관점에서 살피면 문명의 발전은 오히려 생명정신의 후퇴를 촉진하는 것처럼 보인다. 이에 관해서는 보다 면밀한 분석을 해야겠지만, 우리는 갈수록 심각해지는 생명 경시(파괴)의 요인들에 주목해 볼 필요가 있다.

　　무엇보다도 과학기술의 발달이 사람들에게 끼치는 부정적인 영향이다. 그것은 사람들에게 엄청난 혜택을 주고 있지만, 그 속성상 생명을 하나의 물질로 취급한다는 데에 커다란 문제가 있다. 그것은 생명의 기원과 구조를 밝혀 지식을 증대하고, 또 삶의 이기利器를 끝없이 개발하지만, 거기에는 생명의 존엄성을 강조하고 제고하려는 인문정신이 결여되어 있다. 한 마디로 과학(기술)은 애당초 사랑의 정신을 갖고 있지 않다. 동식물은 물론 사람도 객관적인 관찰과 분석, 실험 대상에 지나지 않는다. 요즈음 의술의 실험도구가 되기를 거부하면서 '존엄하게 죽을 권리'를 주장하는 일각의 목소리는 이를 자각한 결과일 것이다. 그러나 거의 모든 사람들은 과학기술의 교육에 세뇌되고 그 혜택에 젖어, 신비한 생명의 존엄한 가치를 밝히고 실현하는 노력에는 무관심하다.

　　한편 사람들의 오만한 주인공 의식 또한 생명 파괴의 주요인 중 하나다. 사람들은 자신이 만물의 영장이라 하여 자연만물을 지배 정복하고 또 착취하려 한다. 이는 역시 과학기술의 영향이기도 하다. 옛날에는 사람들이 자연을 경외하면서 만물과 더불어 사는 것을 당연한 이치로 여겼다. 하지만 근대 이래 과학기술의 발달과 함께 사람들은 자연만물을 자기네들의 삶에 봉사하는 물질적인 재료로 여기면서 그것들의 이용가치에만 관심을 둔다. 동식물들도 사람과 마찬가지로 자기 목적적인 존재로서 존엄한 생명을 타고났다는 사실을 인정하려 하지 않는다. 사람들에게 가축은 공장에서 생산되는 상품이요, 먹거리에 불과할 뿐이다.

이처럼 생명존중의 정신이 실종된 사회는 사람이 살 수 없는 '25시'(게오르규)의 상황이나 다를 게 없다. 생명의 온기가 사라지고 자타간 생명이 교감 상통하지 않으니, 이처럼 삭막한 사회에서 사람들은 '삶은 곧 전쟁'이라고 생각할 수밖에 없다. 휘황한 문명사회에서 현대인들은 그렇게 죽음의 그림자가 음산하게 깔린 삶을 살아간다. 금세기에 가장 유행하는 질병은 아마도 고독과 불안, 우울 등으로 인한 정신질환이 될 것이라는 학자들의 불길한 예측도 이러한 사실에 근거할 것이다.

우리는 이제 '차마 못하는 마음'이 내 안에 얼마나 있는지 수시로 점검해 보아야 한다. 자신이 생명존중의 정신을 얼마나 갖고 있는지 되돌아보아야 한다. 무디어지고 마비된 생명감각을 일깨우고 소중하게 키워야 한다. 그리하여 '차마 하지 못하는 마음'으로 사람은 물론, 모든 살아 있는 것들을 따뜻하게 배려하고 보살피면서 더불어 화해롭게 살아가야 한다. 고독과 우울을 벗어나 환희로운 생명의 세계가 여기에서 열릴 것이다.

►자아의 초극◄

인자仁者는
천지만물을 자기 자신과
한 몸으로 여긴다

―――――――――――― 위에서 사랑은 남을 내 존재의 품 안에 따
뜻하게 보듬어 안고서 그의 생명을 보살피고 제고시켜 주려는 노력이라
하였다. 물론 그것이 마음먹은 대로 되는 일은 아니다. 우리 안에는 그
것을 저해하는 심리적인 요인들이 있기 때문이다. 이기심과 욕심이 그
대표적인 예다. 자신의 욕망만을 채우려는 이기적인 사람은 남을 배려
하고 보살피려는 마음을 갖지 않는다. 우리는 그것을 자신 안에서 수시
로 부끄럽게 자각한다.

이 문제를 보다 근본적인 관점에서 접근해 보자. 저 이기심과 욕심
의 근저에는 '자아'의식이 도사리고 있다. 자아란 원래 '닫힌' 개념이다.
그것은 바로 남과 대립하는 '나'로써, 남 앞에서 자신만을 돌보려는 성
향을 갖는다. '나'는 남에 대해 자신의 존재를 내세우고 또 강화하려 하
기 때문에 남에 대해 열린 마음을 갖지 못한다. 그리하여 '나'의식이 강

한 사람일수록 남들과 잘 어울리지 못하여 대립 갈등하고 충돌하는 일이 많다.

이러한 '나'의식은 이기주의에서만 드러나는 것이 아니다. 그것은 개인주의에서도 크게 작용한다. 개인의 자유와 독립을 강조하는 그것 역시 '나' 안에 갇혀 자신에 대해서만 관심을 쏟기 때문이다. 어찌 보면 개인주의는 이기주의가 완화된 형태일 뿐이다. 개인주의가 남의 존재를 인정하기는 하지만, 그것 또한 자기중심적인 사고 속에서 남을 나의 존재 바깥으로 배제하고 또 저만큼 떨어트려 놓는 것은 이기주의와 비슷하다. C. A. 반 퍼슨은 개인주의를 두고 다음과 같이 말한다. "사람과 사람 사이에 온기를 전달하는 대기적 요소는 여기에서 사라지고 만다. 개체들은 수정같이 맑고 얼음처럼 차가운 공기로 에워싸여 있다."

이처럼 '나' 속에 갇혀 남과 거리를 두는 마음속에서는 따뜻한 사랑이 싹틀 여지가 없다. 자타간 존재의 장벽이 사라지지 않는 한 사랑의 마음은 결코 열리지 않는다. 이에 반해 사랑은 저 멀리에 있던 상대방을 일순간 나의 존재 안으로 끌어들인다. 사랑은 내 안에서 너를 느끼고 너 안에서 나를 보면서 "우리는 하나"라고 하는 동일체 의식을 배태한다. 우리는 그 전형적인 예를 남녀의 사랑에서 본다.

그러므로 사랑의 삶을 위해서는 평소 '나'의식을 타파하는 노력을 하지 않으면 안 된다. 사랑의 지평은 자타간 분단의 벽을 세우는 '나'의식을 벗어나 상대방과 생명을 교감하는 가운데에서만 열린다. 우리는 이러한 관점에서 자신이 현재 누군가에게 품고 있는 사랑을 점검해 볼 필요가 있다. 정말 자타간 존재의 장벽을 허물어 생명을 교감하고 있는지를 말이다. 우리는 흔히 사랑의 이름으로 상대방에게 무언가를 기대하고 또 요구하지만, 그 근저에는 자기 위주의, 자기중심적인 '나'의식이 깔려 있는 경우가 많기 때문이다.

그러나 이러한 사랑은, 연애든 우정이든, 아니면 이웃사랑이든, 자기기만에 불과하다. 그것은 자기애일 뿐, 상대방을 사랑하는 것이 아니다. 상대방을 내 삶의 보조적인 존재 정도로 여기는 자기중심적인 태도를 벗어나지 못하고 있기 때문이다. 그리하여 나는 여전히 자신 안에 갇혀서, "하나와 하나가 하나가 되어 벌거벗은 존재가 벌거벗은 존재 안에서 빛나는" 참사랑의 환희를 알지 못한다. 많은 사람들이 사랑 속에서도 여전히 존재의 외로움을 면치 못하는 이유가 여기에 있을 것이다.

공자가 한 제자한테서 사랑에 관한 질문을 받고서, "나를 초극하여 예를 회복해야 한다克己復禮 (《논어》)"고 답변한 뜻이 여기에 있다. 사랑은 상대방을 나의 존재의 품 안에 아우르고 그와 교감하면서 자타 공동의 넓은 생명세계를 열어 나가는 행위일진대, 자기중심적인 '나'의식 속에서는 사랑이 싹틀 여지가 없다. 그러므로 참사랑을 위해서는 부단히 '나를 초극하는' 수행의 노력을 하지 않으면 안 된다. 사랑을 감정에만 내맡길 일이 아니다.

'나의 초극'은 인간관계에서만 요구되는 것이 아니다. 그것은 만물에 대해서도 마찬가지다. 사람들은 인간 중심적인 사고에 갇혀 초목금수를 내 밖에 존재하는 단순한 사물로만 여긴다. 사람들이 거리낌 없이 초목금수를 학대하고 착취하며, 생태계를 파괴하는 것도 이에 기인한다. 하지만 만물에 대해서도 그러한 '나'의식을 타파하여 그들을 나의 존재 깊이 보듬어 안지 않으면 안 된다. 초목금수도 이 땅 위에서 "나와 더불어 사는 이웃"이기 때문이다. 사람이 세계의 주인공이라고 착각해

천작天爵

서는 안 된다.

옛날 선비들은 사랑의 삶을 위해 '나의 초극'을 평생의 수행과제로 삼았다. 그들의 '초극'은 인간사회를 넘어 만물까지도 아우르는 물아일체의 경지까지 추구하였다. 말하자면 그들은 개체적인 소아를 초극하여 우주적 대아의 사랑으로 살려 하였다. 그들에게 널리 회자되었던 중국 송나라 정호程顥, 1032~1085 선생의 글을 읽어 보자.

인자仁者는 천지만물을 자기 자신과 한 몸으로 여긴다. 만물을 자신의 일부로 생각하니 그의 사랑이 어느 한 사물엔들 미치지 않겠는가. 만약 사물을 자신과 다른 것으로 여기면, 그것은 나와 상관없는 것이 되어 버리고 말 것이다. 이는 마치 수족의 마비로 인해 혈기가 통하지 않아 수족이 내 몸이 아닌 것처럼 느껴지는 것과도 같다.

물론 물아일체라 하여 나와 남을 무조건 동일시하는 것은 아니다. 인간관계에 국한하여 말한다면, 거기에는 생명을 교감하면서도 서로를 존중하는 두 인격이 엄연히 존재한다. 인격 부재의 사랑은 동물적인 욕망의 허울에 지나지 않는다. 참사랑은 인격적인 만남의 정신을 필요로 한다. 공자가 사랑을 위해 '나를 초극'할 뿐만 아니라 '예를 회복'해야 한다고 가르친 뜻이 여기에 있다. 사랑은 단순히 감각적인 일체감에 그치지 않고, 나의 존재를 열어 상대방을 공경히, 예의를 다해 맞이하는 가운데에서만 완성될 수 있다는 것이다. 이러한 예의의 정신은 사람들의 감정과 행위를 절제시켜 주면서 사랑을 아름답게 만들어 줄 것이다.

《예기》는 이러한 사랑의 정신을 다음과 같이 압축적으로 천명한다.

"친하게 지내면서도 공경하고, 경외하면서도 사랑해야 한다.狎而敬之 畏而愛
之" 너와 나의 경계를 허무는 친밀감 속에서도 상대방을 공경히 대면하
고, 상대방을 어렵게 여기면서도 따뜻한 사랑의 마음을 잃지 말아야 한
다는 것이다. 오늘날 서로 예의를 지킬 줄 모르고 감각적인 친밀함만 믿
다가 결국 파탄을 면치 못하는 세속적인 사랑의 풍토 속에서 이는 최고
의 잠언이 아닐 수 없다.

　'나'의식과 관련하여 어느 심리학자(디팍 초프라)의 흥미로운 글을
소개한다. 이는 '나의 초극'이 심신의 건강을 위해서도 매우 긴요한 일
임을 시사해 준다. 달리 살피면 그것은, 건강과 장수의 비결이 운동 못
지않게, 자기 초극의 수행을 통해 남을 아우르는 사랑에 있다는 사실을
임상학적으로 알려 준다.

　캘리포니아 대학의 심리학자인 래리 셔비츠Larry Scherwitz는 거의 600명
가량의 사람들의 대화를 녹음하였는데, 그중 3분의 1은 심장질환을 앓고
있었고 나머지는 건강하였다. 이 녹음테이프를 들으면서 그는 이들이 '나',
'나의', '나를' 등의 말을 얼마나 자주 쓰는지 세어 보았다. 이 결과를 심장병
의 발병빈도와 비교해 본 결과 셔비츠는 1인칭 대명사를 가장 자주 사용하
는 사람이 심장에 이상이 생길 위험성이 가장 높은 것을 발견했다. 그리고
몇 년 동안 이 환자들을 추적해 본 그는 자신에 대한 이야기를 습관적으로
많이 하는 사람일수록 실제로 관상동맥질환에 걸릴 확률이 높은 것을 발견
했다. 어떤 사람이 '나'라고 말하는 횟수를 세는 방법은 자아도취의 정도를
수량화하는 재치 있는 방법이었다. 그리고 타인에게 마음을 닫아 놓을수록
심장은 더욱 고통받는다는 사실에는 나의 생각과 일치하는 면이 있다. 셔

비츠가 결론 내린 처방은 좀 더 베푸는 사람이 되라는 것이다. 즉 "다른 사람이 말할 때 존중심을 가지고 귀 기울이고, 자신의 시간과 에너지를 남에게 쓰며, 남들이 저대로의 방식을 가지도록 내버려 두라. 자신의 필요를 확대시키는 일 외의 다른 일을 하라." 이 말 속에서 그는 수량화할 수 있는 데이터를 넘어서서 사랑과 연민의 문제를 언급하고 있다. 이것은 마음이 열려 있고 사랑이 많은 사람은 반드시 늙어서 건강하다는 직관적인 통념에 비추어 매우 호소력 있게 들린다.

▶역지사지를 통한 배려와 보살핌◀

**내가 원하지 않는
일을 남에게 행하지 말라**

─────────── 우리는 앞에서 사람들이 사랑의 마음을 못 갖는 이유를 살펴보았다. 그것은 자타간 분단의 장벽을 세우는, 그리하여 남과 거리를 둔 채 자기 안에 갇혀 있는 '나' 때문이라 하였다. 자타 단절의 '나'의식 속에서는 사랑이 싹틀 여지가 없다는 것이다. 그러면 어떻게 하면 '나'를 초극하여 열린 마음으로 남을 아우르면서 생명을 교감할 수 있을까?

우리는 그 효과적인 방법을 공자의 '충서忠恕' 사상에서 발견한다. 여기에서 '충'은 충성의 의미가 아니다. 그것은 어원상 본래 진실하고 순수한 마음이라는 뜻을 갖고 있다. 충성은 이와 같은 뜻을 정치덕목화한 것일 뿐이다. 한편 '서'는 단순히 용서한다는 뜻에 불과한 말이 아니다. 그것은 역지사지의 마음으로 남의 처지를 헤아려 그를 배려하고 보살피는 태도를 말한다. 이 경우에 '충'과 '서'는 별개의 정신이 아니다. '충'

은 '서'의 내적인 조건이다. 진실하고 순수한 마음으로 남을 배려해야 하지, 거기에 거짓된 생각이나 불순한 속셈이 끼어서는 안 된다는 것이다.

공자는 평생의 삶의 지침을 묻는 한 제자에게 '(충)서'의 정신을 제시하면서 다음과 같이 답변한다. "내가 원하지 않는 일을 남에게 행하지 말라.(《논어》)" 더 나아가 그것은 적극적인 의미를 갖기도 한다. 그는 또한 말한다. "인자仁者는 자신이 나서고 싶을 때에는 남을 내세워 주고, 자신이 뜻을 펴고 싶을 때에는 남이 뜻을 펼치도록 도와준다.(《논어》)" 이는 무슨 일이든 무조건 남에게 양보해야 한다는 말이 아니다. 그것은 상대방이 그의 소망을 이룰 수 있도록 배려하고 도와준다는 뜻을 함축한다. 《대학》은 이러한 충서의 정신을 일상의 인간관계 속에서 다음과 같이 구체적으로 예거한다.

윗사람이 나를 대하는 태도가 싫으면 내 아랫사람을 그러한 태도로 대하지 말고, 아랫사람이 나를 받드는 태도가 싫으면 내 윗사람을 그러한 태도로 받들지 말라. 앞사람이 나에게 앞서는 태도가 싫으면 내 뒷사람에게 그러한 태도로 앞서지 말고, 뒷사람이 나를 따르는 태도가 싫으면 내 앞사람을 그러한 태도로 따르지 말라. 오른쪽 사람이 나와 사귀는 태도가 싫으면 왼쪽 사람과 그러한 태도로 사귀지 말고, 왼쪽 사람이 나와 사귀는 태도가 싫으면 오른쪽 사람과 그러한 태도로 사귀지 말라.

사실 사람의 마음은 다 같다. '윗'사람이든 '아랫'사람이든, 선배든 후배든, 친구나 부부 사이든 누구나 서로 상대방한테서 존중받고 대접을 받고 싶어 한다. 입장을 바꾸어 생각해 보면 상대방 또한 그러한 바람을 갖고 있다는 것을 쉽게 알 수 있다. 그런데 문제는 그것을 상대방에게만 요구할 뿐, 정작 나는 상대방을 존중하고 대접하려 하지 않는다는 사실이다. 자타간 반목과 갈등, 충돌, 증오가 이렇게 해서 생겨난다. 이는 물론 자기중심적인 '나'의식이 빚어내는 현상이다.

'충서'의 정신은 이러한 자기중심적인 사고를 타파시켜 주는 긴요한 방책이다. 그것은 사람들에게 역지사지를 통해 상대방의 입장에서 사물과 세계를 바라보도록 해 준다. 달리 말하면 거기에는 중심의 전이轉移라고 하는 심리가 작용한다. 입장을 바꾸어 "만약 내가 너라면" 하면서, 상대방에게로 사고의 중심을 옮기는 것이다. 그리하여 그것은 내가 삶의 목적이요, 세계의 중심인 것처럼, 상대방 역시 그 자신이 목적이요, 중심이라는 사실을 깨닫게 해 준다. 용서와 관용과 타협의 길이 여기에서 생긴다. 19세기의 미국 시인 롱펠로는 말한다. "적의 숨겨진 과거를 읽을 수 있다면 우리는 그들 각각의 삶에서 그 어떤 적의라도 내려놓게 만들 만큼 가득한 슬픔과 고통을 발견하게 될 것이다."

'충서'의 정신은 특히 '윗'사람에게 '아랫'사람을 관용과 사랑으로 감싸 안도록 요구한다. '윗'사람은 역지사지 속에서 '아랫'사람의 처지를 헤아려 적극 배려해야 한다. 불평등할 수밖에 없는 현실 속에서 '아랫'사람이 겪는 어려움이 '윗'사람에 비해 많기 때문이다. 아니 '충서'의 정신에 충실한 사람이라면 '위', '아래'의 차별적인 관념을 떠나 상호 평등한 입장에서 상대방을 공경히 대면하면서 그를 보살피려 할 것이다.

'충서'는 자기중심적인 시각을 탈피하여 상대방의 처지에서 세상을 바라보고 그를 배려하는 정신이므로, 나는 '충서'하는 만큼 자신을 넘어 상대방에게까지 넓어진 존재감을 얻을 것이다. 역지사지의 마음으로 남의 처지를 이해하고 배려하는 것은 자타간 존재를 소통하고 합일시키는 효과를 주기 때문이다. 이는 마치, 두 개의 지역으로 나뉘어 서로 대립하던 남한과 북한이 어느 날 분단의 장벽을 무너뜨리고 평화통일을 이룰 경우 하나의 넓은 영토를 갖게 되는 것과도 같다.

사실 사람의 존재는 결코 고정되어 있지 않다. 노력 여하에 따라 자신의 존재가 좁아질 수도 있고 넓어질 수도 있다. 이를테면 남들과 담을 쌓고서 우렁이처럼 자기 속에 웅크리고 사는 이기주의자처럼 협소한 존재가 있는가 하면, 인류와 만물을 그의 품 안에 보듬어 안는 우주적 존재의 성인도 있다. 사람들은 이 양자 사이에서 각자 존재의 크기와 모습을 천태만상으로 지어낸다. '충서'의 정신은 이처럼 미확정적인 인간존재를 넓게 확장시켜 줄 훌륭한 방책이다.

'충서'의 정신은 물론 사람만을 대상으로 하지 않는다. 그것은 모든 살아 있는 것들에게까지 눈길을 보낸다. 나의 생명이 나 자신에게 소중한 것처럼, 풀 한 포기, 벌레 한 마리도 그들에게는 소중하기 짝이 없다는 사실을 깨달으면서 '충서'의 정신은 그들의 생육을 도우려 할 것이다. 김용택 시인은 서러운 마음으로 노래한다.

사과 속에 벌레 한 마리가 살고 있었습니다
사과는 그 벌레의 밥이요 집이요 옷이요 나라였습니다
사람들이 그 벌레의 집과 밥과 옷을 빼앗고
나라에서 쫓아내고 죽였습니다
누가 사과가 사람들만의 것이라고 정했습니까

사과는 서러웠습니다

서러운 사과를 사람들만 좋아라 먹습니다

(〈짧은 이야기〉)

　시인은 사람들이 징그럽게 여기는 벌레의 입장에서 인간 중심의 이
기주의를 고발한다. 우리는 거기에서 벌레를 바라보는 시인의 애처롭고
도 따뜻한 눈빛을 느낀다. 이처럼 '충서'의 정신은 나와 만물 사이에 가
로놓인 존재의 장벽을 허물어 낸다. 그것은 생명의 마비를 풀어 사방으
로 만물과 교감하면서 그들의 생육을 도우려는 생명사랑의 마음을 키
운다. 오늘날 가축 생매장의 현장에서 말한다면, 그 정신은 그들의 생명
권까지도 적극적으로 인정하려 할 것이다. 나의 생존을 위해 부득이 그
들을 죽일 수밖에 없다 하더라도, 적어도 그들이 살아 있는 동안 그들의
생명을 존중하면서 애정으로 보살피려는 마음을 잃지 않을 것이다.

　삶의 고독과 허무로부터 나 자신을 구원할 수 있는 길이 여기에서
열린다. 나의 존재의 폭이 좁고 그 무게가 가벼운 데에서 고독과 허무의
감정이 생기는 것이라면, '충서'의 정신은 그것을 극복하게 해 줄 훌륭
한 기제다. 가령 어려운 사람의 처지를 역지사지하면서 그에게 도움의
손길을 내밀 때 자기도 모르게 생기는 뿌듯한 마음에는 고독과 허무가
자리할 여지가 없다. 오히려 '충서'하는 만큼 넓어지고 풍요로워진 존재
감을 가질 것이다. 그러므로 우리는 자기 안에 갇혀서 삶의 외로움만 한
탄할 것이 아니라, '충서'의 정신으로 남들을, 더 나아가 만물을 배려하
고 또 보살필 필요가 있다.

▶의로움의 정신◀

**의로움은 이해타산 없이
행하는 정신이다**

———————— 1980년대 중반 어떤 신문에 실렸던 이야기를 하나 소개하려 한다. 당시 광주지역 모 대학 교수의 고백록이다. 그는 광주민주항쟁의 대열에 동참하지 못한 자신의 비겁을 끊임없이 자책하면서 날마다 술로 보냈다고 한다. 1년여를 그렇게 지내다가 결국에는 정신치료까지 받았다고 한다. 그가 그렇게 신문에 자신의 '치부'를 공개한 것은 아마도 사람들 앞에서 솔직하게 참회하고 속죄함으로써 다소나마 마음의 고통을 덜려는 뜻이 아니었나 생각된다.

그러한 '비겁'과 죄책의 감정은 사실 그 교수에게만 있었던 것이 아닐 것이다. 광주는 물론, 어디에서든 당시 군부독재의 세력에 적극적으로 저항하지 못하고 몸을 움츠렸던 많은 사람들이 어쩌면 다소나마 그와 같은 감정을 가졌을 것이다. 그 항쟁 속에서 고귀하게 희생당한 열사들에게 참으로 미안한 마음과 함께 말이다. 더 거슬러 올라가면 1970년대 유신정권 시절의 경우도 마찬가지다. 우리는 이러한 관점에서 지금 우리 사회가 겪고 있는 정의와 민주정신의 왜곡 굴절현상을 조명해 볼 필요가 있다. 과거의 정신적 상처는 뒷날 반드시 행동거지의 파행을 초래하기 마련이기 때문이다. 사회도 마찬가지다.

아무튼 우리는 저 교수의 고통스러운 모습에서 맹자의 이른바 '수오지심羞惡之心'을 확인한다. 맹자에 의하면 사람은 누구나 자신의 잘못을 부끄러워하고羞 다른 사람들의 악행을 미워하는惡 의로운 마음을 천부적으로 타고난다고 한다. 군부독재의 죄악을 성토하고 그들과 맞서 싸웠던 것이나, 또는 그 죄악 앞에서 침묵했던 자신에 대해 죄책감을 가졌던 것이 그 실례다. 맹자는 아예 극단적으로 말한다. "수오지심이 없으면 사람이 아니다.(《맹자》)"

의로움의 정신은 기본적으로 이러한 수오지심에서 나온다. 물론 그 정신은 '자신의 잘못을 부끄러워하고 남들의 악행을 미워하는' 감정의 차원에 그치지 않는다. 그것은 그 이상으로 사람들이 평생의 수행을 통해 갖추어야 할 덕목이기도 하다. 한 마디로 말하면 그것은 일의 시비와 곡직을 사리에 맞게 엄밀하게 판단하고 올바르게 처사하는 정신이다. 그리하여 그것은 물건을 주고받는 등 사소한 일에서부터 일상의 사무와 일신의 거취, 더 나아가 삶과 죽음의 갈림길에 이르기까지 어느 한 순간도 사람들이 놓아서는 안 되는 중요한 도덕정신으로 자리 잡는다.

이황 선생이 한양에 살 때의 일화를 소개한다. 가을이 되자 선생의 마당에 드리운 이웃의 밤나무 가지에서 알밤들이 떨어졌는데, 선생은 그것들을 일일이 주워서 그 이웃집으로 던졌다고 한다. 내 물건이 아니니 의리상 그것을 취해서는 안 된다는 것이다. 또한 선생은 풍기 군수를 그만두고 고향으로 돌아갈 때 서적들을 담았던 궤짝을 관가의 물건이라 하여 돌려보내기도 하였다. 우리는 이러한 의로움의 정신의 문화현상을 조선 시대 공직사회에서 수많은 청백리들이 보여 주었던 청렴한 삶에서 목격한다.

의로움의 정신은 삶과 사회에 존재하는 생명 부정의 병리현상을 척결하여 건강한 생명을 지키고 보호하려 한다. 그것은 개인적으로든 사회적으로든 생명을 잠식하고 부패시키는 불의를 '부끄러워하고 또 미워하면서' 그것을 응징함으로써 참생명을 결실하려 한다. 마치 몸속의 병균을 치료하여 건강을 회복하듯이 말이다. 조선 시대 형조의 벼슬을 '추관秋官'이라 별칭했던 이유도 여기에 있다. 불의한 자들을 응징하여 생명 사회를 이루려는 형벌의 집행이 '껍데기는 버리고 알맹이만 거두는' 가을의 추수를 연상시키기 때문이다.

의로움의 정신은 가치 합리적인 사고를 배양한다. 그것은 행위의 결과를 고려하지 않고 행위 자체에 내재하는 바른 가치를 실현하려 한다. 다시 말하면 행위가 초래할 유불리를 염두에 두지 않고, 행위 자체가 옳기 때문에 무조건 행하려는 것이 의로움의 정신이다. 이 점에서 그것은 이해타산을 하면서 결과를 계산하는 잇속의 마음과 구별된다. 이이李珥, 1536~1584 선생은 말한다. "의로움은 이해타산 없이 행하는 정신이다. 만약 조금이라도 이해타산을 한다면 그것은 잇속의 마음으로써, 그는 도둑이나 다름없다. 선행을 하더라도 거기에 공명功名을 얻으려는 마음이 끼어 있으면 그것 또한 잇속의 마음이다. 군자는 그것을 도둑보다 더한 심보로 여긴다."

사례를 하나 들어 보자. 《춘추좌씨전春秋左氏傳》에 의하면, 옛날 어떤 자가 쿠데타를 일으켜 임금 자리를 탈취하자, 당시 역사기록을 담당했던 사관史官이 그 전말을 사실 그대로 쓴다. 이에 쿠데타의 장본인이 그를 죽인다. 그런데 후임 사관 역시 쿠데타의 전말은 물론, 전임 사관을 죽인 사실도 기록하였고, 그 또한 죽음을 당한다. 또 다른 후임 사관도 일련의 사실들을 그대로 기록한다. 결국 쿠데타로 임금 자리에 오른 자는 더 이상 그 사관을 죽이지 못한다.

사관들의 철학은 분명하다. 그들의 정론직필은 사관의 직분상 지켜야 할 의로움의 정신의 발로였다. 죽음의 위협으로도 그들의 정신을 꺾을 수 없었다. 만약 그들이 사태에 임해서 삶을 최고의 목표로 두고서 처신의 이해득실을 계산했다면 그들은 절대로 정론직필할 수 없었을 것이다. 하지만 그들은 의로운 길을 택했고, 오히려 의로운 죽음으로 삶을 성취하였다.

조선 시대 여러 차례의 사화에 죽음 앞에서도 당당했던 많은 선비들의 기개 또한 이러한 의로움의 정신에서 발원한 것이었다. 그들은 의로운 죽음으로 오히려 사회를 살게 해 주었다. 사람들은 그들의 의로운 삶과 죽음을 보고 들으면서 부끄러운 마음으로 자신의 모습을 되돌아보았을 것이다. 또 한편으로 비극적인 감동 속에서 자기 안에 의로움의 정신을 일깨웠을 것이다. 중종 때 기묘사화에 희생된 조광조趙光祖, 1482~1519 선생이 유배지에서 사약을 받고 쓴 시와, 그리고 훗날 숙종肅宗이 쓴 추모시를 읽어 보자.

임금 사랑하기를 어버이 사랑하듯 하였고
나라 걱정하기를 집안 걱정하듯 했어라

하늘의 해가 이 땅에 임하니

나의 진정을 밝게 밝게 비추리라.

죽음에 임하시어 남긴 말씀을 생각할 때마다

눈물이 절로 솟아 흐르더니

이제 선생이 남기신 글을 읽어보니

도덕이 높으심을 더욱 더 알겠노라

조정의 신하들은 모두 다 우러르고

초야의 아낙네들 또한 다 같이 존경한다

그 밖에 예술도 즐기셨으니

아름답다 필치의 웅건함이여

《연려실기술》에 의하면 선생은 사약 앞에서 "목욕하고 새 옷을 갈아입은 다음 자기 집에 보내는 글을 쓰는데 한 자도 틀리게 쓰는 것이 없이" 태연했으며, "자신의 관을 얇게 만들어 먼 길에 운반하는 사람을 힘들지 않게 하도록" 배려하기까지 하였다고 한다. 그리고 사약을 마셨는데도 숨이 끊어지지 않자, 한 사발을 더 청하여 마시고는 일곱 구멍에 피를 쏟으며 죽었다.

이처럼 선생으로 하여금 죽음 앞에서 무서우리만치 평온함을 유지하게 만들었던 원동력은 무엇이었을까? 그것은 바로 의로움의 정신이었다. 거기에는 평생토록 '하늘 우러러 한 점 부끄러울 것 없었던' 선생의 의로운 삶에 대한 자부심이 놓여 있었다. 당시의 정치사회와 관련해서는 부도덕한 풍토를 개혁하고자 했던 정의의 정신이 선생을 그처럼 당당하게 만들었다.

의로움의 정신은 오늘날 경제 가치와 물질 이익을 최대의 목표로 숭상하고 부추기는 자본주의 사회에서는 자리할 여지가 없는 것처럼 보인다. 일반사회는 물론이거니와, 학생들에게 아름다운 삶과 정의로운 사회의 꿈을 심어주어야 할 각급 학교의 교육현장조차 경제정신이 장악한 지 이미 오래되었다. 그리하여 사람들은 오직 이익의 추구에만 열을 올린다. 그들에게 인간애와 정의 등의 도덕은 불필요하고 또 거추장스럽다.

하지만 경제(이익)의식이 초래할 결과를 심각하게 따져 보아야 한다. 그것은 사람들을 대립과 승부의 싸움터로 끊임없이 내몰 것이다. 사람들은 각종의 이익을 먼저 차지하기 위해서 온갖 모략과 술수를 모색하고, 또 저마다 자기 안에 간사하고 비열한 마음을 키울 것이다. 결국 "만인의 만인에 대한 투쟁"의 정글사회에서, 설사 승리자가 된다 하더라도 삶은 신산하고 황폐할 수밖에 없을 것이다.

불행하게도 이것이 우리 사회와 삶의 현주소다. 시대적으로 따지면 이는 1970년대 이래 통치자들이 인간의 고귀한 정신가치를 억압하면서 오직 경제 성장만을 외쳐 온 결과이기도 하다. 그리고 아직도 이를 반성할 줄 모르고 여전히 경제(이익)만을 숭상하는 우리는 자신의 불행을 더 심화시켜 가고 있다.

이제 우리는 삶과 사회의 중심 가치를 무엇으로 세워야 할지 심각하게 고민하지 않으면 안 된다. 삶의 참다운 가치는 이익에 있지 않다. 인간의 존재는 이익으로 채워질 수 있는 것이 아니다. 누구나 익히 경험하는 것처럼 득실이 무상한 이익에 삶의 목표를 두어서는 안 된다. 이제 시선을 안으로 돌려 자신의 존재 내부를 깊이 들여다보아야 한다. 거기에서 사랑과 의로움 등 인간의 본질가치를 자각하고 또 추구해야 한다. 삶의 참다운 행복은 거기에서만 꽃필 것이다.

▶정명正名의 정신◀

**술잔이 술잔 같지 않다면
그것을
술잔이라 할 수 있겠는가!**

———————————— 20세기의 큰 철학자 하이데거에 의하면
"언어는 존재의 집"이라 한다. 모든 말에는 사물들의 존재가 담겨 있다
는 것이다. 예를 들어 '술'이라는 말을 들으면 사람들은 제각각 자신이
좋아하는, 또는 어젯밤 마셨던 술을 연상할 것이다. 사물의 존재와 의미
는 그렇게 그것을 형용하는 언어를 통해서만 우리에게 다가온다. 고 김
춘수 시인의 〈꽃〉을 다시 한 번 읽어 보자. 앞서 그 한계를 지적하긴 했
지만, 그것은 이러한 언어철학을 시적으로 잘 형상하고 있기 때문이다.
"내가 그의 이름을 불러주기 전에는 / 그는 다만 / 하나의 몸짓에 지나
지 않았다 // 내가 그의 이름을 불러주었을 때 / 그는 나에게로 와서 /
꽃이 되었다"

　사람들은 사회에서 수많은 이름들을 주고받으며 살아간다. 여기에
서 말하고자 하는 '이름'은 사람들의 성명과 같은 고유명사가 아니라 일

상호칭을 뜻한다. 어머니, 아버지, 남편, 부인, 선생, 학생, 사장, 대리 등 사람들이 사회생활상 얻는 수많은 호칭들 말이다. 사실 인간관계는 그러한 호칭들을 매개로 해서 이루어진다. 호칭이 없는 인간관계와 사회생활을 우리는 상상하기 어렵다.

사람들은 이름(호칭)들을 별 생각 없이 주고받지만, 사실 그것들은 한 사람의 존재를 드러내고 또 지탱해 주는 핵심적인 요소다. 아버지라는 이름은 자식 앞에서, 자식이라는 이름 또한 아버지 앞에서 나의 존재를 결정적으로 드러나게 해 준다. 그리하여 사람들이 나를 아버지, 남편, 형, 동생, 남자, 여자, 선생, 학생이라고 부를 때, 나의 존재는 그러한 이름들로 구성되면서 어떤 총체적인 모습을 얻게 된다.

만약 이름을 거부한다면 어떻게 될까? 그것은 자신의 존재를 부정하는 것이나 다름없다. 아버지, 어머니, 남편, 부인 등 내가 갖고 있는 이름들을 하나씩 지워 보자. 그만큼 나의 존재감이 줄어들 것이다. 그렇게 하여 만약 모든 이름들을 지워 버린다면 나는 '하나의 몸짓'에 지나지 않으며, 존재하지 않는 것이나 마찬가지로 여겨진다. 세상에 어떤 이름도 갖지 않는 나를 상상할 수 있을까?

이처럼 모든 이름은 그것이 지칭하는 사물의 존재를 담고 있다. 그리고 이름을 어떻게 붙이느냐에 따라 존재(의 의미)가 달라진다. 사람들이 호칭에 민감한 것도 이 때문이다. 예를 들면 사람들은 옛날의 '식모'를 '파출부', 그리고 이제는 '가사도우미'라 하고, '운전수'를 '기사'라고 호칭한다. 우리가 직간접으로 경험하는 것처럼, 노인들이 '할아버지(할머니)'라는 호칭을 싫어하는 것도 거기에 담긴 자신의 '늙은' 모습을 인정하고 싶지 않아서일 것이다.

그런데 호칭은 사물의 존재를 왜곡하고 혼란시킬 수도 있다. 예를 먼저 들어 보자. 요즘 젊은 부부들 중에는 남편을 "오빠"라고 호칭하는 부인들이 상당히 있다. 둘의 관계를 모르는 사람은 당연히 그들을 남매 지간으로 여기겠지만, 이어 그들의 수상쩍은 행동거지를 보고서는 당황스러운 느낌을 가질 것이다. 만약 그들이 그러한 호칭을 뒷날 자식들 앞에서까지 계속 사용한다면 어떻게 될까? 자식들은 오빠와 남편의 존재에 관해, 더 나아가 오빠와 동생, 남편과 부인의 관계에 관해 혼란스러운 생각을 면할 수 없을 것이다. 그것은 당연히 삶의 혼란을 초래한다.

공자가 "이름을 바로잡고자正名" 했던 이유가 여기에 있다. 현실존재를 올바르게 반영하지 못하는 호칭은 사람들의 생각과 삶과, 더 나아가 사회를 혼란에 빠트린다는 사실을 알고 있었기 때문이다. 이름(호칭)은 그렇게 중요한 의의를 갖는다. 한 사물의 존재를 명료하게 이해하고 또 온전하게 실현하기 위해서는 그것의 이름을 올바로 정립하여 사용하지 않으면 안 된다.

한편 사람들이 어떻게든 사회적으로 큰 이름을 얻으려 하는 이유를 우리는 이름-존재의 관점에서 이해해 볼 수 있다. 모든 이름에는 그처럼 존재가 담겨 있는 만큼, 사람들은 큰 이름을 얻으면 자신의 존재가 그만큼 위대하게 보이리라고 생각한다. 대통령, 국회의원, 회장, 심지어 초등학교의 반장에 이르기까지 그러한 이름을 얻고 싶은 꿈들이 다 그렇다.

물론 이러한 생각에는 문제가 있다. 한 사람의 존재됨을 그의 이름만으로 평가할 수는 없기 때문이다. 우리 주변에서 수없이 목격하는 것처럼, 아무리 큰 이름을 갖고 있다 해도 형편없는 존재가 많다. 이와는 반대로 생전에 얻은 이름은 보잘것없지만 후세에 위대한 명성을 얻는 사람도 있다. 아니 뒤에서 이야기하는 것처럼, 한 사람의 존재(사람)됨을 이름으로 규정하려는 것은 그 자체로 어떤 문제점을 갖고 있기도 하다.

사실 이름에는 그것을 주고받는 사람들 상호간에 약속되고 기대되는 내용이 담겨 있다. 남편이라는, 아버지라는 이름은 내가 결혼을 하고 자식을 낳음으로써 일단 얻지만, 그것으로 완결되는 것이 아니다. 나는 그러한 이름을 얻음과 동시에 앞으로 남편과 아버지로서 풀어야 할 어려운 실천과제를 떠맡게 된다. 부인과 자식, 대통령, 국회의원 그 밖에 모든 이름들이 다 그러하다.

그러므로 우리가 큰 이름을 얻었다고 자부할 일만은 아니다. 그 이름으로 권한을 행사하고 권위만 누리려 해서는 더더욱 안 된다. 이름은 오히려 과제요, 의무에 가깝다. 사실 이름이 클수록 실천해야 할 과제도 더 무거운 법이다. 나는 그 이름들에 담긴 과제를 얼마나 잘 수행하느냐에 따라 자신의 존재를 달리 빚어내게 될 것이다. 사람들은 그러한 나를 정확하게 평가한다. '실력 없는' 교수, '독재적인' 대통령 등으로 말이다. 우리가 이름만 얻으려 애쓰지 말고, 오히려 그것을 무서워해야 할 이유가 여기에 있다. 우리는 이름에 담긴 의미(과제, 의무)를 진지하게 성찰하고 또 성실하게 실현하지 않으면 안 된다.

일찍이 선비들은 이름의 이와 같은 함의를 깊이 유념하였다. 앞에서 공자의 '정명'사상을 호칭과 관련해서 말했지만, 다른 한편으로 그것은 이름에 담긴 과제를 올바로 수행할 것을 지시하기도 한다. 그는 이를 다음과 예시한다. "임금은 임금다워야 하고, 신하는 신하다워야 하며,

어버이는 어버이다워야 하고, 자식은 자식다워야 한다.君君臣臣父父子子 《논어》" 또한 《주역》은 말한다. "어버이는 어버이답고, 자식은 자식답고, 형은 형답고, 동생은 동생답고, 남편은 남편답고, 부인은 부인답게 행동할 때 집안의 도가 바로 잡힌다. 집안을 바로 세워야 사회가 안정된다.父父子子兄兄弟弟夫夫婦婦而家道正 正家而天下定矣"

여기에서 '(어버이)다움'이라는 말은 곧 각각의 이름에 담긴 과제를 뜻한다. 임금과 신하, 어버이와 자식, 형과 동생, 남편과 부인이 각자 자기 이름의 과제를 성실하게 수행해야 한다는 것이다. 만약 그러한 과제 수행의 노력을 게을리하거나, 또는 그 과제를 방기한다면 그 사람은 끝내는 이름을 박탈당하고 말 것이다. 그것은 달리 살피면 그가 자신의 존재를 스스로 부정하는 것이나 다름없다. 공자는 이를 다음과 같이 비유적으로 말한다. "술잔이 술잔 같지 않다면 그것을 술잔이라 할 수 있겠는가!《논어》"

우리는 이 '술잔'에 수많은 이름들을 대입시켜 볼 수 있다. 이를테면 남편이 남편답지 않으면 남편이라 할 수 있는가, 아버지가 아버지답지 않으면 아버지라 할 수 있는가, 대통령이 대통령답지 않으면 대통령이라 할 수 있는가, 아니 사람이 사람답지 않다면 그를 사람이라 할 수 있는가 하는 등등으로 말이다. 부부간의 이혼은 이러한 이름의식의 부정적인 결말에 다름 아니다.

요즈음 일선 학교 현장에서는 학생들이 자기들끼리 대화하는 자리에서 선생님들에 대해 '선생님'이라 호칭하지 않고 성명을 거리낌 없이 말하는 경우가 많다고 한다. 이를테면 김기현 '선생님'이 아니라 그냥 '김기현'이라고 한다는 것이다. 심지어는 그 이름에 욕설까지 덧붙이는 경우도 있다.

언젠가 우리 아이들이 중학교 시절 친구들을 집에 데리고 왔기에 그 점을 지적하면서 점잖게 타이른 일이 있었다. 그런데 그들의 답변에 당황스러워 아무 대꾸도 못하고 말았다. 선생님다운 선생님이 많지 않다는 것이며, 훌륭한 선생님에 대해서는 자기들도 존경심으로 '선생님'이라고 호칭한다는 것이다. 나이가 어리지만 그 아이들은 이름과 존재의 상관관계를 어쩌면 정확하게 알고 있었다.

되돌아서 한 번 생각해 보자. 우리 어른들 역시 이 사회의 지도적인 인물들에 대해 직명을 붙이지 않는 경우가 흔하다. 예컨대 '대통령'이라는 호칭을 붙이지 않고 그의 성명만 말하는 일이 그것이다. 심지어 나쁜 별명을 붙여 비아냥거리기까지 한다. 이는 사람들이 저 지도자들의 존재를 사실상으로 부정하고 있음을 뜻한다. 그러나 훌륭한 분들에 대해서는 꼭 존칭을 한다. 예를 들면 고 김수환 추기경에 대해서는 사람들이 '김수환'이라 하지 않고, 존경심 속에서 '추기경'이라는 말을 덧붙인다. 천주교 신자가 아니라도 말이다.

그러므로 다시 한 번 말하지만, 우리는 기왕의 이름에 자족하면서 이름만 가지고 행세할 일이 아니다. 그 과제를 게을리하면 이름을, 더 나아가 자신의 존재조차 부정당한다. 옛날에 선비들은 왕조의 혁명까지도 그렇게 이해하였다. 중국의 역사에 주周나라 무왕武王이라는 인물이 있었다. 그는 전 왕조에 혁명을 일으켜 스스로 왕위에 올랐다. 뒷날 혹자가 이를 두고, "신하가 임금을 반역하는 것이 가당한 일인가?" 하고 맹자에게 묻는다. 맹자는 이에 대해, "무왕이 필부 한 사람을 죽였다는 말은 들었지만, 임금을 죽였다는 말은 듣지 못했다.(《맹자》)"고 답변한다. 민심을 얻지 못한 포악한 임금은 더 이상 임금이 아니라는 것이다. 통치자 입장에서는 무섭도록 불온한 생각이다. 역사 속에서 《맹자》가 한동안 금서로까지 지정되었던 것도 이 때문이었다. 이른바 '봉건' 시대에서조차 정치사상이 이러했고 보면, 오늘날 '민주'사회에서 혁명권까지는 아니더라도 국민저항권을 인정하는 것은 결코 지나친 일이 아닐 것이다.

친구의 실화를 하나 소개한다. 그는 방황하는 사춘기의 아들을 심하게 꾸짖었다고 한다. 아들은 이에 대해, 이제 아버지라고 부르지 않겠다고 격한 반응을 보였고, 자신의 존재를 부정당한 아버지는 결국 아들을 손찌검까지 했던 모양이다. 그 친구는 그 일이 있은 뒤로, 아버지란 어떠한 존재인지 많은 고민을 했을 것이다. 물론 그 아이도 자식의 의미와 과제가 무엇인지 깊이 생각해 보았을 것이다. 한참 뒤 그 친구는 부자간에 화해를 하고, 아이도 가출생활을 끝냈다는 소식을 전해 왔다.

이는 남의 일만은 아니다. 부모 자식의 사이는 물론, 이름들을 주고받는 우리들의 모든 인간관계에서 어느 때든 이와 유사한 일들이 일어날 수 있다. 그러므로 우리는 지금 얻고 있는 이름들을 당연한 것으로 생각해서는 안 된다. 우리는 그것들의 의미와 거기에 담긴 과제를 수시로, 깊이 성찰하면서 그것의 실현에 노력을 기울여야 한다. 결혼을 하고 자식을 낳았다 하여 남편과 부인, 부모와 자식의 이름이 이미 완성된 것이 아니다.

마찬가지로 사회생활 가운데 수많은 인간관계 속에서 우리는 남들이 나에게 어떤 이름을 붙여 줄 때, 그들이 그 이름 속에서 나에게 기대하고 요구하는 것이 과연 무엇인지, 내가 그 과제를 성실하게 수행하고

천작天爵

있는지 수시로 점검해 보아야 한다. 예를 들면 아랫사람들이 나를 '부장님'이라고 부를 때, 나는 그것으로 고개를 뻣뻣하게 들려 하지 말고, '부장'의 의무와 과제가 무엇인지 되돌아 생각해 보아야 한다.

조선 중기 조목趙穆, 1524~1606이라는 학자가 있었다. 선생은 76세의 나이에 제자들에게 자신을 '선생'이라 하지 말고 '월천옹月川翁'이라 부르도록 당부하였다. '월천'은 선생의 호인데, 거기에 늙은이 '옹翁' 자를 붙인 것이다. 선생은 그 이유를 다음과 같이 말한다. "나는 평생 세상을 속여 이름을 훔친 일이 많았다. 지금 나를 선생이라고 부르는 것이 바로 이러한 경우가 아니겠는가." 그동안 '선생'의 과제를 수행하지 못했다는 부끄러움을 토로한 것이다. 학교 현장의 모든 선생님들이 깊이 새겨들어야 할 말씀이다.

이름의 과제를 올바로 수행할 것을 요구하는 '정명'의 정신은 과거의 인물에 대한 역사적 평가와, 그리고 기왕의 잘못된 역사를 바로잡아 줄 하나의 척도가 될 수 있다. 이와 관련하여 조선 시대의 사례를 하나 소개한다. 명종 때 임금의 외삼촌이었던 윤원형尹元衡이라는 인물이 있었다. 그는 당시 많은 선비들을 죽이고 탄압한 을사사화乙巳士禍의 장본인이요, 권력의 실세였는데, 말년에 실각당한 뒤 거의 모든 관작을 박탈당하였다. 그러나 '위사공신衛社功臣'이라는 이름은 그의 사후에까지 남아 있었다. 그가 일으킨 사화가 '사직을 보위한' 공로로 둔갑하여 칭송된 것이다. 이는 오늘날로 말하면 광주민주항쟁을 진압한 지휘관들의 '보국훈장'과도 같다.

명종의 뒤를 이은 선조 때 이이 선생은 이를 그냥 지나치지 않았다. 선생은 '정명'의 정신에 입각하여 윤원형의 저 거짓된 훈장을 떼어 버릴 것을 임금에게 강력하게 요구하였다. 무고한 사람들을 죽인 악당에게 보국훈장의 이름을 부여한 것은 잘못이며, 역사를 왜곡시키고 있다는 것이다. 그러한 역사를 그대로 두는 한 사람들이 선악의 가치판단에 혼란을 겪게 되어 밝은 미래사회를 기대할 수 없다는 이유에서였다. 선생은 끈질기게도 무려 41차에 걸친 상소 끝에 드디어 임금의 재가를 받아내었다.

우리는 이러한 '정명'의 역사정신으로 오늘날 우리의 왜곡된 현대사를 점검해 볼 필요가 있다. 다 아는 것처럼 일제로부터의 해방 이후 우리 국회는 '반민특위反民特委'를 결성하였다. 반민족 친일행위자들을 조사하고 처벌하기 위한 것이었다. 그렇게 해서 일제 시절에 뒤틀어진 민족정기를 바로 세우려는 것이었다.

그러나 그 위원회의 활동이 좌절당하면서 친일분자들은 고위관리 등 우리 사회의 지배세력으로 등장하여 갑자기 애국자로 둔갑하였다. 이는 을사사화의 원흉들이 훈장을 받고 부귀를 누렸던 것이나 다름없는 일이었다. 이후 그들과, 그리고 그들의 후계세력들이 기득권을 강화하면서 아직까지도 우리 사회 곳곳에서 영향력을 행사하고 있음은 우리가 보고 또 겪는 대로다.

오늘날 우리 사회가 정신의 어두움에서 벗어나지 못하고 가치관에 혼란을 겪는 한 가지 요인이 여기에 있다. 친일분자가 단죄되지 않고 오히려 애국자가 되어 그 후계세력까지 부귀영화를 누리는 사회에서 사람들은 어떻게 사는 것이 옳은지 갈피를 잡을 수 없기 때문이다. 아직도 역사를 바로 세우지 못한 우리 사회에서 우리가 이이 선생과 같은 역사적 '정명'의 정신을 살려야 할 이유가 여기에 있다.

이제 '정명'의 정신이 갖고 있는 약점을 지적해 보려 한다. 이름에 담긴 과제를 올바로 실현하고자 하는 그 정신은 기본적으로 '이름'에 주목한다. 내가 얻고 있는 이름에 따라 그 과제가 달라질 수밖에 없으며, 이름의 혼동은 곧 과제의 혼란을 야기하기 때문이다. 그러므로 이름의 의미를 숙고하고, 또 호칭을 정확하게 쓸 것을 요구하는 정명의 정신은 인간관계와 사회생활상 매우 중요한 의의를 갖는다.

하지만 앞서 지적한 것처럼, 우리는 '이름'이 사물의 존재를 왜곡하고 소외시키며, 심지어 존재에 폭력을 행사하기도 한다는 사실을 유념해야 한다. 예를 들면 남자와 여자라는 이름의 서로 다른 과제와 역할에 주목하다 보면, 남자나 여자가 다 같은 사람이라는 점을 잊기 쉽다. 말하자면 작은 이름(남녀)에 집착하여 큰 이름(사람)을 보지 못한다. 또 사람이라는 이름에 갇혀 있는 인간중심주의는 동식물의 존재를 착취하고 학대하는 짓을 서슴없이 자행한다. 그는 사람이나 동식물이나 다 같이 존엄한 생명체라는 사실을 깨닫지 못하는 것이다.

'정명'의 정신이 여기에서 한계를 드러낸다. 우리가 살아가면서 이름을 안 가질 수 없으며 그 과제의 수행이 매우 중요하지만, 그 정신은 이름에 독소가 있다는 사실을 간과하고 있다. 그러므로 우리는 일상으로 주고받는 이름의 과제를 항상 성찰하고 유념하면서도, 동시에 사람들을 각종의 이름 너머 본래적인 인격으로 만나야 한다. 더 나아가 '사람'의 이름을 앞세워 만물을 천시하려 하지 말고 그들을 순수존재로 대면해야 한다. 이름을 긍정하면서도 부정하고, 또 부정하면서도 긍정할 줄 아는 고도의 변증법적인 지혜를 키워야 한다.

▶예의의 정신◀

**벌레 먹고 썩은
깍지가 어떻게 탐스러운
콩을 보호할 수 있겠는가**

예의란 간단히 말하면 일상생활에서 사람들이 지켜야 할 행동의 윤리와 법도를 말한다. 오늘날 많은 사람들은 그것이 번거롭고 또 행동을 구속한다 하여 무시하려 한다. 하지만 거기에는 사람을 품위 있게 해 주고, 더 나아가 사람다움을 규정해 주는 중요한 요소가 있다. 이렇게 물어 보자. 왜 사람들은 굳이 결혼의 예식을 치르려 하며, 장례 절차를 갖추려 하는가? 남녀가 만나 좋으면 당장 함께 살면 될 것이요, 부모님이 돌아가시면 시신을 천으로 둘둘 싸매서 어디 적당한 곳에 파묻어도 아무런 문제가 없지 않은가?

하지만 사람은 누구나 자신이 짐승과는 무언가 다르다는 것을 스스로 확인하고, 또 남들에게 보여 주고 싶어 한다. 사람으로서의 자존의식이다. 요즈음에는 환자들이 품위 있게 죽을 권리를 존중해 주어야 한다는 주장까지 나온다. 소생 가능성이 별로 없는 사람을 실험대상으로 삼

천작天爵

아 온갖 수술과 투약으로 만신창이가 되게 하지 말고, 집에서 가족과 조용히 영결할 수 있게 해 주어야 한다는 것이다. 이것을 인정한다면, 일상생활에서 품위 있는 행동거지를 강조하는 것은 더더욱 정당하다.

만약 생각 내키는 대로, 감정 우러나는 대로 행동한다면 우리의 삶은 얼마나 가벼울까? 그러한 행태 속에서는 사람만이 가질 수 있는 고귀한 삶의 의미와 가치를 자각할 수 없기 때문이다. 어쩔 수 없는 사정으로 정식의 혼례를 치루지 못한 사람들의 한을 생각해 보자. 그들은 단지 남들에게 축하를 받지 못했음을 아쉬워하는 것이 아닐 것이다. 사람의 품위를 지키고 또 인정받고 싶은 것이다. 결혼의 예식만이 아니다. 무언가 의미를 찾고 사람의 품위를 지키고자 하는 마음은 삶의 모든 영역을 망라한다.

예의, 예절에는 이처럼 인간학적인 의미가 담겨 있다. 우리는 흔히, 무례한 사람을 두고 "못된 놈"이라고 비난한다. '사람'이 못됐다는 것이다. 악당조차 남들 앞에서 짐짓 점잖게 행동하고 예의를 차리려는 것도 이 때문이다. 비록 외형적으로나마 그 역시 '사람'이 됐다는 인정을 받고 싶은 것이다. 이처럼 예의, 예절은 아무리 꾸며진 행위형식에 불과할지라도, 그것은 사람됨을 규정해 주는 중요한 의의를 갖고 있다. 공자는 말한다. "예의를 모르면 사람으로 나설 수 없다.(《논어》)"

오늘날 우리 사회의 일부 사람들, 특히 많은 젊은이들이 전통의 예의관념에 대해 부정적인 반응을 우리는 이러한 관점에서 따져 볼 필요가 있다. 거기에는 예의에 내재된 인간학적인 의미까지 부정하는 뜻이 담겨 있기 때문이다. 예를 들면 구시대의 노인들 같으면 남녀유별의 예의를 적극 지키려 하겠지만, 오늘날 거의 모든 사람들은 그것을 크게 거부한다. 이는 그들이 그 예의에 담긴 남녀(인간)관을 받아들이지 않겠다는 뜻이나 마찬가지다. 물론 여기에서 어느 한쪽을 일방적으로 비난할 수는 없다. 시공을 초월하는 보편적인 남녀(인간)관은 없으며, 세대와 문화에 따라 사람들의 남녀관이, 그리고 윤리질서(예의)가 다를 수밖에 없기 때문이다.

하지만 여기에는 우리가 반성해 보아야 할 부분이 있다. 바로 우리 자신의 남녀관이다. 남녀유별의 예의는 옛날사람들이 그들의 남녀관에 입각하여 아름답고 건전한 사랑을 성취하기 위해 고안해 낸 윤리다. 이성 간 본능적인 욕망을 자제하면서 은근하고 그리운 사랑을 나누기 위해 의도적으로 공간적인 거리翳를 조성한 것이다. 그러면 그것을 거부하는 오늘날 사람들의 남녀관은 어떠하며, '남녀무별'의 사랑은 옛날사람들의 것보다 아름답고 건전할까? 우리는 어쩌면 감각적인 열정을 사랑으로 착각하고 있는 것은 아닐까? 하지만 그러한 사랑은 오래 지속되기가 어렵다. 열정은 상대방의 소유와 함께 식을 수밖에 없기 때문이다.

전통의 예의를 거부하는 것 자체를 비난할 일은 물론 아니다. 하지만 그것을 사랑의 실천윤리로 부적합하다고 여긴다면, 우리는 자신의 사랑을 담아 낼 새로운 예의를 진지하게 모색하지 않으면 안 된다. 그러한 노력이 병행되지 않은 채 남녀의 관계를 그저 무분별하게 감각에만 내맡긴다면, 그 사랑(삶)은 가벼움을 면할 수 없다. 이는 더 나아가 삶의 다른 영역에서도 타당하다. 예의는 모든 인간관계를 아름답게 조성해 주고 성취시켜 주는 중요한 윤리이기 때문이다.

물론 단순히 예의범절을 지키는 것만으로 충분한 것은 결코 아니다. 겉으로는 예의를 깍듯이 차리지만, 실제로는 인간 이하의 형편없는 사람들을 우리는 주변에서 종종 본다. '지킬 박사와 하이드 씨'처럼 겉과 속이 다른 이중인격자들 말이다. 사실 그러한 의례적인 태도는 이미 옛날부터 비판되어 왔다. 이황 선생은 말한다. "마음에 뿌리들 두지 않고 다만 겉으로 예의만 따지는 것은 분장배우나 다름없다."

이에 관해 조선 후기의 실학자 박지원朴趾源, 1737~1805 선생의 신랄한 풍자를 소개한다. 《호질》이라는 선생의 소설에는 '북곽北郭 선생'이라는 주인공이 등장한다. 그는 예의바르고 해박한 지식에 수많은 저서로 이름난 학자였다. 그런데 실상은 밤마다 동네 과부나 몰래 찾아다니는 파렴치였다. 그는 어느 날 밤 과부의 집에서 수작을 벌이다가 들켜 도망가는 도중에 벌판의 거름 구덩이에 빠지고 만다.

그는 거기에서 겨우 빠져 나왔지만, 때마침 굶주린 호랑이를 만난다. 그는 호랑이에게 머리를 조아리고 절하면서, 자신의 현란한 지식으로 호랑이의 덕을 칭송하고 살려 달라고 애걸한다. 이에 호랑이는 겉과 속이 다른 지식인의 이중성을 비난하면서 그를 천하의 도둑놈으로 몰아세우고는 그냥 떠난다. 그는 호랑이가 여전히 앞에 있는 줄 알고 계속 엎드려 빌고 있는데, 마침 아침 일찍 들판에 나온 농부들이 그의 모습을 보고는 의아해한다. 그는 시치미 뚝 떼고 다음과 같이 응대한다. "하늘이 높다 하지만 허리를 굽히지 않을 수 없으며, 땅이 두텁다 하지만 조심스럽게 걷지 않을 수 없노라."

이처럼 겉과 속이 다른 이중인격성은 사실 '북곽 선생' 같은 사람에게만 있는 것이 아니다. 속마음은 전혀 그렇지 않지만 겉으로 예의를 차린 일들을 누구나 경험하였을 것이다. 특히 '원만한' 사회생활의 요구는 의례적인 행동을 부추기기도 한다. 예를 들면 직장의 만남에서, 또는 애경사에서 마음에 없는 예의를 표해야 할 경우가 많다. 이래저래 예의는 갈수록 형식화되어 가고, 이에 따라 예의에 대한 부정적인 인식은 늘어만 간다.

그렇다고 해서 예의를 무시할 수도 없는 형편이라면 어떻게 해야 할까? 먼저 우리는 예의의 형식성을 부정만 할 것이 아니라, 긍정적인 관점에서 새롭게 인식할 필요가 있다. 인간은 본래 자연 그대로 살게 되어 있지 않다. 자연에 내맡긴 삶은 초목금수에게나 가능할 뿐, 인간의 삶은 본질적으로 인위적인 꾸밈, 즉 형식을 필요로 한다. 문화가 바로 그 산물이다. 그러므로 형식은 부자연스럽고 구속적인 것이기보다는, 오히려 인간다운 삶을 성취시켜 주는 중요한 기제다. 의식주의 모든 형식이 다 그러하다.

예의도 이와 마찬가지다. 그것은 행동거지를 일정하게 꾸미는 윤리 형식이다. 그것은 사람들에게 동물과 달리 야만을 벗어나 인간적인 품위를 부여한다. 예의바른 행동의 아름다운 모습을 상상해 보자. 만약 거기에 경건성과 엄숙성까지 더해진다면 그것은 숭고하기까지 할 것이다. 우리는 그 실례를 사제司祭들의 집전에서 목격한다. 그러므로 예의의 형식을 인위적이고 구속적이라 하여 부정만 할 일이 아니다.

이러한 사정은 인간관계의 예의에서도 그대로 타당하다. 나와 남의 만남을 매개시켜 주고 또 자타의 관계를 유지하는 데에는 예의가 필수적이다. 무례한 언행이 관계를 파탄 내는 경우를 누구나 직간접으로 많이 겪었을 것을 것이다. 그러므로 예의를 형식적이라 하여 외면만 할 것이 아니라, 상호간의 친목과 유대를 증진하기 위해 오히려 권장할 필요가 있다. 예컨대 남녀의 애정은 서로 예의를 지킴으로써 보다 더 깊어지

천작天爵

고 돈독해질 수 있다.

물론 예의의 형식으로 충분한 것은 아니다. 그 이전에 예의의 정신을 갖지 않으면 안 된다. 그것은 요컨대 진지하고 성실한 마음이다. 우리는 누구에게든 예의를 차리기에 앞서 진지하고 성실하게 나서지 않으면 안 된다. 예컨대 직장동료의 애경사에서 불가피하게 예의를 표해야할 경우라면, 의례적인 것을 넘어서 자신의 진심을 다할 필요가 있다. 마지못한 의례는 피곤만 더할 뿐이지만, 진심으로 나서면 만족감을 얻고 또 교제의 정도 깊어질 것이다. 이는 물론 성공적인 만남이나, 또는 일의 성사를 위해서가 아니다. 그 이전에 만남으로 이루어지는 삶의 의미를 최대한 확보하고 또 실현하기 위해서다.

세상은, 그리고 사물은 진지하고 성실한 정신 앞에서만 그 깊은 의미와 가치를 드러낸다. 독서에 전념하지 않으면 책의 내용을 제대로 알지 못하는 것처럼, 마음이 태만하고 불성실한 사람은 세상사와 삶에 무지할 수밖에 없다. 마찬가지로 누군가를 만나는 데 진지하지 않으면 나는 그 순간, 그 자리의 의미와 가치를 그만큼 놓치게 될 것이다. 그것은 당연히 내 자신의 삶의 질량과 밀도를 그만큼 떨어트리는 것이나 마찬가지다.

그러므로 설사 사무적인 만남의 자리라 하더라도 상대방에게 진지하고 성실하게 다가가지 않으면 안 된다. 그를 정중하게 인격적으로 대면해야 한다. 이황 선생의 말대로, "문밖을 나서 사람들을 만날 때에는 손님을 대하듯이 정중하고, 일에 임해서는 제사를 받들듯이 경건해야 한다." 그래야만 너와 나의 관계가 아름다워지고, 또 삶이 의미 깊어질 것이다. 그처럼 정중하고 경건한 삶의 모습은 상상만 해도 우리의 마음을 고무시켜 준다.

사실 진지하고 성실하며, 정중하고 경건한 삶의 정신은 상대방에게 자연스럽게 예의를 갖추게 만든다. 이는 성실성과 경건성이야말로 예의의 근본정신임을 일러 준다. 예의를 차리기 위해 성실하고 경건한 정신을 필요로 하는 것이 아니라, 그러한 정신이 자연스럽게 예의 바른 행동거지를 펼쳐 내는 것이다. 사람들이 예의를 번거로운 형식으로 여기는 것은 그러한 삶의 정신을 모르기 때문이다.

그러므로 우리는 예의의 형식성이나 번거로움을 논란하기에 앞서 예의의 근본정신을 깊이 이해하고 또 확립하지 않으면 안 된다. 형식을 거부하고 간편하게 지내는 것만이 좋은 삶은 아니다. 진지하고 성실하며 경건한 정신을 결여한 의례적인 태도는 당연히 배제해야겠지만, 삶의 위엄과 사람의 품격은 역시 적절한 예의의 실천 속에서만 생겨날 것이다. 고 최명희 선생의 대하소설 《혼불》에 등장하는 어느 노인의 '예론禮論'을 들어 보자.

> 지나치게 재물과 공력을 많이 들여 가산이 피폐해질 정도로 장사를 지낸다 하면 그것은 폐습이겠지만, 가령 죽은 개 한 마리 묻는 것이나 한가지로 사람 죽은 몸뚱이를 함부로 내버린다면, 그것은 죽은 사람만을 그렇게 대하는 것이 아니라, 곧 산 사람도 그처럼 하찮게 대해버리고, 거기다가 아무 가책을 느끼지 않는 세상이 되고 말 것이네. 시신을 지극히 공경해서 존엄하게 모시는 것은, 죽음을 헛되이 치장하는 것이 아니라 인간을 귀하게 여기는 정신일 것이야.
>
> 쓰던 물건 한 토막도 마음 가서 아끼던 것은 다를진대, 살아 지극히 아끼던

사람이라면 어찌 죽었다고 함부로 할 수 있겠는가. 죽은 시신을 백정것 소 다루듯 하는 사람이라면, 그 시신이 살았을 때라고 존중하게 대했을까.

하잘것없는 완두콩만 봐도 그렇지. 그 조그만 콩깍지에도 사는 이치가 있으니, 콩이 생겨날 때까지 콩깍지가 먼저 생기지 않던가. 사실 콩깍지는 수확하고 나면 버려져 아궁이에 불을 때고 마는 것이지마는, 씨앗이요 열매인 콩 '알맹이'는 콩 '깍지'가 없으면 애초에 생겨날 수도 없고, 클 수도 없고, 익을 수도, 거둘 수도 없는 법이네.

깍지는 허울이요, 외피요, 형식인 것이 분명하지만, 그것이 곧 실해야만 그곳에서 실한 콩을 살찌울 수 있는 게야. 벌레 먹고 썩은 깍지가 어떻게 탐스러운 콩을 보호할 수 있겠는가. 거기다가 하물며 아예 생겨나지도 않은, 혹은 없는 깍지라면 콩 또한 어디에 꼬투리를 기대고, 태반을 삼아? 눈芽을 붙일 자리조차 아예 없는 것이지.

노인은 장례葬禮의 형식과 정신을 말하고 있지만, 그 논의 내용은 예의 전반에 적용될 수 있다. 즉 예의의 형식은 '콩깍지'요, 정신은 그 '알맹이'와도 같다. 알맹이가 없는 콩깍지는 쓰레기일 뿐인 것처럼, 성실하고 경건한 삶의 정신을 결여한 예의치레는 우리의 행동거지를 구속하는 족쇄로 작용할 것이다. 우리는 그 전형적인 예를 오늘날 거의 형해화되어 버린 제사의례에서 목격한다.

하지만 그렇다고 해서 예의 자체를 부정하려 해서는 안 된다. 콩의 알맹이가 콩깍지를 기다려서만 생기고 자라날 수 있는 것처럼, 삶의 품위와 존엄성(알맹이)도 예의의 형식(깍지) 속에서만 보전되고 또 배양될 수 있다. 인간관계상에서 말하면 상대방에게 정중하게 예의(깍지)를 갖출 때 교류의 정(알맹이)이 돈독해질 수 있다. 무례한 사이는 소원해질 수밖에 없다.

이황 선생이 제자들에게, "부부간에 오래 떨어져 있다가 만날 경우에는 서로 큰절을 하도록" 가르쳤던 것도 이러한 인식에서였다. 모든 종교가 예외 없이 신전에 대한 배례의 예의를 강조하는 것 또한 저와 같은 이유에서다. 무릎 꿇어 기도하고 절하다 보면 경건한 마음이 우러나고 깊어진다는 사실을 그들은 알고 있었던 것이다. 예의는 그렇게 삶의 정신을 키워 준다. 그러므로 우리는 예의 형식성에 반발하려고만 하지 말고, 삶의 품위와 존엄성을 제고하기 위한 예의를 일상의 현장에서 부단히 모색하고 창출하지 않으면 안 된다.

▶의미의 추구◀

**평생 따르면서도
그 이치를 알지 못하는
사람들이 많구나!**

———————— 사람은 각종의 방식으로 의미를 지어내는 존재다. 사람들은 객관적으로 살피면 아무것도 아닌 사소한 일에 대해서조차 어떤 의미를 찾으려 하고, 또 스스로 무언가를 만들어 놓고는 거기에 갖가지 의미를 붙인다. 예를 들면 우리나라 사람들은 까마귀의 울음에서 불길한 느낌을 갖지만, 일본 사람들은 그것을 길조로 여긴다고 한다. 승려들은 연꽃에서 정화의 의미를 찾고, 기독교인들은 십자가에 구원의 의미를 부여한다. 신자가 아닌 사람의 눈으로 보면 그것들은 그저 꽃 한 송이요, 막대기 두 개를 교차해 놓은 것에 불과한 데 말이다.

사람과 동물의 한 가지 차이가 여기에 있다. 동물은 조물주가 부여한 뜻대로 살아가도록 되어 있지만, 사람은 자신의 존재 의미, 삶의 의미를 스스로 찾아 만들고 또 실현한다. 어쩌면 사람은 무의미에서 의미를 창조하고, 또 그것을 실현하도록 강요되어 있는 존재다. 물론 의미

찾기에 실패하는 사람들도 있을 것이다. 허무주의자가 그 한 예다. 하지만 그 역시 세계와 삶의 '무의미'에 의미를 집중하는 것이나 다름없다.

의미는 사람들의 삶에 흥미와 기대, 가치를 부여해 준다. 크건 작건 이런저런 의미들이 사람들을 살아가게 해 준다. 의미를 상실한 사람은 절망 속에서 결국 죽음을 택할 수밖에 없다. 로미오와 줄리엣의 자살이 그 한 예다. 이에 반해 커다란 의미를 발견하는 사람일수록 그것의 실현을 위해 삶에 진지하고 성실하게 나선다.

행복과 불행은 사람들이 삶에서 얼마만큼 의미를 찾아 실현하느냐에 달려 있다. 아무리 어렵다 하더라도 의미 있는 일이라면 사람들은 그것을 견디면서 그 의미의 추구와 실현에서 행복감을 느낀다. 이에 반해 지금 내가 종사하고 있는 일이 무의미하다고 생각하면 허무감에 시달릴 것이다. 옛날 시베리아 형무소의 수감자들에게 가한 징벌 중의 하나는 벽돌 나르기였다고 한다. 일정한 장소의 벽돌들을 다른 장소로 옮긴 다음, 다시 원래의 장소로 옮기는 일을 반복적으로 시킨다는 것이다. 무의미를 견디지 못하는 인간의 심리적인 약점을 그렇게 징벌 수단으로 이용한 것이다.

그러므로 삶의 허무를 극복하고 행복을 얻기 위해서는 살아가면서 끊임없이 의미를 찾아 실현해야 한다. 다만 우리가 삶에서 추구하거나 부여하고 있는 의미가 과연 옳은 것인지 깊이 생각해 보아야 한다. 그릇된 의미를 추구하는 사람은 자신의 삶을 망칠 뿐만 아니라, 남들에게 해악을 끼치기까지 한다. 예를 들면 돈과 권력에서 인생의 의미를 찾아 추구하는 사람은 존재의 빈곤을 면치 못할 것이다. 사람됨의 무게는 그것들로 계량될 수 있는 것이 아니기 때문이다. "정승집 개가 죽으면 많은

천작天爵

사람들이 찾아오지만, 정작 정승이 죽으면 아무도 문상 오지 않는다."고 하지 않는가. 게다가 그런 사람이 그것들로 부리는 위세는 직간접으로 남들에게 고통을 주기도 한다. 그러므로 우리는 자신이 지금 삶에서 추구하고 있는 의미가 과연 올바른 것인지 깊이 자성할 필요가 있다.

삶의 의미는 죽음 앞에서 정확하게 조명될 수 있다. 죽음과 함께 나의 존재 자체가 사라지리라는 몸서리나는 생각은 자신이 그 동안 열심히 추구해 온 일들의 의미를 근본적으로 회의하게 만들 것이다. 이황 선생은 읊조린다. "지난날을 돌아보니 옳고 그름과 길고 짧음을 달팽이 뿔 위에서 다툰 듯 / 꿈인가 생시인가 세상만사 무상하기만 하구나." 승려들의 '백골선白骨禪'은 아예 이러한 '인생무상'의 깨달음을 겨냥하고 있다. 그들은 좌선의 자리에 백골들을 늘어놓고서 모든 욕망과 집착의 허망함을 깨우치려 한다.

이처럼 모든 것을 앗아 가는 죽음의 허무에도 불구하고, 삶을 값지게 해 주는 의미를 찾을 수만 있다면 그러한 사람은 얼마나 행복할까? 공자는 말한다. "아침에 도를 깨우치면 저녁에 죽어도 좋으리라.(《논어》)" 우리는 그 한 예를 사화士禍에 죽음 앞에서도 당당했던 선비들에게서 본다. 그들이 수호했던 진리와 도의의 정신은 죽음으로도 사라지지 않을 영원한 의미였다.

종교는 사람들이 추구해야 할 삶의 깊은 의미를 제시한다. 이를테면 종교인들이 신을 숭배한다는 사실은 그들이 온갖 회의와 허무를 극복하게 해 줄 삶의 의미 근원을 그 신에게 두고 있음을 뜻한다. 그들이 극단적으로 순교까지도 마다하지 않는 것도 이 때문이다. 그들은 자신의 신앙이 탄압받는 상황에서 삶을 최고도로 성취할 수 있는 길을 순교에서 찾는 것이다.

물론 여기에서도 주의해야 할 점이 있다. 종교들이 삶과 세계에 부여하는 의미의 타당성 여부를 따져 보아야 한다. 그동안 우리가 종종 보아 온 것처럼 '사이비' 종교들은 삶과 세계의 의미를 왜곡하여 혹세무민하기도 하기 때문이다. 이에 반해 위대한 종교들은 세계와 인간에 대한 깊은 통찰을 통해 사람들에게 진정한 삶의 의미를 제시한다. 그것은 과연 무엇일까? 너무 단순화하는 감이 있지만, 아마도 그들의 공통된 가르침은 사랑과 정의, 진리에 있을 것이다.

인류의 위대한 스승들은 왜 그러한 가치를 강조했을까? 평범하게 생각하면 그것이 갖는 사회생활상의 의의 때문일 것이다. 증오와 불의와 거짓이 지배하는 사회를 상상해 보자. 사람들은 마치 날카롭게 털을 곤두세운 고슴도치와도 같이 누구의 접근도 허락하지 않고 외롭게, 또는 먹이를 다투는 짐승들처럼 남들에 대해 적대의식을 품고서 피곤하게 살아갈 수밖에 없다. 전쟁터의 사회가 그 단면을 적나라하게 보여 준다. 두말할 것도 없이 그것은 동물적인 생존이지, 사람의 삶이 아니다. 그러므로 인류의 스승들은 사람이 사는 세상을 만들기 위해서 사랑과 정의, 진리의 가치를 강조하지 않을 수 없었을 것이다.

다른 한편 생각해 보면 사랑과 정의와 진리의 정신은 삶의 허무를 극복하게 해 주는 위대한 힘이 아닐 수 없다. 어느 시인은, "나의 삶은 한 떨기 이름 없이 살고 죽는 들꽃"이요, "정처 없이 지나간 일진의 바람"이며, "수유에 멎었다 사라진 한 점 구름의 자취"라 하면서, "드디어 크낙한 공허이었음을 알리라"(유치환) 하고 통곡했지만, 사람은 그렇게 공허하게 일생을 마치도록 태어나지 않았다. 그는 어떻게든 그 공허로부터 자신을 구원할 방법을 강구한다. '들꽃'과 '바람'과 '구름'처럼 가볍게 살지 않고, 자신의 존재를 풍요롭게 할 수 있는 길을 말이다.

인류의 스승들은 그것을 사랑과 정의와 진리에서 찾았다. 두말할 것 없이 그 정신은 개인의 이익을 도모하려는 것이 아니다. 개인의 이익을 위한 것은 무엇이든지 우리의 존재를 가볍게 만든다. 그것은 자신이 죽으면 사라지고 말 개인적인 삶의 무게밖에 나가지 않기 때문이다. 그러나 사랑과 정의와 진리의 정신은 사회와 인류를 아우르는 무게를 갖는다. 그 정신은 사회와 인류에 대한 깊은 관심과 애정의 산물이기 때문이다. 사람들이 인류의 스승들을 흠모하고 존경하는 이유도 여기에 있다.

우리 일반인들도 삶의 '크낙한 공허'를 극복하여 자신의 존재를 풍요롭게 할 수 있는 큰 길을 바로 여기에서 발견한다. 십자가에 못 박힌 예수의 뜻을 한 번 가늠해 보자. 예수는 인류를 자신과 한 몸으로 여겼기 때문에 인류의 죄를 대속代贖하여 인류가 구원될 수 있는 길을 열어주었다. 만약 인류를 자신과 무관한 사람들로 여겼다면 그들을 위해 목숨을 바칠 이유가 없었을 것이다. 예수가 인류의 마음과 삶 속에서 영원한 현존성을 얻고 있는 이유가 여기에 있다. 예수는 그렇게 '부활'한 것이다. 공자와 석가모니도 마찬가지다. 그들이 온몸으로 보여준바, 만민과 만물에 대한 가없는 사랑의 실천이 사람들에게 경배와 신앙의 마음을 갖도록 만든 것이다. 바로 이러한 사실이, 일신의 보전에만 관심을 갖는 보통사람들의 '참을 수 없이 가벼운', 그리하여 죽음과 함께 이내 사라지고 말 존재와 다른 모습이다.

의미 추구의 정신은 과거 선비들의 특색이기도 하였다. 그들은 인간존재의 의미를 발견하고 삶의 가치를 실현하는 것을 평생의 과제로 삼았다. 우리가 그들에게서 허무주의를 발견하기 어려운 이유가 여기에 있다. 《주역》은 말한다. "만물의 이치를 탐구하고 인간의 본성을 실현하여 하늘의 뜻에 부응한다." 여기에서 '하늘의 뜻'이란 인간과 만물의 의미 근원을 말한다. 선비들은 인간과 만물에서 '하늘의 뜻'을 읽어 그것을 실현하고자 하였다. 이에 의하면 사람은 물론, 미물 하나까지도 결코 덧없는 존재가 아니며, 그들 모두 '하늘의 뜻'을, 즉 우주적인 의미를 타고난다. 만물의 영장으로서 인간의 과제가 여기에서 주어진다. 자신과 만물의 의미를 찾아 실현하는 일이다.

이처럼 만물의 의미와 가치를 찾아 실현하는 사람은 삶에서 더없는 행복을 누릴 것이다. 그는 사회생활은 물론, 일상에서 마주치는 사소한 사물들에서까지 각종의 의미를 발견하고 실현하는 기쁨을 알 것이기 때문이다. 예를 들면 "솔개가 하늘 높이 날고, 물고기가 연못을 뛰어 오르는鳶飛魚躍 (《중용》)" 풍경에서 천지에 충만한 생명의 역동적인 힘(이치)을 느껴 보자. 그 순간 '맛없는 가운데 최고의 맛'을 느낄 것이다. 거기에 무슨 실제적인 이득의 맛은 없지만, 무어라고 형용할 수 없는 미적 쾌감이 뒤따를 것이다.

삶의 허무에 시달리는 사람은 이러한 관점에서 자신을 반성해 볼 필요가 있다. 의미 추구의 노력을 하지 않기 때문에 그러는 것이 아닌가 하고 말이다. 맹자는 다음과 같이 탄식한다. "행하면서도 의미도 모르고, 익숙히 하면서도 그것을 성찰할 줄 모르며, 평생 따르면서도 그 이치를 알지 못하는 사람들이 많구나!(《맹자》)" 그러므로 삶의 허무와 충만은 결국 나 자신의 노력 여하에 달려 있다.

더 나아가 인류의 스승들처럼 사랑과 정의, 진리에서 인간존재의 의미와 가치를 발견하여 실현하는 사람은 더할 수 없는 삶의 풍요를 누릴 것이다. 정말 남들을 자신의 존재 깊이 보듬어 안으면서 그들의 생명을 올바로 성취시켜 주고자 하는 사랑과 정의, 진리의 정신만큼 위대한 것은 이 세상에 없다. 남을 구원하기 위해 자신의 몸을 희생하는 살신성인殺身成仁의 행동이나, 또는 죽음의 위협에도 굴하지 않는 의인과 열사를 사람들이 칭송하는 것도 이 때문이다.

이와 관련하여 우리는 오늘날 사회에 허무가 만연한 이유를 검토해 볼 필요가 있다. 사람들은 출세하고 돈을 버는 일에 골몰하느라, 정작 자신의 존재 의미와 삶의 참가치에 대해서는 진지하게 성찰하려 하지 않는다. 우리의 존재는 결코 돈이나 높은 자리, 또는 권력으로 채워질 수 없으며, 그것들을 지향하는 삶은 틀림없이 자신의 존재를 빈곤하게 만들고 말 것이라는 사실을 모른다. 허무감은 이의 필연적인 결과다.

학교 현장에서 말한다면 교육자들은 이러한 문제의식을 갖고서 학생들을 계도해야 할 책임이 있건만, 그것을 이미 포기한 지 오래다. 그들은 자본시장의 논리에 따라 지식의 공급자로 만족할 뿐이다. 한편 학자들은 학문과 교육의 객관성을 강조하면서 삶의 의미(가치) 추구를 개개인의 일로 제쳐 놓는다. 사랑과 정의와 진리의 정신은 더 이상 공부의 목표가 되지 않는다. 하지만 우리는 여기에서 근본적인 질문을 던져 보아야 한다. 사람은 왜 공부해야 하는가? 우리가 추구하는 지식은 과연 무엇을 위한 것인가? 교육은 무엇에 봉사해야 하는가?

▶대장부의 정신◀

**시에, "술에 취하고 덕에
배부르다" 하니,
사랑과 의로움에 배부름을 말한다**

자존의식

많은 사람들은 제각각 나름대로 자부심을 갖고 살아간다. 어떤 사람은 권력으로, 또 어떤 사람은 신분으로, 돈으로, 학벌로, 미모로 자긍하고 또 자신을 추켜세운다. 그밖에 남들에게 꿀리지 않는, 또는 남들을 제압할 수 있다고 생각하는 자존거리는 수없이 많다. 아닌 말로 걸인에게도 자존의식이 있을 것이다. 그는 돈이 없을 뿐, 인격까지 없는 것은 아니기 때문이다.

그런데 우리는 자신이 갖고 있는 자존의식의 허실을 따져 볼 필요가 있다. 우리가 남들 앞에서 내세우는 자존거리가 과연 참다운 것인가, 그리하여 남들의 심복과 존경을 받을 만한 것인가 하는 등의 물음을 던져 보아야 한다. 개중에는 허세에 불과한 것도 많기 때문이다. 그럼에도 아무런 문제의식도 없이 그것으로 자신을 과시하거나, 또는 그것을 갖지 못하여 열등감으로 살아가는 사람들이 많다.

자존의식의 허실을 판단할 수 있는 기준을 어디에서 찾을 수 있을까? 가장 결정적인 기준은 자존거리가 외부의 힘을 빌리는가, 아니면 인간존재의 내부에서 나오는가에 있다. 전자의 전형적인 예로 부와 권력, 높은 사회적 지위를 들 수 있다. 많은 사람들은 그것들을 자신과 동일시하면서 남들을 부리고 세상에 행세하려 한다. 그리하여 그들은 자기가 소유한 부귀권력만큼 자신이 위대한 줄로 착각한다.

하지만 그들의 자존의식은 취약하기 짝이 없다. 그들의 자존거리는 득실이 무상한 외재적인 것들이기 때문이다. 부와 권력, 사회적 지위가 얼마나 오래갈까? 설사 그것들을 평생 소유한다 해도, 그들의 자존의식은 여전히 취약할 수밖에 없다. 왜냐하면 그들은 자기보다 더 많이 소유한 사람 앞에서 위축감과 열등의식을 느낄 것이기 때문이다.

학벌의식도 마찬가지다. 그것은 한때의 과거 사실에 매달리는 퇴행적인 사고일 뿐이다. 게다가 수능점수가 한 사람의 인격과 삶의 질을 잰 결과도 아니지 않는가. 그런데도 그러한 것들을 내세우고 그것으로 행세하려는 사람일수록 오히려 인격이 빈곤할 개연성이 높다. 세상에는 자신의 빈곤한 인격을 그러한 허울로 포장하려는 사람들이 많다.

그러면 우리는 참다운 자존거리를 어디에서 찾아야 할까? 그것은 바로 자신의 존재 내부에 있다. 그것은 과연 무엇일까? 그것을 스스로 발견하기 어렵다면, 우리는 인류의 스승들의 가르침을 경청할 필요가 있다. 이미 누차 강조한 것처럼, 그들은 사랑과 정의, 진리를 고유한 인격가치로 여겼다. 그것은 권력이나 재물과 같은 외재적인 것들과는 달리, 어느 누구도 **빼앗아 갈 수 없는** 인간의 고유한 본질이기 때문이다.

이를 우리의 전통 속에서 확인해 보자.

맹자는 그것을 '천작天爵'이라 하여 강조한다. 그에 의하면 취득과 상실이 무상한 '인작人爵(사람들끼리 주고받는 벼슬)'과 달리, 사랑, 의로움, 진리는 '하늘이 내려 준 영원한 벼슬'이다. 그러므로 누구도 그것을 나에게서 빼앗을 수 없다. 선비들은 바로 거기에서 자존감을 느꼈다. 그들은 그것으로 참자아를 실현하고 자신의 존재를 풍요롭게 하려 하였다. 맹자는 말한다. "시에 이르기를, '술에 취하고 덕에 배부르다.' 하니, 이는 사랑과 의로움에 배부름을 말한 것이다. 그러므로 군자는 남들의 고량진미를 부러워하지 않는다. 또한 아름답고 큰 명예를 갖고 있으므로 남들의 화려한 옷을 부러워하지 않는다.(《맹자》)"

선비들이 권력자들 앞에서 당당했던 이유도 여기에 있었다. 공자의 제자 증자曾子는 말한다. "만약 저들이 부유함을 내세우면 나는 사랑으로 나설 것이요, 저들이 벼슬을 내세우면 나는 의로움으로 나설 것이다. 내가 저들에게 부족할 게 무엇이 있겠는가.(《맹자》)" 부귀권력의 힘을 사랑과 의로움의 정신으로 내려다본 것이다.

이와 같은 정신과 기개는 왕공의 인물들까지 선비를 범접하기 어렵게 만들었다. 공자의 손자 자사子思는 그와 벗하려는 임금에 대해 불쾌감을 드러내면서 말한다. "신분으로 말하면 당신은 임금이요, 나는 신하이니, 내 어찌 임금님과 벗할 수 있겠습니까. 그러나 덕으로 말하면 당신은 나를 섬겨야 할 사람이니, 당신이 어떻게 나와 벗할 수 있겠습니까.(《맹자》)" 임금은 학문과 덕망으로 온 나라 사람들의 존경을 받는 사람을 스승으로 모셔야 한다는 것이다.

이는 자신이 학자입네 하여 대접받으려는 중뿔난 자존심에서 나온

천작天爵

것이 아니었다. 그가 임금을 저와 같이 몰아세웠던 데에는 다른 이유가 있었다. 즉 정치권력 앞에서 사랑과 의로움, 진리의 권위를 보호하려는 것이었다. 임금이 자신과 벗하는 것은 좋지만, 그러다 보면 자신이 대변하는 사랑과 의로움과 진리의 정신까지도 친구 대하듯이 가볍게 여기지 않을까 염려한 것이다. 그러한 정신은 '벗'할 수 있는 것이 아니라, '스승'처럼 받들고 따라야 하는데 말이다.

이는 예나 지금이나 변함없는 이치다. 사랑과 의로움, 진리는 모든 시대를 밝혀 주는 등불이기 때문이다. 그러므로 우리는 그러한 정신을 항상 삶의 스승으로 모셔야 한다. 그것이 돈을 벌어 주지 못한다 하여 외면하면, 우리의 삶과 사회는 암흑으로 뒤덮이고 만다. 그것이 부재한 삶과 사회는 물질적으로 아무리 풍요롭다 하더라도 정신의 야만 상태를 벗어나지 못한다.

우리는 여기에서 반성거리를 하나 얻는다. 오늘날 우리 사회의 지식인들은 이러한 자존의식을 얼마나 갖고 있을까? 어쩌면 우월한 지식으로 남들보다 더 빨리, 더 많이 이익을 챙기기 위해 간교한 지능만 키우고 있는 것은 아닌가? 진리와 정의에는 무관심한 채 부귀권력이나 추종하면서 일신의 영달을 꾀하려 하지는 않는가?

이제 아래에서는 우리의 마음을 잠시나마 힘 솟게 해 주는 맹자의 '대장부'론을 소개하려 한다. 국어사전을 보면 대장부란 '사내답고 씩씩한 남자'라고 풀이되어 있다. 하지만 그 말을 맨 처음 꺼낸 맹자는 이와는 전혀 다른 뜻을 부여하고 있다. 그에 의하면 대장부란 사랑과 예의, 의로움의 정신으로 세상에 우뚝한 사람을 가리킨다. 먼저 그의 감동적인 웅변을 들어 보자.

이 세상에서 가장 넓은 집에서 살고, 이 세상에서 가장 바른 자리에 서며, 이 세상에서 가장 큰 길을 걷나니, 뜻을 펼 기회가 주어지면 만민과 더불어 그것을 행하고, 그렇지 않으면 혼자만이라도 그 길을 가리라. 이러한 뜻을 부귀도 어지럽히지 못하고, 빈천도 변절시키지 못하며, 위엄과 무력도 꺾지 못할 것이니, 이를 일러 대장부라 한다.

이 글에서 대장부가 거처한다는 '넓은 집'과, '바른 자리'와, '큰 길'은 공간적인 의미를 갖는 것이 아니다. 거기에는 정신지평상 설계된 인격세계가 담겨 있다. 즉 그것들은 인격존재의 규모를 은유한 것이다. 이를 '존재의 넓은 집', '존재의 바른 자리', '존재의 큰 길'이라는 세 항목으로 나누어 살펴보자.

존재의 넓은 집

먼저 '이 세상에서 가장 넓은 집'이란 사랑을 뜻한다. 사랑만큼 넓고 편안한 집은 이 세상에 없다. 앞서 사랑에 관해 간략하게 논의했지만, 이 자리에서는 '존재'의 관점에서 그것을 새롭게 살펴보자. 우리가 일상에서 실감하는 것처럼, 사랑은 나와 남 사이에 가로놓인 존재의 장벽을 일거에 무너트리는 강력한 힘을 갖고 있다. 이를테면 생면부지의 사이에 그저 남남이다가도, 상대방에 대해 사랑의 마음이 싹트는 순간 서로의 거리가 갑자기 좁혀지고, 사랑에 빠져들수록 일체감이 강화된다. 말하자면 사랑은 자타간 존재가 하나되는 정신이다.

물론 사랑은 남녀와 친구, 부부 사이에서만 교감되는 것이 아니다.

그것은 이웃과 민족을 넘어 만민을 향하는 인간애로 발전할 수 있으며, 더 나아가서는 풀 한 포기까지도 따뜻한 눈빛으로 대면하는 생명애로 펼쳐질 수도 있다. 그 모두, 근본에는 자타간 존재의 장벽을 허물어 생명을 교류하는 동일체 의식이 작용한다. 마르틴 부버의 말을 다시 인용하면, 사랑은 "하나와 하나가 하나가 되어 벌거벗은 존재가 벌거벗은 존재 안에서 빛나는" 마음이다. 여기에서 '벌거벗은 존재'란 나와 너, 또는 만물이 현실적으로 갖는 모든 차별상, 이를테면 나이나 출신, 피부색, 종차種差 등의 차이를 떨쳐 버린 순수존재의 상태를 말한다.

감동적인 예화를 하나 들어 보자. 옛날에 어떤 수도승이 있었다. 그는 눈 덮인 산길을 더듬으며 절에 올라가고 있었다. 도중에 그는 죽어 쓰러져 있는 노루 한 마리를 발견한다. 눈 때문에 며칠간 먹이를 구하지 못해 굶어 죽은 것이었다. 눈에 맑은 눈물이 맺히면서 스님은 등에 지고 있던 바랑 속의 음식물들을 죽은 노루 앞에 꺼내 놓는다. 그에게 노루는 사람의 먹거리에 불과한 것이 아니었다. 배고픔은 물론, 생로병사의 운명을 함께하는 존재였다. 게다가 윤회설에 의하면 사람과 노루는 지금 이 세상에서 잠깐 입고 있는 존재의 외피에 지나지 않았다. 그의 전생이 노루였을 수도 있고, 어쩌면 내생은 두더지가 될지도 모르는 일이었다. 그는 그렇게 '벌거벗은 존재'로 노루와 하나가 되어 있었다.

사랑은 그렇게 남을 나의 존재의 품 안에 깊이 보듬어 안으면서 그와 하나가 되는 마음이다. 나는 그 순간 그만큼 확대된 존재감을 갖게 된다. 외롭고 쓸쓸하게 지내던 사람이 어느 날 갑자기 사랑을 알게 되면서 마치 세상을 다 얻은 것처럼 기쁨에 들뜨는 것도 이 때문이다. 그러므로 사랑은 존재 변환의 위대한 힘이요, 역시 '이 세상에서 가장 넓은'

존재의 집이 아닐 수 없다.

사랑은 어렵거나 거창한 이념이 결코 아니다. 그것은 바로 내 마음 속에 있다. 공자는 말한다. "사랑이 먼 것이더냐? 내가 사랑하고자 하면 사랑이 다가온다.(《논어》)" 마음먹기에 달렸다는 것이다. 그런데도 그것이 어렵다면, 문제는 우리들의 '마음'에 있다. 사람들은 대부분 마음을 닫고 자기 존재 안에 갇혀 산다. 불신과 경쟁의 사회에서 남들을 경계의 눈빛으로 바라보면서, 나와 남 사이를 가로막는 투명유리를 사면팔방으로 설치한다. 자기보호를 위해서다.

그러나 나는 유리 너머로 남들의 일거일동을 지켜볼 수는 있지만, 그들과 따뜻한 인정을 나누거나 생명의 온기를 주고받을 수가 없다. 사람들은 그렇게 자기 존재의 감옥을 스스로 만들어 놓고서 그 안에서 외롭게 지낸다. 그리하여 그들에게는 "사랑이 먼 것"으로 여겨질 수밖에 없다. 나와 남이 그야말로 "가까우면서도 먼" 사이인 것이다. 존재의 빈곤감은 이의 필연적인 결과다. 그러니 아무리 막강한 권력을 가진들, 자기 집안에 아무리 많은 재물을 쌓아 놓은들 그것들이 무슨 의미가 있을까?

'군중 속의 고독'을 우리는 이러한 관점에서 생각해 볼 수 있다. 사람들은 기껏 가까운 친구와 가족으로 자기 존재의 외로움과 허기를 달래려 한다. 하지만 친구 역시 잠재적인 경쟁자요, 가족도 이제는 예전 같지 않아서 뿔뿔이 흩어져 사는 마당에, 사람들은 더 이상 그것을 해소할 길을 알지 못한다. 오늘날 갈수록 많은 사람들이 종교에 귀의하는 현상은 이처럼 외로운 존재 상황을 반영한다. 그들은 "참을 수 없는 존재의 가벼움"에 시달리면서 그것을 절대자에 기대어 모면하려는 것이다.

하지만 종교신앙이 아무리 독실하다 하더라도, 나와 남 사이에 놓여 있는 존재 분단의 장벽을 허물지 않는 한 외로움과 가벼움은 결코 해소되지 않을 것이다. 그 외로움과 가벼움은 구원의 절대자를 몰라서가 아니라, 자타간 존재 분단의 의식 속에서 스스로를 자기 안에 가두어 둔 데에 기인하기 때문이다. 이러한 의식 속에서는 절대자도 자기구원의 수단에 지나지 않는다. 하지만 자신의 구원을 위해 절대자를 이용하는 것은 당연히 신앙의 본질에서 한참 벗어난다.

해결책은 역시 '마음'에 달려 있다. 자타간 분단의 벽을 세운 마음에서 존재의 외로움이 비롯된 것이므로, 그러한 마음을 버리고 남들을 나의 품에 안아야 존재의 풍요와 기쁨을 누릴 수 있다. 그 출발점은 역시 자타 분단의 '나' 의식을 타파하는 데 있다. 그러한 '나'는 남에 대해 무관심하고 오히려 남과 대립 경쟁하면서 자신의 성취에만 집중하기 때문이다. 이에 관해서는 '자아의 초극'이라는 주제로 이미 다룬 바 있다.

그러므로 "옷깃만 스쳐도 인연"인 이 세상에서 자타간의 분단과 대립의식을 떨치고, 남을 나의 존재 깊이 보듬어 안으면서 그와 생명을 교감하는 사랑의 정신을 길러야 한다. 넓은 존재의 집에서 사는 기쁨이 여기에서 생겨날 것이다. 이처럼 자타간 존재(생명)를 소통하는 기쁨을, 넓은 아파트에서 남들과 상하 사방으로 담 쌓고 사는 사람들의 그것과 비교할 수 있을까? 대장부가 부귀에 유혹되지 않고 가난에 흔들리지 않는 것은 이처럼 넓은 존재의 집에서 사랑으로 사는 기쁨을 알기 때문이다.

존재의 바른 자리

한편 대장부가 서는, '이 세상에서 가장 바른 자리'란 만인이 우러러보는 인간존재의 표준자리를 뜻한다. 이는 그가 그 자리에 무슨 동상처럼 부동자세로 서 있음을 말하는 것이 아니다. 그는 자신의 존재활동의 각 자리에서 사람들의 존경심을 자아내는 행동거지의 품위와 모범을 보여 준다. 그 품위와 모범이 과연 어떤 것인지는 물론 쉽게 대답하기 어렵다. 그것은 사람마다, 사회마다, 시대마다 같지 않을 것이다. 예를 들면 한국인의 품위의식은 서양인의 그것과 크게 다르다.

그렇기는 하지만 고금을 막론하고 모든 문화는 행동의 품위 여부를 판단케 해 주는 공통적인 기준을 갖고 있다. 바로 예의(에티켓)다. 그것의 구체적인 내용은 다를지라도 말이다. 말하자면 어느 사회에서나 사람들은 예의 바른 행동에서 품위를 느끼고, 반대로 무례하게 행동하면 볼품없는 사람으로 깔본다. 그러므로 "예의를 모르면 사람으로 설 수 없다"는 공자의 말은 동서고금을 막론하고 여전히 타당하다.

예의는 이처럼 인간학적인 의미를 갖는다. 그것은 단순히 사교술에 불과한 것이 아니다. 예를 들면 절제되고 단아하며 품위 있는 행동은 겉치레에 그치지 않고 당사자를 실제로 그러한 사람으로 만들어 줄 것이다. 《예기》의 한 구절을 읽으면서 그 모습을 한 번 상상해 보자. "발걸음은 장중하게, 손놀림은 공손하게, 시선은 바르게, 입은 과묵하게, 목소리는 조용하게, 머리는 똑바로, 기상은 엄숙하게, 서 있는 모습은 덕성 있게, 얼굴빛은 엄정하게 하라."

사람들은 이에 대해 숨 막힐 것 같은 속박감을 느낄지도 모른다. 그들은 겉치레에 불과한 것 같은 그러한 행동거지를 위선적이라고 비난하면서, 예의의 굴레를 벗어나 자유롭게 행동하는 것이 오히려 진실되고 자연스러운 모습이라고 생각하고 싶을 것이다. "예의에는 진정성과 소박함이 결여되어 있으며, 인간관계가 여기에서부터 어지러워진다"는 노자老子의 말도 떠올리면서 말이다.

하지만 사람은 본질적으로 문화적인 존재다. 그는 갖가지의 인위적인 형식으로 행동거지를 꾸미면서 스스로 구속거리들을 만들어 낸다. 공식석상의 넥타이 착용이나, 또는 상대방에 대한 존칭 같은 것이 그 예들이다. 예의는 바로 그러한 것이다. 그것은 일상적이고 또 미세한 문화의 한 유형으로써, 사람들은 그것을 통해 서로의 인격(존재)을 인정하고 존중해 준다. 사실 사람과 동물의 차이점 가운데 하나는 행동의 품위여부에 있다. 사람은 일거일동에서 품위를 지키려 하지만, 동물은 그러한 의식을 갖지 않는다. 예의는 바로 그 품위를 표현하는 방식이다.

우리는 이러한 관점에서 오늘날 예의를 번거로운 형식으로 여기면서 무시하려는 사람들의 태도를 비판적으로 검토해 볼 필요가 있다. 그것은 곧 인간으로서의 품위를 스스로 격하시키는 자기비하 의식의 발로가 아닐까? 그 근저에는 어쩌면 인간의 존엄한 가치를 외면하고 동물적인 생존의 욕망만 추구하려는 천박한 의식이 지배하고 있는 것은 아닐까? '문명 속 야만'의 모습은 전쟁과 살인, 그리고 갈수록 잔인해져 가는 폭력에서만이 아니라, 이처럼 미세한 일상에서도 드러나는 것이 아닐까?

예의는 한 개인의 일거일동이나 자타간의 관계를 도덕규범화한 것이지만, 그 이면에는 생명(존재)질서의 정신이 내재해 있다. 원래 모든 생명은 질서를 갖는다. 질서의 혼란은 곧 생명의 위기와 파국을 야기한다. 한 개인 내에서는 건강의 악화를, 자타간에서는 관계의 파탄을 초래한다.《물은 답을 알고 있다》의 저자인 에모토 마사루는 기발한 실험을 통해 이를 입증해 보였다. 그에 의하면 헤비메탈 음악은 자연의 생명질서에 반하기 때문에 건강을 해친다고 한다. 그는 음악을 틀어 놓고 물을 얼리는 순간 그 결정結晶의 형태를 사진으로 찍은 결과를 다음과 같이 말한다. "아름다운 고전음악은 제각기 다른 개성적인 결정을 만들었지만, 분노와 반항의 언어로 가득한 헤비메탈 곡은 결정이 제멋대로 깨진 형태로 나타났다." 말하자면 헤비메탈 음악은 물의 존재 질서를 흐트러 트린다는 것이다. 그렇다면 인체의 70퍼센트 정도가 물인 만큼, 음악이 건강에 영향을 미치는 것은 당연한 일이다.

사람들이 가축의 집단사육장이나, 심지어 채소를 기르는 비닐하우스에서까지 그네들의 성장을 촉진하기 위해 좋은 음악을 들려준다는 사례도 이러한 생명의 이치를 응용한 것이다. 그렇다면 고운 말을 쓰고 아름다운 음악을 들어야 한다는 훈계를 우리는 도덕과 교양 이전에 건강을 위해서도 경청할 필요가 있다. 그것들은 몸과 마음의 자연적인 리듬에 합치되어 생명질서를 강화해 줄 것이기 때문이다. 이에 반해 외설 출판물과 음란한 음악과 거친 말과 방종한 행동은 생명질서를 해칠 것이다. 우리 조상들이 옛날부터 행해 온 '태교胎敎'는 이와 같은 인식의 산물이었다. 참고로《소학》의 글을 읽어 보자.

옛날에는 부인이 아이를 배면 가로누워 자지 않았고, 몸을 한쪽으로 기울여 앉지 않았으며, 삐딱하게 서지 않았다. 나쁜 음식은 먹지 않았고, 음식물을 칼로 자른 모습이 반듯하지 않으면 먹지 않았으며, 좌석이 반듯하지 않으면 앉지 않았다. 눈으로는 요사스런 색깔을 보지 않았고, 귀로는 음란한 소리를 듣지 않았으며, 밤이면 음악하는 사람을 시켜 시를 낭송하게 하였고, 예의에 맞는 일만 말하였다. 이렇게 하면 출생하는 아이의 형용이 단정하고 재주가 뛰어날 것이다.

이처럼 '기울어지고 삐딱한 자세'와 '반듯하지 않은 음식물', '요사스런 색깔', '음란한 소리' 등을 경계했던 것은 그것들이 몸과 마음의 자연적인 리듬을 거스름으로써 생명질서를 교란한다는 이치를 알았기 때문이다. 한편 '예의에 맞는' 행동을 통해서 건강한 생명을 키우려 했다는 사실은, 예의야말로 생명질서에 맞는 객관적인 행위지표라고 여겼기 때문이다.

하지만 예의가 과연 그러한 것이기만 한가? 그것은 과거로부터 전승되어 온 관습에 불과한 것이 아닌가? 사실 관습과 예의를 구별하기는 쉽지 않다. 우리가 직접 겪고 있는 것처럼 예의들 가운데에는 관습적인 요소들이 많이 있다. 이에 관해서는 깊은 논의가 필요하지만 여기에서는 간단히, 예의는 관습과 달리 도덕정신에서 발원하고 또 심신의 생명질서를 규범화한 것이라고 정의하려 한다.

우리는 이러한 시각에서 전통의 예의를 검토하면서 생명(존재)질서에 반하는 것은 당연히 폐기해야 한다. 지난 날 상장례喪葬禮의 일부가 그 한 예다. 한편으로 우리는 위에 인용한 태교의 사례처럼 생명질서를 강화하는 예의를 모색해야 한다. 자신의 감정과 행동을 그저 이목구비의 즉물적인 반응에 내맡기지 말고, 행동거지에 품위와 생명력을 더해 줄 예의를 부단히 창출하지 않으면 안 된다. "예가 아니면 보지 말고, 예가 아니면 듣지 말고, 예가 아니면 말하지 말고, 예가 아니면 행동하지 말라非禮勿視 非禮勿聽 非禮勿言 非禮勿動 《《논어》》"는 공자의 말을 우리는 이러한 관점에서 일상생활의 성찰 자료로 이용할 필요가 있다. 보다 생명적인 삶을 위해서 말이다.

존재의 큰 길

이제 대장부가 걷는, '이 세상에서 가장 큰 길'을 살펴보자. 그 '길'은 선생의 길, 여자의 길 등과 같은 삶의 행로를 말하는 것이 아니다. 그것은 인간존재의 본령에서 나오는 정신의 길을 뜻한다. 그것이 갖는 외연은 물론 넓다. 거기에는 사랑의 길도 있을 것이고, 진리의 길도 있을 것이다. 맹자는 그중에서도 '의로움(정의)'의 길에 주목하였다. 의로움의 정신이야말로 인간존재의 큰 길이라고 여겼다. 의롭지 못한 삶은 사람됨을 스스로 포기하는 짓이기 때문이다.

의로움의 정신은 당연히 진리의 정신을 내포한다. 그것은 무엇이 참가치이며, 어떻게 처신하는 것이 옳은지 엄밀하게 판단하여 이를 실천하려 한다. 그러므로 참과 거짓을 따지지 않는 태도는 '깡패 의리'일 뿐, 당연히 의로움의 정신과는 거리가 멀다. 사람들이 평소 사리(가치) 판단의 능력을 길러야 할 이유가 여기에 있다. 그것은 일의 성패를 가를 뿐만 아니라, 사람됨의 수준을 결정할 것이다. 즉 시비와 선악을 분별하지 않는 태도는 사람을 '깡패'로 만들 것이요, 의로운 판단과 행위는 그를 '대장부'로 우뚝 서게 해 줄 것이다.

한편 사랑의 이념도 의로움의 정신을 통해서만 결실될 수 있다. 행위의 옳고 그름을 따지지 않는 맹목적인 사랑은 상대방에게 해악을 끼칠 수도 있다. 그것은 마치 몸에 난 종기를 도려내지 않고, 오히려 보호하고 어루만지는 것과도 같다. 이를테면 자식의 잘못을 묵과하고 감싸는 부모의 처사는 자식의 부도덕을 키워 주는 것이나 다름없다. 친구나 연인 사이도 마찬가지다.

역사의 죄인을 사랑의 이름으로, 또는 사회적 화합의 명분으로 무조건 용서하는 것 또한 옳지 않다. 공명정대한 마음으로 그의 죄를 묻고 또 벌하면서 그를 새사람이 되게끔 교도하는 노력에 참사랑의 정신이 있다. 그것이 사회를 위한 길일 뿐만 아니라, 당사자 자신을 위한 길이기도 하다. 물론 의로움의 정신도 사랑의 이념의 지도를 받지 않으면 자칫 잔인에 빠질 염려가 있다는 점에서 양자는 상호 보완의 관계에 있다.

그런데 의로움의 정신이 이처럼 중요함에도 사람들은 실생활에서 그것을 바르게 행사하지 못한다. 왜 그러할까? 그것은 대개 잇속의 마음에 기인한다. 사람들은 어떻게 처사하는 것이 옳은지를 따지기보다는, 그 일이 과연 나에게 득이 되는가, 아니면 실이 되는가를 먼저 계산한다. 이황 선생의 말처럼, "잇속의 마음은 자타간의 대립 속에서 일마다 자기에게 좋은 것만 찾을 뿐, 도리의 합당성 여부를 따지지 않는다." 이러한 마음은 당연히 의로움의 정신을 흐리게 만들고 가치의 본말을 전도시킬 것이다.

그리하여 잇속의 마음은 필연적으로 인간존재의 빈곤을 초래하고 만다. 그 마음은 (사랑과 진리와) 의로움이라고 하는 인간의 본질가치를 외면하기 때문이다. 이황 선생은 이 점을 분명히 인식하고 있었다. 선생은 말한다. "의로움은 삶의 길이요, 잇속은 죽음의 길이다." 사실 죽음이 존재의 사실적인 소멸을 뜻한다면, 잇속의 마음은 정신적인 죽음에 이르는 길에 다름 아니다.

이에 반해 의로움의 정신은 심지어 죽음까지도 오히려 삶의 성취로 자부한다. 사람들이 '의사義士' 또는 '열사烈士'를 칭송하는 것도 그들의 의로운 행동에서 인간의 고귀한 모습을 감동적으로 목격하기 때문이다. 그러므로 의로움은 역시 삶의 '큰 길'이다. 사람은 그 길을 따라야만 비로소 자신의 존재를 훌륭하게 성취할 수 있다. 이는 사람들이 모두 '열사'가 되어야 한다는 말이 아니다. 의로운 행동은 일상의 사소한 일에서부터 시작된다. 공자는 말한다. "이득거리를 보거든 그것을 취하는 것이 옳은지 아닌지를 먼저 생각해야 한다.見利思義 (《논어》)"

사회 또한 이와 마찬가지다. '경제'의 이름으로 잇속을 숭상하는 사회는 사람들을 정신적인 죽음으로 내몬다. 그 사회에서 남들을 시기 질투하고 그들과 대립 경쟁하며 살아가는 사람들의 신산한 마음은 그렇게 해서 얻는 물질적 안락으로 결코 보상될 수 없다. 게다가 세상만사를 실리적이고 실용적인 관점에서 대면하는 그들에게서 맑은 영혼과 고귀한 인격을 기대하기는 정말 어려운 일이다. 그러므로 그러한 사람들의 사회는 역시 죽은 것이나 다름없다.

잇속을 숭상하는 자본주의 사회를 우리는 이러한 관점에서 비판적으로 성찰할 필요가 있다. 마르크스가 자본주의에서 인간 소외의 문제점을 지적한 것을 우리는 결코 허투로 들어서는 안 된다. 물신숭배로 인한 인간성의 상실 현상은 우리가 지금 아프게 겪고 있는 대로다. 너 나 할 것 없이 모두가 그야말로 죽음의 길을 재촉해서 간다. 그러므로 우리는 이를 사회적인 의제로 내놓고서 심각하게 고민하지 않으면 안 된다.

사람을, 사회를 살리기 위해서 말이다.

그런데 이러한 과제를 앞장서서 떠맡아야 할 우리의 대학사회조차 불행하게도 이제는 더 이상 진리와 정의의 문제에 관심을 기울이지 않는다. 학자들은 무언가 이익을 내기 위한 도구적 지식의 개발에만 온통 힘을 기울이고, 학생들은 오직 출세와 취업에만 신경을 쓴다. 그들에게 정의와 도덕은 이제 생소한 낱말이 되어 버렸다. 어느 학자의 말대로, "강물이 바다 속으로 사라지듯이, 덕이 이익 속으로 사라져 버렸다."

의로움의 정신은 한 개인의 삶을 성취시켜 줄 뿐만 아니라, 더 나아가 사회까지 살게 해 주는 위대한 힘이다. 그것은 사람들을 진리와 인격으로 계도하면서 사회의 타락을 예방하고 또 치료해 준다. 혼탁한 사회일수록 사람들이 특히 정의를 갈구하는 것도 이 때문이다. 《시경詩經》의 시인은 이를 다음과 같이 은유적으로 노래한다. "큰 길이 마치 숫돌과도 같이 평탄하고, 화살과도 같이 곧구나. 군자가 걷는 길이요, 백성들이 우러르는 바로다."

사람들은 어디를 갈 때 누구나 안전한 '큰 길'을 이용하려 한다. '작은 길'은 불편하고 상대적으로 위험이 많기 때문이다. 삶의 길도 마찬가지다. 가장 안전하고 성공적인 길은 역시 인간존재의 본령에서 나오는 의로움(과 사랑, 진리)의 길이다. 누구도 그것을 나에게서 빼앗아 갈 수 없으며, 또한 누가 알아주지 않더라도 나는 그것으로 자족할 수 있기 때문이다. 이에 반해 잇속의 길은 남들과 선점을 다투어야 하며, 언제 빼앗길지도 모르는 '작은 길'이다. 그러므로 그 길은 항상 어느 길목에서나 근심과 불안을 야기한다.

이처럼 '큰 길'을 걷는 사람이 군자라면, 소인은 '작은 길'을 찾는 사람이다. 군자는 의로움의 '큰 길'을 걸음으로써 사회에 진리와 인격가치를 세우려 하는데, 소인은 '작은 길'에서 은밀하게 자신의 잇속만 챙기려 한다. 이러한 소인의 사회는 자타간 대립과 갈등, 분열과 혼란을 겪을 수밖에 없다. 소인은 이득거리를 남들과 함께 나누려는 공공의 정신을 갖고 있지 못하기 때문이다.

우리가 삶과 사회의 지도 가치를 잇속에 두어서는 안 되는 이유가 여기에 있다. 그것은 "만인의 만인에 대한 투쟁"의 비정하고 살벌한 삶을 끊임없이 부추긴다. 사람들은 그 사회에서 남들에 대한 불신과 속임수, 간사함, 모략 등 부정적인 사고만 키울 것이다. 거기에서는 일차원적인 생존의 의지만 난무할 뿐, 인간존재의 고결한 정신은 찾아보기 어렵다. 그러므로 "국가는 이득을 이로운 것으로 여기지 말고, 의로움을 이로운 것으로 여겨야 한다."(《대학》)

이제 대장부의 정신을 요약해 보자. 그는 사랑으로 만민을 보듬어 안고, 예의로 행동의 품위를 지키며, 의로움으로 당당하게 사는 사람이다. 그가 부귀의 유혹과, 빈궁의 고통과, 무력의 위협을 물리칠 수 있는 힘이 바로 여기에서 나온다. 이는 인간존재의 본령에서 나오는 힘이 얼마나 강한가 하는 것을 잘 보여 준다. 맹자는 오히려 부귀의식에 사로잡혀 사랑과 의로움의 정신을 외면하는 사람들을 측은하게 여기면서 다음과 같이 탄식한다. "사랑은 사람의 편안한 집이요, 의로움은 사람의 바른 길인데, 사람들이 편안한 집을 비워 둔 채 거기에서 살지 않고, 바른 길을 버려 둔 채 걷지 않으니, 딱하구나!(《맹자》)" 지금 우리는 어떤 존재의 집에서 살고, 어떤 자리에 서 있으며, 또 어떤 길을 걷고 있는지 곰곰이 돌아볼 필요가 있다.

공동체의
존재

건강한 사회란 각 개인에게 무조건적인 정서적 지지의 그물을 제공하면서,
긴밀한 사회적 유대와 상호의존을 권장하는 사회이다.
이러한 틀 안에서 개인들은 아주 자유롭고 독립적으로 될 수 있을 만큼
충분한 안정감을 느낀다.
－《오래된 미래》

▶시종始終과 종시終始의 사물관◀

**세계는 서로 다른 것들의
연결이 교차하고
중복되며 결합하는
복잡한 사건의 조직이다**

개체주의

일반적으로 사람들은 사물들을 서로들 분리되고 독립된 개체들로 여긴다. 이를테면 나무는 나무고 물은 물이며, 나는 나고 너는 너다. 나무와 물, 나와 너가 서로 불가분의 관련을 갖고 있다는 사실에 대해서는 생각해 보지 않는다. 그리하여 이 세계는 만물이 서로 교섭 없이 모여 있는 시공간에 불과한 것처럼 여긴다. 만물은 마치 백사장에 쌓여 있는 모래알들과도 같다.

우리는 이를 개체주의적인 사고방식이라 할 수 있다. 그것은 한 사물의 본질을 그 자체 내에서 살피려 한다. 그 사물의 존재를 지탱해 주는 바깥의 조건들에 대해서는 눈을 돌리지 않는다. 각각의 사물들이 마치 당구공들처럼 독립된 별개의 개체들이라고 생각하기 때문이다. 그리하여 나무는 물 없이는 존재할 수 없으며, 나는 너 앞에서만 나일 수 있다는 사실과 이치에 관해서 무관심하고 또 무지하다.

자타 단절의 개체주의는 사물을 시종始終과 유무有無의 각도에서 살핀다. 한 사물은 다른 것들에 의존하지 않는 독립적인 실체로써, 시간적으로는 그 처음始과 끝終 사이에서 그 자체로, 홀로 존재한다고 여기는 것이다. 그런데 이는 당혹스러운 문제를 야기한다. 존재와 무의 대립이 그것이다. 그것은 처음 이전과 끝 이후, 즉 존재의 전후에 놓여 있는 절대의 무를 해명할 방도를 알지 못한다.

이러한 시각에서 나의 삶을 바라보면 문제가 더욱 심각해진다. 이에 의하면 삶은 태어나는 순간 시작하여 죽음과 함께 모든 것이 끝난다. 그것은 삶과 죽음, 존재와 무를 정합적으로 이해할 방도를 알려 주지 않는다. 그리하여 나는 양자의 첨예한 대립 속에서 허무의식을 증폭시킬 수밖에 없다. 나는 "원하지 않고 낯설며 이해되지 않는 저 모든 숙명의 원형(블로흐)"인 죽음에 의해 끝없이 시달림을 당하게 될 것이다.

사람들이 신 중심의 종교에 끌리는 배경이 여기에서 드러난다. 신은 세계의 창조주로서 존재와 무를 화해시켜 주고 죽음의 불안과 공포를 벗어나게 해 줄 구원자로 여겨지기 때문이다. 죽음 이후의 세계도 신의 관점에서 살피면 '낯설지 않고 이해될 수 있을' 것 같다. 하지만 그러한 신앙만으로는 무언가 부족하다. 개체주의적인 사고를 극복하지 않는 한, 현세에서 자타간 존재론적인 간격으로 인해 생기는 대립과 공허감을 여전히 떨칠 수 없을 것이기 때문이다.

달리 말하면 나와 너, 나와 세계 사이의 분리와 단절은 필연적으로 존재의 외로움과 쓸쓸함을 지어낸다. 그것은 마치 외딴 섬에 혼자 살면서 멀리 떨어진 다른 섬들을 바라보는 것과도 같다. 이러한 문제를 신에

귀의하려는 신앙만으로는 결코 해결할 수 없다. 해결의 관건은 개체주의의 극복에 있다. 예수가 자신을 넘어 인류를 위해 목숨을 바친 것처럼 말이다. 신앙도 그 위에서만 구원의 길이 될 수 있다.

개체주의는 인간사회 안에서는 개인주의를 탄생시킨다. 개인주의는 다음과 같이 선언한다. "나는 나 자신을 주변의 모든 것과 분리된 별개의 존재로 간주한다. ……나는 주변의 모든 것과 완전히 다르다고 느끼며, 내가 발 딛고 있는 대지, 그리고 나와 닮은 주변의 존재들과도 나를 동일시하지 않는다. 따라서 나는 모든 피조물과 구분되며, 나 자신에게만 귀속된다. 내가 일차적으로 소유하는 것은 바로 나 자신이다.(티에르)"

하지만 남에게 의존하지 않은 채 독립적으로 존재하는 '개인'은 우리의 이성이 가공해 낸 허상에 지나지 않는다. 우리는 그러한 개인을 머릿속에서나 상상할 수 있을 뿐이며, 실제로는 남들과 부단히 서로 의존하고 영향을 주고받으면서 살아간다. 그럼에도 불구하고 개인을 주장하는 것은 자신의 현실존재를 스스로 부정하는 것이나 다름없다. 어느 학자는 말한다. "개인주의는 인간의 개인성을 공동화空洞化시켰고, 인격에서 형태와 내용을 빼앗아 버리며 파편화시켜 버렸다.(베르디아예프)"

물론 개인의식은 일정한 장점을 갖고 있는 것이 사실이다. 그것은 사람들을 남들의 간섭과 억압으로부터 해방시켜, 자신의 삶을 주체적인 판단으로 이끌어가게 해 준다. 하지만 그렇게 해서 얻는 자유의 대가는 너무나 크다. 자신에게 집중하는 나머지 공동체적인 가치를 소홀히 하게 되고, 과다한 자의식으로 인간관계가 모래알처럼 부스러지기 쉬우며, 상대방의 관점에서 문제를 살펴려는 '역지사지'의 정신이 빈곤하고, 자신을 지탱해 주는 공동체를 배제함으로써 자아의 정체성이 약화되는 등의 문제들이 그것이다. 한마디로 인간의 '공동화'와 '파편화'다.

그러한 '파편화'의 한 가지 현상을 우리는 서양 개인주의의 영향 속에서 점증해 가는 우리 사회의 이혼 사태에서 목격한다. 결혼이란 독립적인 두 개인의 결합인 만큼, 상대방과 뜻이 맞지 않으면 헤어질 수 있다는 생각은 개인주의에서는 어쩌면 자연스러운 일이요, 하나의 상식이다. 옛날 우리 선조들의 결혼이 남녀의 화학적인 결합이었다면, 오늘날의 그것은 물리적인 결합이다. 그러므로 양 당사자의 존재에 치명적인 상처를 주는 것으로 여겨졌던 옛날사람들의 이혼과 달리, 오늘날 사람들에게 이혼은 개인의 독립성을 다시 회복하는 것일 뿐, 해될 일이 별로 없다. 하지만 그렇게 해서 개인들은 하나의 업보를 피할 수 없게 되었다. 의지처와 유대감을 상실한 존재의 외로움과 고통이 그것이다. 종교는 또한 이 자리에서 진정제의 효능을 갖는 것처럼 보인다.

연쇄주의

그런데 개체주의와는 전혀 다른 사물관이 있다. 연쇄주의적인 사물관이다. 그것은 사물을 자타간 단절되고 독립된 개체로 여기지 않으며, 한 사물을 바라보는데 그것과 전후좌우로 겹쳐 있는 다른 사물들에게까지 시야를 확대한다. 왜냐하면 세상 만물은 결코 자타간 독립된 개별자로 있는 것이 아니라, 반드시 다른 것들을 기다려서, 다른 것들과의 관련 속에서만 존재하고 생성해 나가는 법이기 때문이다. 한 예로 생물계의 먹이사슬을 들 수 있다. 물리학자 하이젠베르크는 말한다. "세계는 서로 다른 것들의 연결이 교차하고 중복되며 결합하는 복잡한 사건의

천작天爵

조직처럼 보인다."

우리 전통의 한의학은 이러한 사물관의 과학적인 응용 형태다. 다 아는 것처럼 한의사들은 인체의 각 부분을 별개의 독립기관으로 나누지 않고, 상호의존과 관련을 갖는 것으로 여긴다. 예컨대 눈에 황달기가 있으면 간질환을 진단하고, 귀에 이상이 생길 경우에는 신장을 의심한다고 한다. 또한 손바닥에서 오장육부의 기능을 살피는 등, 신체의 각 부분이 다른 모든 부분들을 반영한다고 여겨 처방을 하고 침을 놓는다. 오래전 인기리에 상영되었던 영화 《쥬라기 공원》에서 과학자들이 모기의 화석에서 채취된 혈액으로 공룡들을 살려 낸 것도 이러한 사물관의 상상적인 산물일 것이다.

요컨대 한 사물의 존재의 전후좌우에는 다른 수많은 사물들이 걸쳐 있다. 한 사물은 다른 수많은 사물들을 그것의 존재 안에 갖고 있다. 그러므로 그것의 정체를 알기 위해서는 그와 관련된 다른 것들을, 아니 나아가 세계 전체를 함께 살펴보아야 한다. 예컨대 나를 올바로 이해하려면 자신의 개인적인 모습만 들여다볼 것이 아니라, 수천 년 전부터 형성되어 온 한국인의 집단무의식과, 더 나아가 이른바 글로벌 시대의 세계 상황까지도 고려해야 한다. 그것들 모두 나의 존재에 지대한 영향을 끼쳐 왔기 때문이다.

연쇄주의적 사물관이란 이처럼 한 사물에서 다른 사물들을 바라보는 사고방식이다. 말하자면 한 사물은 그 전후좌우의 다른 사물들과 존재의 연쇄를 이루고 있다고 여기는 것이다. 선비들의 '종시終始' 관념은 시간적인 관점에서 이러한 존재론적인 의미를 함축하고 있다. '종시'라는 말은 '시종'의 수사적인 표현에 불과한 것이 아니다. 위에서 말한 것처럼 개체주의적인 관점에서 살피면 한 사물은 다른 사물들과 단절된 채 그 시작과 종말 사이에서만 존재한다. 그것이 생겨나기 이전과 소멸된 이후에는 그저 '무'일 뿐이다.

하지만 연쇄주의는 시간적으로는 한 사물의 앞뒤로 걸쳐 있는 다른 사물들에게까지 눈을 돌린다. 사물들이 쇠사슬처럼 이루어 내는 존재의 연속적인 맞물림에 주목한다. 사물에 대한 관찰을 그것의 출현에서 시작하여 쇠멸과 함께 끝내는 '시-종'의 개체주의와는 달리, 앞뒤의 사물들까지 바라보는 연쇄주의는 '-시-종-시-종-시-'의 무한한 연쇄질서를 상상한다. '종시'라는 표현은 이러한 존재론적인 사고를 반영한 것이다. 그러므로 그것은 사물의 복합적인 본질을 드러내는 데 '시종'보다 훨씬 적절한 용어다.

연쇄주의는 유(존재)와 무의 대립을 부정한다. 그것은 한 사물에서 그것의 앞뒤로 맞물려 있는 다른 사물들까지 바라보기 때문이다. 이에 의하면 사물은 무에서 생겨 잠시 존재하다가 다시 무로 돌아가지 않는다. 그것은 앞뒤의 다른 사물들과 긴밀하게 연결되어 영원한 생성의 한 고리를 이룬다.

우리는 이의 전형적인 사례를 우리 전통사회의 항렬관념에서 본다. 항렬은 목木-화火-토土-금金-수水의 오행五行사상을 작명에 응용한 것이다. 예를 들면 나는 경주 김가에, 터 '기基'의 '토土' 항렬이고, 선친은 빛날 '환煥'의 '화火' 항렬이며, 자식은 쇠북 '종鐘'의 '금金' 항렬이다. 이에 의하면 각 항렬의 사람들은 그들 앞뒤의 선조-후손과 연쇄사슬 속에서 절대로 빠질 수 없는 존재의 한 고리를 이룬다. 족보는 그 모습을 도표로 아주 잘 보여 준다.

천작天爵

항렬은 이렇게 사람들에게 각자 가문 안에서 선조와 후손을 이어주는 존재의 연쇄고리다. 그리하여 사람들은 자신이 죽는다 하더라도 가문이라고 하는 존재질서의 한 고리로 영원히 남아 있으리라고 믿을 것이다. 우리가 족보를 통해 우리 선조들의 존재를 확인하는 것처럼 말이다. 옛날 어른들이 항렬을 매우 중요시했던 까닭이 여기에 있다.

당연히 여기에는 연쇄주의적인 사고가 작용한다. 그들은 자신을 독립적인 개인으로 여기지 않고, 자기 안에서 조상과 후손의 숨결을 느꼈다. 조상 숭배와 가문 중시의 전통도 이와 같은 존재관의 산물임은 물론이다. 사람들이 오늘날까지도 같은 성씨에 관향까지 같은 사람에 대해 친근감과 유대의식을 갖는 것도 따지고 보면 이의 잔재현상이다.

'종시終始'의 용어에서와 같이, 과거에 흔히 통용되었던 '사생死生'이라는 말의 존재론적인 의미가 또한 여기에서 드러난다. 거기에는 사람들이 자신의 죽음을 존재의 부정으로 여기지 않고, 뒤로 이어지는 후손에게서 새로운 긍정을 전망하는 존재연쇄의 관념이 내재되어 있다. 그들은 자신을 개인 너머 세대 간 존재의 연쇄질서 속에서 바라본다.

이에 의하면 죽음이 삶을 앗아 가는 것은 어쩔 수 없지만, 그렇다고 해서 나의 존재까지 지워 버리지는 못한다. 나는 자신의 쇠멸을 딛고 흥왕하는 자식과 후손들에게서 제2, 제3의 분신을 기대한다. 족보는 이 점을 확인케 해 주는 훌륭한 책자다. 과거에 우리 조상들이 신 중심의 종교를 갖지 않았던 까닭도 여기에 있다. 그들에게는 조상과 자손이야말로 존재의 구원자로 여겨졌기 때문이다. 조상의 문제에 관해서는 뒤에서 다시 논의하려 한다.

물론 자식에게서 자신의 존재를 무조건 긍정하는 부모는 없을 것이다. 만약 자식이 부모에 대해 개인의 독립을 주장한다면, 부모는 자식에게서 존재의 지속을 기대할 수 없을 것이다. 그러므로 개인의 자유와 독립을 큰 덕목으로 여기는 개인주의 사회에서 부모는 자식에게서 존재의 연속성을 발견하기가 어렵다.

우리의 전통사회에서 효도를 강조했던 생사론적인 이유가 여기에서 발견된다. 말하자면 효도는 부모의 입장에서는 존재의 지속성을 보장해 줄 강력한 도덕적 기제다. 오늘날 우리 사회에 구원의 종교가 성행하는 한 가지 이유를 우리는 그 반면에서 찾아볼 수 있다. 옛날과 달리 개인주의화되어 가는 자식들에게서 효도를 기대하기 어렵기 때문에, 많은 부모들이 허무로부터 자신을 구원해 줄 신 중심의 종교를 찾는 것이다.

▶존재공동체의 정신◀

**만물이 모두
나에게 갖추어져 있다**

지금까지 존재연쇄의 관념을 시간적(종적)인 관점에서 살펴보았다. 그러면 그것은 공간적(횡적)으로는 어떠한 존재의 세계를 펼쳐 낼까? 이를 수학의 좌표 평면으로 빗대어 말하면, y축은 종적인 존재연쇄의 선으로써, 그 상단은 선조요, 하단은 후손을 상징한다. 그리고 x축은 횡적인 연쇄의 선으로, 그 좌우의 단은 나와 더불어 사는 모든 사람들과, 더 나아가 만물을 상징한다. 두 축이 교차하는 지점에 바로 내가 존재한다.

위에서 옛 어른들은 존재구원의 방법을 종적으로는 효도에서 찾았다고 하였다. 그러면 자타간 횡적인 연쇄질서의 관념은 세계를 향해 어떠한 삶의 길을 추구할까? 이의 대답에 앞서 거기에 담긴 존재공동체의 의식을 먼저 들여다보자. 그것은 우리들에게 남들과, 그리고 세계만물을 어떻게 대면해야 할지 알려줄 것이다. 이를 위해 고 서정주 시인

천작天爵

의 〈국화 옆에서〉를 한 번 음미해 보자.

　　한 송이의 국화꽃을 피우기 위해
　　봄부터 소쩍새는
　　그렇게 울었나 보다

　　한 송이의 국화꽃을 피우기 위해
　　천둥은 먹구름 속에서
　　또 그렇게 울었나 보다

　　그립고 아쉬움에 가슴 조이던
　　머언 먼 젊음의 뒤안길에서
　　인제는 돌아와 거울 앞에 선
　　내 누님같이 생긴 꽃이여

　　노오란 네 꽃잎이 피려고
　　간밤엔 무서리가 저리 내리고
　　내게는 잠도 오지 않았나 보다

　　시인은 이처럼 한 송이의 국화꽃에서 '봄부터 그렇게 울어 온 소쩍
새 소리'와, '먹구름 속에서 또 그렇게 운 천둥 소리'를 듣고, 또 '간밤에
저리 내린 무서리'를 보았다. 한 사물의 존재와 생성에는 그렇게 수많은
사물들이, 우주자연이 작용한다는 것이다. 달리 말하면 한 사물의 존재

안에는 다른 수많은 사물들이 내재해 있다는 심오한 이치를 시인은 그렇게 아름답게 노래하고 있다.

이러한 사고는 평론가들이 흔히 말하는 것처럼 불교의 연기설緣起說에만 있는 것이 아니다. 유교 역시 한 사물 안에서 만물을 바라본다. 맹자는 말한다. "만물이 모두 나에게 갖추어져 있다.(《맹자》)" 만물이 나의 존재 안에 내재해 있다는 것이다. 어린 시절의 뒷동산과, 밤하늘의 무수한 별빛과, 동네의 도랑물을 거슬러 오르는 미꾸라지 같은 것들이 말이다. 그것들은 단지 기억으로만 남아 있는 게 아니다. 그것들은 나의 존재에 피가 되고 살이 되어 지금의 나가 되게 하였다.

과거의 일들뿐만이 아니다. 지금 나의 존재를 들추어 보면 거기에는 남편, 부인, 자식, 친구, 애인, 직장의 상사 등 내 주변의 모든 사람들이 도사리고 있다. 더 나아가 내가 좋아하는 높은 산과, 깊은 계곡의 맑은 물, 길가의 이름 모를 풀꽃 하나까지도 나의 존재를 형성시키면서 내 안에서 살아 스멀거린다. 그러므로 만물은 결코 내 밖에 있는 물질에 불과한 것이 아니다. 어느 학자는 말한다. "당신이 순수하고 숭고한 마음으로 들판을 걷게 된다면 모든 돌, 자라나는 모든 생명체의 영혼에서 발하는 빛이 당신 속에 스며드는 것을 느낄 것이다. 그러면 그것들은 정화되어 당신 안에서 신성한 불꽃을 지피게 된다.(존 블룸필드)"

이렇게 생각하면 남들을 배제하는 것은 나 자신의 존재를 그만큼 스스로 축소시키고 빈곤하게 만드는 것이나 다름없다. 만약 내 주변의 사람들과 사물들을 하나씩 지운다면 마지막으로 무엇이 남을까? 그 마지막의 '존재(의 본성)' 자체를 각성하려는 선사禪師도 독존의 세계를 선망해서가 아니다. 오히려 자기 안에 갇히는 아집을 버리고 세상만물을 자신의 존재 깊이 보듬어 안기 위해서 그러는 것이다. 석가모니의 자비행이 이를 무언으로 입증한다.

"만물이 모두 나에게 갖추어져 있다"는 맹자의 말은 만물이 나의 존재 안에 마치 돌무더기처럼 쌓여 있다는 뜻이 아니다. 나의 존재 깊은 곳에는 만물을 아우르고, 또 만물과 더불어 살고자 하는 근원적인 성향이 있다. 이것이 인간존재의 본성이다. 우리는 이를 존재공동체의 정신이라 말할 수 있다. 사랑과 의로움, 진리 등은 바로 이러한 정신을 가치덕목화한 것이다. 인류의 위대한 스승들은 그것을 온몸으로 보여 주었다.

물론 사람은 한편으로 자신을 개인 안에 가두려는 폐쇄적인 경향을 갖고 있다. 그것은 대개 육체성에 기인한다. 육체가 정신을 가두어 자타의 존재공동체성을 부정하는 것이다. 외형적인 관점에서는 나의 몸과 너의 몸이 별개의 독립체처럼 보이기 때문이다. 재미있는 이야기가 하나 있다. 순전히 의식적인 에너지상을 띠고 있는 외계의 한 생명체가 사람의 몸에 들어가 육체를 갖자마자, "정말 외롭구나!" 하고 탄식했다고 한다. 영화《스타 트랙》의 한 장면이다.

사람들이 존재의 외로움을 벗어나지 못하는 이유도 여기에 있다. 그것은 그들이 남들을 자신의 존재 밖으로 밀어내고 자신을 자기 안에 가둠으로써 초래되는 필연의 결과다. 특히 오늘날처럼 각박한 사회에서 사람들은, 마치 아파트의 구조물처럼 상하사방으로 남들과 존재의 담을 쌓고 사는 것이 자신을 보전하는 최상의 방책이라고 여긴다. 하지만 그것은 남들과 인정을 나누고 생명을 교류할 줄 모르는 폐쇄적 존재의 고통을 지어낼 뿐이다. 그야말로 "군중 속의 고독"이요, "참을 수 없는 존재의 가벼움"이다. 이것이 우리 현대인들의 삶의 실상이다.

　이와는 달리 남들을, 세계를 나의 품 안에 보듬어 안는 상상을 잠시 해 보자. 일순간 존재의 충만감과 희열이 생겨날 것이다. 이는 너와 멀리 떨어져 있는 외로운 '나'가 아니라, 너와 나가 하나가 된 '우리'의 힘이 만들어 낸 결과다. 맹자가 "만물이 모두 나에게 갖추어져 있다"고 하고 나서, "그러한 이치를 내 안에서 성실하게 실천한다면 더 이상 커다란 즐거움이 없을 것"이라고 말한 뜻이 여기에 있다.

　동서고금을 막론하고 인류의 스승들이 수행을 그토록 강조했던 이유가 여기에 있다. 그것은 육체로 말미암는 개인의 자폐성향을 겨냥한 것이었다. 자아를 부단히 닦고 길러 존재의 본래성을 회복해야 한다는 것이다. 앞서 말한 '자아의 초극'의 정신이 그 한 예다. 맹자가 위의 말에 이어 또한, '역지사지를 통한 배려와 보살핌'의 사랑을 강조한 것도 이러한 이유에서다. 그것들은 물론 공동체적 존재성을 회복하고, 이를 토대로 만민과, 나아가 만물을 구원하려는 뜻을 갖고 있다.

　《중용》은 이를 '성기성물成己成物'이라는 말로 이념화한다. 참자아를 완성하고 또 다른 사람들(만물)의 삶도 성취시켜 주어야 한다는 것이다. 앞서 말한 바, x축의 횡적인 연쇄질서 의식이 펼쳐 내는 세계이념이 여기에서 그 모습을 드러낸다. xy의 교차점에서 참자아를 완성하여 마치 동심원의 물결과도 같이 만인과 만물에게까지 구원의 범위를 넓혀 나가는 것이다. 《중용》은 그 궁극의 경지를 다음과 같이 천명한다. "천지에 참여하여 만물의 생육을 도우리라."

▶ '우리' 공동체 의식 ◀

인간은 '우리' 속에서
자신의 충만함을 가진다

우리나라 사람들은 일상생활 속에서 남들과의 대화 중에 '우리'라는 말을 흔히 사용한다. 자기 집을 두고는 '우리 집'이라 하고, 자신의 부인을 '우리 집사람'이라 소개하며, 그밖에 '우리 동네', '우리 회사' 등등 열거하면 한이 없다. 사람이나 그 물건들이 공동소유가 아닌데도 말이다. 이는 특히 서양에서와 같이 개인주의적인 사고 속에서는 상상할 수 없는 일이다.

이러한 '우리'의식은 철학적으로 따지면 우리 선조들이 보여준바, "사람은 나 혼자로는 존재할 수 없다"는 뛰어난 통찰에서 나온 것으로 여겨진다. 위에서 살핀 것처럼 우리는 남들과의 관계를 떠난 독립적인 '나'를 상상할 수 없다. '나'란 존재는 이성이 만들어 낸 허구일 뿐이다. 어느 학자는 말한다. "나의 시작은 너와의 관계 속에서 출발한다. 너와 만남으로 인해 나는 자아를 깨닫고, 너와 함께 '우리'가 된다. …… 인간은 '우리' 속에서 자신의 충만함을 가진다.(윤석빈)"

　　우리 선조들은 그러한 철학을 '인간'이라는 말 속에 응축시켜 놓았다. '사람 사이에 있는人間' 자만이 사람이라는 것이다. 달리 말하면 "인간은 다른 이에게 자신을 내줌으로써 비로소 인간이 된다." "한 인간을 이루는 것은 바로 그가 헌신하는 대상이다.(야스퍼스)" 지난날 개인주의가 우리 사회에서 환영받지 못한 이유가 여기에 있을 것이다. 개인주의는 나와 너 사이를 분명히 가르면서 나만의 자유와 독립과 성공을 최대의 목표로 삼고 있기 때문이다.

　　이와는 달리 이황 선생은 〈예안향약禮安鄕約〉에, "어려운 이웃을 좌시하고 도와주지 않는 사람"을 처벌하는 조항까지 두었다. 단지 이웃이라는 이유만으로 곤경에 처한 사람을 도와주도록 의무 지운 것이다. 이는 역시 개인주의의 시각으로는 도저히 이해될 수 없는 일이다. 하지만 나와 너가 아니라 '우리'라고 하는 공동체 의식으로 보면 개인주의는 비인간적인 태도로 비난받을 수밖에 없다.

　　자신의 경험을 한 번 돌아보자. 동료들과 함께 점심을 먹고 나오는데, 한 사람이 말없이 자기 밥값만 내고 나가는 것을 보면서 그의 등 뒤에서 찬바람을 느낀 일이 없었는가? 요즘에는 많은 사람들이 주머니 사정상 '합리적'으로 처신하지만, 사실 그 사정은 지금보다 오히려 과거의 시절이 훨씬 어려웠다. 그런데도 당시에는 동료의 밥값을 내는 것을 미덕으로 여겼다. 한편으로 생각하면 그렇게 주거니 받거니 하다보면 대차대조표상 부담이 서로 비슷해진다. 결국 문제는 주머니 사정보다는 요즘 사람들의 개인주의화에 기인한다고 봐야 할 것이다. 아무튼 왠지 따뜻한 인정의 교류가 없는 것 같아 서운하고 또 민망한 느낌이 마음 한 구석에 일어나는 것은 역시 우리 전통의 '우리' 의식의 잔재일 것이다.

'우리' 의식은 자타간의 유대를 강화함으로써 여러 가지 긍정적인 기능을 행사할 것이다. 그것은 개인주의가 야기하는바, 고독과 불안 등 갖가지의 문제점을 예방해 준다. 일례로 우리는 앞서, '나'라는 말을 많이 쓰는 사람이 심장병에 걸릴 확률이 높다는 임상보고를 들어 보았다. 이는 역으로 '우리'의 유대의식이 육체적으로나 정신적으로나 건강에 좋으리라는 것을 짐작하게 해 준다. 그러므로 우리는 '우리' 의식으로 남들에 대해 열린 마음을 갖고서 상부상조하는 삶을 살 필요가 있다. 물론 '우리' 의식이 혈연, 학연, 지연 등과 결합되어 배타적이고 집단이기적인 태도를 띠어서는 안 된다. 90년대 대통령 선거 시절에 모 후보 측의 한 사람이 "우리가 남이가!" 하면서 지역감정을 부추겼던 것처럼 말이다.

지난날 우리 사회에 법과 권리의무보다는 도덕관념이 훨씬 강했던 이유를 우리는 이러한 '우리' 의식의 관점에서 찾아볼 수 있다. 나와 너를 분리하고 고립시키는 개인주의에서는 자타간 대립과 충돌을 이성으로 미연에 방지하고 또 사후 조정하려 한다. 나와 너를 통합시킬 수 있는 존재의 공통분모가 없기 때문이다. 그 사회에 법이나 권리의무의 관념이 발달하고, 소송의 풍조가 성행할 수밖에 없는 이유가 여기에 있다. 그 사회에서 법은 자타 사이에 구획 지은 독립적인 개인의 영역을 남들의 침입으로부터 방어하고 보호하기 위한 최선의 제도적 장치다.

이에 반해 '우리' 공동체 의식은 자타간 분쟁 해결의 방법으로 법과 같은 강제규범을 좋아하지 않는다. 또한 권리와 의무를 따지는 이성적인 태도를 비인간적이라고 여긴다. 한마디로 '우리'의 사이가 법이나 권

천작天爵

리의무로 매개된다는 것은 끔찍한 일이다. 그것은 마치 가까운 친구들이나 또는 한 집안의 형제자매가 어떤 문제를 놓고서 법과 권리의무를 들먹이는 것이나 다름없다. 그보다는 인격과 인정에 호소하여 서로 조금씩 이해하고 양보하려 한다. '우리'의 사이가 깨져 남남이 되는 서먹함과 외로움을 피하기 위해서다. 사람은 혼자 사는 것이 아니기 때문이다.

전통적으로 우리 사회에 법보다는 도덕의식이 강했던 이유가 여기에서 발견된다. 도덕이란 자타간의 유대의식 속에서 나온 조화와 친목의 원리다. 문제를 도덕심에 호소하여 '우리'의 유대관계를 해치지 않고 원만하게 해결하려는 것이다. 도덕은 너와 나를 하나의 존재로 묶어 주는 내재적인 심성의 원리이기 때문이다. 이를테면 관용과 사랑은 자타간의 이해 대립과 갈등을 쉽게 해결할 수 있으며, 서로의 유대관계를 변함없이 지속할 수 있다.

그러므로 도덕이야말로 인간관계를 매개해 주고 사회질서를 유지시켜 주는 가장 강력한 '사회적 자본'이다. 법과 제도가 아무리 완비되어 있다 하더라도 도덕이 부재하면 그 사회는 결코 오래가지 못한다. 법과 제도로만 유지되는 치안은 평화를 가장한 암흑일 뿐이다. 우리가 경찰서나 법정 안에서 단적으로 경험하는 것처럼, 그 사회에서는 생명의 온기를 느끼거나 인격의 교류를 행할 수 없기 때문이다.

우리 전통사회는 법 이전에 도덕을 강력한 '사회적 자본'으로 여겨 마지않았다. 이이 선생은 말한다. "예禮·의義·염廉·치恥는 나라를 지탱하는 네 가지의 근본기강이다. 이 네 가지가 확립되지 않으면 나라는 망한다." 예의禮와 의로움義의 정신에 관해서는 이미 살펴보았으므로, 여기에서는 '청렴廉'과 '부끄러움恥'을 나라의 기강으로 강조한 의외의 발상을 간략하게 살펴보려 한다.

청렴은 욕망의 절제 또는 근절을 통해서만 갖출 수 있는 덕목이다. 그것은 물론 개인의 인격이나 또는 공직사회의 윤리에 그치지 않는다. 그것은 사회 전체를 맑고 건강하게 만들어 줄 요체이기도 하다. 왜냐하면 그것은 우리가 일상으로 겪는 것처럼, 남들과의 갈등과 분쟁을 유발하는 욕망의 충돌을 미연에 방지해 주기 때문이다. 더 나아가 그것은 자타간 순수하고 인격적인 만남을 조성해 주면서 욕망을 넘어 맑게 사는 기쁨을 알게 해 준다.

한편 부끄러움은 양심의 직접적인 발로현상이다. 합리적 타산의 산물인 권리의무의 의식과 달리 그것은 직관적인 도덕감정에 불과하지만, 불의한 행동을 예방해 주는 중요한 심리적 기제다. 그것이 사회의 근본 기강이 되는 이유가 여기에 있다. 사회를 혼란시키는 불의하고 무도한 짓들이 근본적으로는 부끄러움을 모르는 마음에서 비롯되기 때문이다. 그러한 짓들을 아무리 법으로 다스린다 해도 그것은 미봉책일 뿐이다. 부끄러움을 모르는 사회는 인간성이 실종된 야만이나 다름없다. 부끄러움의 감정이 살아 있는 사회에서만 사람들은 인간의 숨결을 느끼며 밝은 삶을 영위할 수 있다.

천작天爵

▶가정적 사회의식◀

**만민이 형제자매요,
천하가 한 집안이다**

우리는 일상생활 속에서 낯선 사람들에게
까지 일반적으로 친족의 호칭을 사용한다. 할머니, 할아버지, 아주머니,
아저씨, 형, 언니 등등 말이다. 나이가 지긋이 든 어른들은 백화점의 점
원들에게서 "아버님"이나 "어머님"이라는 호칭을 당황스럽게 들어 본
경험도 있을 것이다. 이는 초면이든 구면이든 마땅히 부를 만한 호칭이
없어 편의상 생긴 관행일 수도 있다. 하지만 거기에는 우리 전통의 인간
관과 삶의 정신, 그리고 사회의식이 깊게 깔려 있다.

우리의 이와 같은 언어관행을 매우 놀랍게 여기면서 소감을 피력한
서양 어느 학자의 글을 먼저 읽어 보자. "모든 인간관계를 가족관계 차
원에서 바라보는 것은, 그것 자체가 하나의 가치관의 선택이자 세계에 풍
성한 의미를 부여하고 인간적 유대를 튼튼하게 엮어 주는 결정이다. ……
그것은 무엇이 인생을 의미 있게 하고 동시에 가치 있게 만드는가에 대한

선택이다.(C. 프레드 알포드)"

실제로 우리의 전통사회에서 사람들은 삶에 의미와 가치를 부여하는 원천으로 가정을 꼽았다. 가족이기주의의 폐해도 따지고 보면 이의 부작용이다. 하지만 가정을 소중히 하는 의식과 가족이기주의는 분명히 다르다. 우리 선조들이 가정을 중시했던 것은 그것의 인간학적인 의의를 깊이 인식하였기 때문이다. 가정은 단순한 주거공간에 그치지 않고, 한 사람의 성장과 인격 형성, 인간관과 가치관에 지대한 영향을 미친다는 사실을 말이다.

가정을 중시했던 우리 선조들의 사고는 기본적으로 공동체적인 인간관의 산물이다. 이의 논의에 앞서 먼저 개인주의의 가정관부터 살펴보자. 개인주의의 경우 인간은 세계 안에 외롭게 내던져진 '개인'에서부터 출발한다. 부모와의 관계에서조차 자식은 하나의 독립적인 개인일 뿐이다. 미국의 어느 학자는 자국의 개인주의 사조를 비판하면서 다음과 같이 말한다. "개인주의는 생물학적으로는 자식이 부모에 대해 의존하는 것을 정상으로 여기면서도, 도덕적으로는 그것을 비정상으로 여긴다.(로버트 N. 벨라)"

하물며 그밖에 인간관계에서는 더 말할 것이 없다. 개인주의에 의하면 모든 인간관계와 사회는 독립적인 개인들이 갖가지로 맺은 계약의 산물이다. 앞서 말한 권리의무 의식도 여기에서 나온 것이다. 결혼하여 가정을 이루는 것도 두 남녀의 계약임은 물론이다. 서양 사회에서 이혼이 잦은 배경을 우리는 여기에서도 살필 수 있다. 부부가 서로의 기대를 충족시켜 주지 못할 경우에 계약(결혼)을 파기하는 것은 자연스러운 일이다.

그들이 이혼 후에도 마치 친구처럼 스스럼없이 만나는 것도 이러한 개인주의와 결혼관의 산물이다. 일상생활에서 일의 계약 당사자들이 그러하듯이 말이다. 오늘날에는 우리 사회도 사람들이 개인주의화되면서 높은 이혼율을 보이지만, 부부가 이혼 뒤에도 서양인들처럼 계속 친분을 유지하는지는 의문이다. 어쩌면 '일심동체(우리)'의 의식이 파탄을 겪으면서 마음 깊이 상처를 입은 나머지, 서로 피하고 또 심지어 원망하는 것은 아닌지 모르겠다.

하지만 우리 사회는 전통적으로 인생의 출발점을 개인이 아니라 가정에서 찾았다. 거기에는 물론 공동체 의식이 작용한다. 이에 의하면 사람은 개인으로 태어난 뒤에 가족의 인간관계에 편입되는 것이 아니다. 나는 부모와 혈육의 유대를 갖고서 처음부터 가족의 일원으로 태어난다. 나와 가족을 분리할 수 없으며, 가족은 나의 일부다. 가족을 외면하는 것은 곧 나 자신의 존재 부정이나 다름없다.

맹자가 "군자의 세 가지 즐거움" 중에, "부모가 다 살아 계시고 형제가 무고한 것(《맹자》)"을 첫 번째로 꼽은 것도 이러한 사고에서 나왔을 것이다. 부모 형제와의 본질적인 유대의식이 삶의 일차적인 기쁨을 가정에서 찾도록 만드는 것이다. 전통적으로 우리가 효도와 형제간의 우애를 그토록 중시해 온 까닭도 여기에 있다. 지난날 가정집들의 표구로 흔히 쓰여 온 '가화만사성家和萬事成'의 글이 이를 웅변해 준다. 이제는 이러한 표구를 보기 어렵게 되었지만 말이다. 이는 불행하게도 우리 사회의 가정관이 크게 바뀌었음을 보여 준다.

더 나아가 개인과 사회와의 관계도 가정의 경우와 다를 게 없다. 사람은 개인으로 태어나서 사회에 진입하는 것이 아니라, 본질적으로 사회적인 존재다. 사람은 사람 사이人間에서만 사람일 수 있기 때문이다. 말하자면 "모든 개인에게는 의식의 본질적인 부분에 이미 사회라는 것이 내면화되어 있다. 그리고 인간은 사회의 일부일 뿐만 아니라, 또한 사회는 관련 영역으로서 그 인간의 본질적인 부분이다. '나'가 우리의 일부일 뿐만 아니라 '우리'가 또한 '나'의 필연적인 구성요소다.(M. 셸러)"

이러한 '우리' 공동체의식은 당연히 사회를 바라보는 시각을 달리할 수밖에 없다. 그는 사회를 냉정한 이해타산이 지배하는 인간관계의 장, 즉 '이익사회(퇴니스)'로 여기지 않을 것이다. 오히려 가정과도 같이 친밀하고 따뜻한 정감 속에서 자타간 하나로 어우러지는 화합의 자리, '공동사회'로 여길 것이다. 그는 개인과 가정, 개인과 사회, 그리고 가정과 사회를 이원화하지 않고 양자를 통합적으로 바라볼 것이다.

이것이 우리의 전통적인 사고방식이다. 우리나라 사람들은 사회의 원형을 가정에서 찾았다. 그들은 사회를 가정과 전혀 별개의 장이 아니라 가정의 확대판으로 이해하였다. 당연히 이에 따라 사회윤리를 가정윤리의 연장선상에서 정립하였다. 이에 의하면 사회윤리는 "만인의 만인에 대한 투쟁"을 염려하여 공생공존의 필요상 타협해 낸 계약의 산물이 아니다. 사회윤리 역시 자타간 본질적인 유대의식의 자연스러운 발로다. 가정윤리든 사회윤리든 '우리' 공동체적인 인간본성의 발로라는 점에서 살피면 다를 게 없다. 가정에서 출발하여 사회로 나가는 실천 순서와 적용 영역의 차이가 있을 뿐이다.

우리는 이 점을 우리 사회의 '경로敬老'사상에서 실제로 확인한다. 가정에서 어버이를 사랑하고 형님을 공경하듯이, 사회에 나아가서도 모든 어른들을 어버이 또는 형님 모시듯 해야 한다는 것이다. 우리에게 아직까지도 익숙한 '사해동포四海同胞'의 표어는 아예 극단적이다. 이에 의하면 세상의 모든 사람들이 한 어머니의 뱃속에서 태어난 형제요 자매다. 그야말로 '천하일가天下一家', 즉 세상 전체가 한 가정이다.

'사해동포'의 의식은 나와 남 사이에 인간적인 유대를 튼튼하게 맺어 주는 강력한 힘이 된다. "너와 내가 한 형제요 자매"라는 생각은 서로를 크게 결속시켜 주고, 또 마음을 푸근하게 만들어 준다. 우리는 이 점을 우리가 일상생활에서 남들에게 사용하는 친족의 호칭에서 실제로 경험한다. 상대방을 직함으로 부를 때와 이를 비교해 보자. 직함은 사무적이고 위계적이어서 자타간 거리감을 갖게 만든다. 하지만 형님, 아우, 언니, 동생이라는 호칭은 상호간 형제자매와 같은 친밀감을 불러일으키고 또 유대의식을 강화시켜 준다.

오늘날 갈수록 합리화되어 가는 우리 사회에서 '비합리적인' 친족의 호칭이 여전히 널리 통용되는 이유를 우리는 여기에서 찾아볼 수 있다. 그것은 단순히 언어 관행만은 아닐 것이다. 이제는 가족조차 뿔뿔이 흩어져 1년에 몇 차례도 만나기 어려운 마당에, 그리고 사회적으로는 점점 더 고립되고 또 냉혹해져 가는 인간관계 속에서, 사람들은 자주 만나는 사이끼리 어떻게든 가족적인 유대감과 따뜻한 정을 느끼고 싶은 것이다. 가족이야말로 인정과 유대의 원천이기 때문이다.

그런데 여기에는 한 가지 문제가 있다. 사람들이 형제자매처럼 다정하게 지내는 것은 더없이 좋지만, 그것은 자칫 사회의 공적인 가치를 해칠 염려가 있다는 점이다. 예를 들면 일을 합리적으로 처리해야 할 공공의 자리에 가족적인 우애와 인정이 개입되면 그 일은 자칫 각종의 부작용과 파행을 면하기 어렵다. 사실 사람들이 남에게 '형님, 아우님' 하면서 일의 선처를 부탁하는 것은 자신의 능력이나 자격이 모자라기 때문인 경우가 많다.

우리는 이와 같은 폐해의 예방책으로 의로움의 정신을 다시 한 번 강조할 필요가 있다. 옳고 그름을 따지지 않는 '형님, 아우'의 깡패식 의리는 진정한 공동체의 정신에 반한다. 공사를 분명히 하면서 일의 이치를 중요시하는 의로움의 정신을 버려서는 안 된다. 우애와 인정도 사실 의로움의 정신 위에서만 아름다운 결실을 맺을 수 있다.

천작天爵

▶상호의존과 보완◀

**사람은 서로가
서로에게 의존하고
상대방을
기다려서만 살아갈 수 있다**

―――――――――――― 언젠가 우리 사회에서는 '자조'와 '자립'이
라는 구호가 크게 유행한 일이 있었다. 남에게 의지하려 하지 말고 자력
으로 일어서고 자신의 삶을 스스로 일구어야 한다는 것이다. 이는 사람
들 모두가 깊이 유념해야 할 중요한 삶의 정신임에 틀림없다. 하지만 다
른 한편으로 생각해 보면 그것은 적잖은 문제점을 갖고 있기도 하다. 그
것은 상부상조의 미덕을 권장하기는커녕, 결과적으로 깎아내리기 때문
이다. 그리고 삶은 전적으로 자기 자신에게 책임이 있으며, 남에게 관심
을 가질 필요가 없다는 개인주의적인 사고가 그 근본에 깔려 있기도 하
다.

개인주의의 문제점에 대해서는 이미 누차 지적했지만, 삶은 정말로
한 개인의 자조와 자립으로만 영위되는 것일까? 그렇지 않다. 예컨대
부잣집 아이가 자신의 능력과 책임으로 그렇게 풍족하게 지내는 것은

아니다. 마찬가지로 가난한 운명 역시 본인의 책임만은 아니다. 불평등한 사회구조와 현실 속에서는 그가 아무리 노력을 해도 가난을 벗어나기 어렵다. 그럼에도 불구하고 그에게 자조와 자립을 요구하는 것은, 마치 밭 한 뙈기 없는 사람에게, 왜 열심히 일해서 땅을 사지 않느냐고 책망하는 것이나 다름없다. 그의 노동력이 지주한테서 착취당하고 있다는 사실을 외면하면서 말이다.

앞서 이야기했지만, 사람은 결코 독립적인 개인으로 태어나지 않는다. 사람은 그의 출생을 부모에게 의존하며, 이후 각종의 인간관계 속에서 서로 의지하고 서로 도우면서 살아가도록 되어 있다. 돈이 많다 해서 자력으로 살 수 있는 것은 아니다. 부유한 사람들은 자신의 우월한 능력으로 남들의 도움 없이도 살 수 있다고 여기지만, 이는 착각이다. 그 역시 의복이나 식량 등 살아가는 데 필요한 모든 것들을, 다방면의 보이지 않는 생산자들에게 의존하지 않으면 안 된다. 대기업의 재벌도 금융기관을 통해 국민의 돈을 빌리고, 또 수많은 노동자들의 피땀 어린 노력에 절대적으로 힘입는다.

옛사람들은 그 이치를 '상의상대相依相待'라는 말로 요약하였다. 사람은 서로가 서로에게 의존하고, 상대방을 기다려서만 살아갈 수 있다는 것이다. 선생은 학생을 상대해서만, 남편은 아내를 기다려서만 자신의 존재를 세우고 성취할 수 있다. 상대를 무시하는 것은 곧 나 자신의 존재를 스스로 부정하는 일이나 다름없다. 모든 인간관계가 다 그렇다. 부인을 함부로 대하는 사람치고 좋은 남편 없다. 직원을 '머슴'처럼 여기는 사람치고 훌륭한 고용주는 없으며, 국민의 뜻을 무시하는 사람치고 존경받는 정치인은 없다.

천직天職

이에 반해 상대방을 지켜 줄 때에만 나 자신의 존재를 세울 수 있으며, 상대방을 존중하고 배려할수록 덩달아서 내가 존경과 사랑을 받을 것이다. 선생과 학생, 부인과 남편, 사장과 사원, 그 밖에 모든 인간관계가 다 그러하다. 우리는 이러한 관점에서 계급투쟁을 강조하는 공산주의의 오류를 지적할 수 있다. 인간관계는 개인적으로든 계급적으로든 원래 모순과 투쟁의 자리가 아니기 때문이다.

더 나아가 자연생태계의 이치를 상호의존과 협력, 공진화(함께 진화함)에서 찾는 학자도 있다. F. 카프라는 말한다. "상호의존성은 모든 생태적 관계의 본질이다. 모든 생물 구성원들의 행동은 수많은 다른 구성원들의 행동에 의존한다." 이는 다윈의 진화론에 담긴 약육강식과 적자생존의 원리를 비판하려는 것이지만, 한편으로 우리들 자신의 잘못된 생각을 반성하게 해준다. 사회를 적자생존의 장으로 여기면서 자타간 승부와 투쟁의 심리를 키우는 태도를 말이다. 자연과 생명의 이치에 반하는 그것은 우리의 삶을 거칠고 황량하게 만들 것이다.

사람들은 여기에서 하나의 의문을 가질 수도 있다. "상호의존적인 공동체 의식은 자유와 독립의 정신을 약화시키지 않을까?" 하는 것이다. 하지만 이는 잘못된 개인주의의 반문이다. 사실 자유란 모든 제약과 구속으로부터 해방되는 것을 뜻하지 않는다. 그것은 현실적으로 가능하지도 않거니와, 자신을 진공상태 속에 두려는 환상에 지나지 않는다. 학자들은 말한다. "독립이란 정치적인 개념이지 과학적 개념이 아니다.(L. 마굴리스)" "어디에도 개인은 고립되어 있지 않고 그렇게 행동할 권리도 없다.……연대되어 있다는 사실을 인정하면 우리의 자유개념은 제한된다.(레옹 부르주아)"

그러므로 모든 제약과 구속을 거부하려는 자유의식은 인간조건 자체를 부정하는 어리석음과 다름없다. 그것은 마치 새가 하늘을 날면서, "공기의 저항이 없으면 얼마나 좋을까?" 하고 꿈꾸는 것과도 같다. 오히려 액면 그대로의 자유는 개인의 삶을 불안에 빠트리는 요인이 되기도 한다. 예를 들어 보자. 어른들은 종종 "무자식이 상팔자"라는 푸념을 한다. 자식의 구속으로부터 벗어나 자유롭게 살고 싶은 것이다. 그러나 심리학계의 보고에 의하면 실제로는 다자녀의 부모가 그렇지 않은 사람보다 높은 정신건강을 유지한다고 한다. 구속거리인 자식이 오히려 부모의 정신을 건강하게 만들어 주는 것이다. 그것은 아마도 자식이 부모의 실존적인 의지처가 되기 때문일 것이다. 그러므로 "남들은 자유를 사랑한다지마는 / 나는 복종을 좋아하여요(한용운)"라고 해야 할 판이다.

이러한 이치는 가정뿐만 아니라 사회생활상에서도 그대로 타당하다. 말 그대로 자유인으로 살려면 모든 인간관계의 속박을 거부하는 외톨이가 될 수밖에 없다. 하지만 역설적이게도 그는 실존의 불안과 외로움을 면하기 위해, 인간관계를 넘어서 무언가에 의지하고자 하는 마음을 갖지 않을 수 없을 것이다. 예를 들면 신이 그중 하나다. 자유를 모토로 여기는 개인주의 사회에 신 중심의 종교가 성행하는 이유도 여기에 있을 것이다. 하지만 자유의 관점에서 살피면 그것은 속박을 자청하는 것이나 다름없다.

그러므로 자유의 이름으로 상호의존의 공동체 정신을 부정하려 해서는 안 된다. 남들의 부당한 구속에서 벗어나려는 노력은 좋지만, '무엇으로부터의 자유'를 얻는 데에만 관심을 가져서는 안 된다. 남들과 긴밀하게 유대하고 의존하면서 궁극적으로 자타 공동체적인 자아를 실현하는 데에 삶의 목표를 두어야 한다. 제약과 구속을 거부만 할 것이 아니라, 그것을 오히려 상호의존과 보완의 조건으로 적극 받아들여야 한다. 그 가운데에서 자신의 삶을 완성해야 한다.

예를 하나 들어 보자. 사람들은 부부생활의 구속을 피곤하게 여기면서 반농담으로 "결혼은 무덤"이라는 말을 주고받곤 한다. 하지만 결혼은 아름다운 구속이다. 누군가의 말대로 가정이야말로 인류가 고안해 낸 가장 훌륭한 제도이기 때문이다. 그러므로 결혼을 피곤한 구속으로 여기지 말고, 오히려 부부간, 부모자식간 서로 의존하고 보완하면서 공동체의 삶을 완성해 나가야 한다. 특히 가족을 하나로 묶어 주는 사랑이야말로 가장 소중하고 아름다운 삶의 원천이요, 의미다.

사회의 모든 인간관계도 마찬가지다. 남과 어떤 관계를 맺는 순간, 나는 그에 따른 제약과 구속을 피할 도리가 없다. 그럼에도 사람들이 관계를 자청하는 것은 그것이 바로 삶의 조건임을 그들 스스로 알고 있기 때문이다. 그러므로 우리는 각종의 사회적인 구속을 불편한 것으로만 여기지 말고, 오히려 자신의 자아와 삶을 성취시켜 주는 토대로 적극 받아들여야 한다. 거기에 더하여 사랑의 정신을 펼친다면 그 이상으로 아름답고 고귀한 삶이 없을 것이다.

한편 아래에 소개하는 것처럼, 상호의존의 정신은 개인주의보다 오히려 더 "성숙하고 균형 잡힌 개인"을 만들어 낸다는 주장도 있다. 먼저 이와 대비적으로 개인주의의 문제점을 살펴보자. 사람은 공동체 내에서만 자신의 존재감을 느끼고 또 자아의 정체성을 확인할 수 있다. 그런데 자유와 독립의 의지 속에서 공동체의 구속으로부터 벗어나려 하면 할수록 그만큼 허약해지는 존재감은 필연적으로 삶의 불안과 고독에 시달릴 수밖에 없다.

　개인주의의 이와 같은 문제점을 미국학자 로버트 N. 벨라는 서부영화에 나오는 '정의의 총잡이'에서 상징적으로 살폈다. 영화의 마지막 장면에서 악당들을 모조리 물리치는 그는 주민들의 환호 속에서 보안관의 자리를 제안받는다. 그러나 그는 그것을 가볍게 거절하고는 석양을 등지고 혼자서 말을 타고 어딘가로 떠난다. 참으로 멋진 장면처럼 보인다. 하지만 정처 없이 떠나는 저 사나이의 뒷모습에는 한없는 외로움이 배어 있다. 돌아갈 곳이 없어 오늘 밤도 어느 빈 들판에서 모닥불을 피우고 홀로 노숙해야 하는 방랑의 운명 말이다. 개인주의가 빚어내는 삶의 고독과 방황도 이와 다를 것이 없다는 것이다.

　이에 반해 상호의존의 정신은 자타간의 유대를 강화하면서 사람들에게 정서적인 안정감을 준다. 또한 그것은 삶의 귀속처를 알게 함으로써 불안과 고독을 벗어나게 해 준다. 그것이 의타심을 조장하고 자아의 정체성을 약화시킬 수도 있다는 생각은 과민한 반응이다. 그것은 오히려 서로의 성취를 도와주면서 상부상조하는 미덕을 길러 준다. 우리에게도 잘 알려져 있는 《오래된 미래》의 저자 헬레나 노르베리 호지는 티베트 라다크 사람들의 공동체적인 자아의식이 보여주는 건강한 모습을 다음과 같이 소개한다.

　　전통적인 라다크 사회에서는 아주머니, 아저씨, 비구, 비구니들을 포함해서 누구나가 몹시 상호의존적인 공동체에 속해 있다. 어머니가 자녀들 모두와 떨어져 혼자 있는 경우는 없다. 어머니는 항상 자녀들의 삶의 일부이고 손자녀들의 삶의 일부인 채로 있다. 라다크 문화를 체험하기 전에, 나는 집을 떠나는 일은 성장의 일부이고 성인이 되는 데 필수적인 단계라고 생각했다. 그러나 이제 나는 대가족과, 친밀한 작은 공동체야말로 성숙하고 균형 잡힌 개인들을 만들어내는 보다 나은 기초가 된다고 믿는다. 건강한 사회란 각 개인에게 무조건적인 정서적 지지의 그물을 제공하면서, 긴밀한 사회적 유대와 상호의존을 권장하는 사회이다. 이러한 틀 안에서 개인들은 아주 자유롭고 독립적으로 될 수 있을 만큼 충분한 안정감을 느낀다. 역설적으로 나는 라다크 사람들이 산업사회의 우리들보다 정서적으로 덜 의존적이라는 것을 발견하였다.

▶대립과 조화◀

**이 세상 모든 것은
서로 반대가 되면서
서로 이루어 준다**

───────────── 그런데 상호의존과 보완의 정신은 한편으로 어떤 문제점을 갖고 있는 것처럼 보인다. 그것은 사람들이 살아가면서 겪을 수밖에 없는 갈등과 대립의 현실을 무시하고 있기 때문이다. 사실 상호의존의 인간관계에 뒤따르는 구속과 제약은 그 자체 갈등과 대립의 요인을 내포하고 있다. 이 문제를 어떻게 풀어야 할까? 이를 해결하지 않고서는 상호의존과 보완도 공허한 주장에 불과할 것이다.

우리는 이에 대해서도 옛사람들의 지혜를 빌려 그 해결책을 찾아볼 수 있다. 그들도 그러한 현실을 결코 무시하지 않았다. 그들은 인간의 삶은 물론, 더 나아가 만물의 세계에서 벌어지는 대립적이고 상반적인 현상들을 예의 주목하였다. 오히려 그것이야말로 모든 변화와 발전의 동력이라는 사실을 깨달았다. 그들은 이를 '상반상성相反相成'이라는 말로 요약한다. 이 세상 모든 것은 서로 반대가 되면서 서로 이루어 준다는

164

뜻이다. 한마디로 대립 속에서 조화로운 상생의 정신을 발견한 것이다.

이러한 대립과 조화의 정신은 그들의 음양陰陽사상에 잘 드러난다. 음양이란 일종의 상대성 원리다. 그것은 간단하게 말하면 사물의 생성 변화에 작용하는 두 개의 상대적이고 이질적인 힘(성질)을 범주화한 것이다. 양은 생성적(진행적)인 힘이요, 음은 쇠멸적(퇴행적)인 힘이다. 이에 의하면 모든 생성과 변화는 하나의 힘만 가지고는 안 된다. 반드시 성질이 다른 또 하나의 상대적인 힘을 필요로 한다.

예를 들면 움직임에는 그것을 제어하는 정지의 힘이 상반적으로 작용하면서 두 힘이 한 물체의 동정을 이루어 낸다. 더위와 추위의 길항 속에서 계절의 변화가 일어나고, 생명의 힘과 사멸의 힘이 상호작용하면서 생로병사의 인생이 펼쳐진다. 어느 과학자는 이러한 이치를 자연의 원리로 다음과 같이 정식화한다. "어떠한 현상의 이면에는 언제나 그 현상과 대립되는 현상이 있게 마련이며, 이 두 형질을 언제나 동시에 고려해야만 자연을 올바로 이해할 수 있다.(빅터)"

위의 예시에서 드러나는 것처럼 상대를 이루는 각각의 모습들은 상반적이다. 그러나 그것들은 각자 하나만으로는 의미를 갖지 못한다. 움직임은 정지와, 더위는 추위와, 삶은 죽음과 상대해서만 제 모습을 드러낸다. 물론 그 반대도 마찬가지다. 이처럼 한 사물 또는 현상의 상대(대립)자는 그 사물(현상)의 존립과 생성에 불가결한 조건이다. 물리학계에 양자 역학의 개척자 닐스 보어는 중국의 태극권 그림과 같은, 자기 집안의 문양 〈음양도陰陽圖〉에 다음과 같은 글귀를 적어 놓았다고 한다. "대립적인 것은 상호보완적이다."

태극기는 우리에게 이러한 심오한 뜻을 그림으로 보여 준다. 태극기 안의 원을 머릿속에 떠올려 보자. 위아래의 붉고 푸른 색깔들은 각기 양과 음을 상징한다. 그런데 그것들은 반쪽만으로는 불완전하고 별 의미가 없다. 양자는 대립적이지만, 서로 만나 조화를 이루고 서로를 완성해 주면서 아름답고 둥그런 원을 형성한다.

이처럼 대립 속의 조화를 강조하는 태극기의 정신은 그 제작자의 개인적인 것에 그치지 않고 우리 민족의 전통적인 사조를 반영한 것이었다. 실생활 속에서 이를 입증해 주는 사례를 들어 보자. 《생각의 지도》의 저자 리처드 니스벳이 한국인을 포함하여 동서양의 여러 나라 사람들에게 설문조사한 바에 의하면, 서양인들은 사물을 바라보고 처사하는데, '이것 아니면 저것(either/or)', 또는 '옳고 그름(right/wrong)'이라는 택일적(흑백논리적)인 사고가 지배적이라 한다. 그는 그 예로 서양 역사상 길고 격렬했던 종교전쟁을 든다. 오늘날 서양인들이 이슬람 문명에 대해 드러내는 배타적이고 적대적인 태도도 어쩌면 또 다른 사례가 될 수 있을 것이다.

이에 반해 동양인들은 '둘 모두 함께(both/and)'를 지향한다고 한다. 그는 말한다. "한국에서는 어떤 사람이 기독교인이면서 동시에 불교도이고 또 유교도인 것이 가능하다." 이는 우리가 전통적으로 공존과 조화의 의식을 강하게 가져왔음을 일러 준다. 하지만 우리는 이에 대해 한 가지 의문을 갖는다. 오늘날 종교, 정치 등 우리 사회의 각 분야에서 사람들이 독선적이고 흑백논리적인 행태들을 많이 드러내는 것은 어째서인가? 하는 것이다.

이에 관해서는 심층적인 분석이 필요할 것이다. 다만 한 가지 분명한 사실은 우리의 사고방식이 점점 바뀌어 가고 있다는 점이다. 간단하나마 그 요인을 분석하기 위해 잠시 과거로 눈을 돌려 보자. 지난날 1970년대와 1980년대에 민주정신을 심하게 탄압했던 유신독재와, 획일적인 사고를 강요해 온 군사정권 치하에서 국민들은 '이쪽(옳음) 아니면 저쪽(그름)'을 선택할 수밖에 없었다. 지금 정치지형은 많이 바뀌었지만, 사람들의 의식 속에는 그 여파가 아직도 상당히 잔재해 있다.

또한 우리 사회의 기독교도 서양에서처럼 '옳고 그름'의 사고를 부추기는 경향이 있다. 그 신앙인들은 독선적인 태도 속에서 우리 전통의 종교와 사상들을 배척하려 한다. 근자에 목사가 된 친구 하나는 나에게 이러한 편지를 보내온 일이 있다. "땅속에 묻혀 있는 공자를 믿지 말고 하늘나라에 계신 예수님을 믿지 그래." 물론 모든 목회자들이 다 그렇지는 않을 것이며, 다른 믿음과 사상을 관용하고 또 그들과 공존 회통하려는 움직임이 기독교계에 있음을 안다. 하지만 안타깝게도 그것은 아직 미미한 것처럼 보인다.

우리는 이제 태극기에 담긴 세계관과 삶의 지혜를 배워야 한다. 어느 자리에서든 자신의 대립자를 껄끄럽게 여기면서 무조건 배척하려 해서는 안 된다. 대립(상대)자를 멸시하고 부정하는 독선적인 사람들은 결국 자멸을 면치 못할 것이다. 오히려 그를 자기 발전과 완성의 조건으로 적극 받아들여야 한다. 대립(반대)자들을 관용하고 그들의 의견도 존중하며 그들과 타협하면서 생산적인 조화를 지향해야 한다.

우리는 또한 태극기가 붉은색과 푸른색을 부드러운 곡선으로 조화시켜 아름다운 원을 그려내고 있는 뜻을 깊이 새겨보아야 한다. 만약 양자를 가르는 것이 중앙을 가로지르는 직선이라면, 그것은 '이것과 저것'의 분명한 나눔, 그리고 피차간 분단의 고정을 암시한다. 그러나 생성적인 것이든 쇠멸적인 것이든 세상의 모든 현상은 결코 불변적이지 않고 끊임없이 영고성쇠한다. 속담이 말하는 것처럼 "양지가 음지 되고 음지가 양지 되는" 법이다.

그러므로 태극기 안의 부드러운 곡선은 우리에게 일상생활 속에서 유연한 사고를 가질 것을 가르친다. 한 가지 일에 집착하는 경직된 생각을 버리고, 수시변통할 줄 아는 부드러운 지혜를 키워야 한다는 것이다. 대립자와 공존하고 조화할 줄 아는 정신도 여기에서만 생겨날 수 있다. 붉은색과 푸른색을 곡선으로 절묘하게 아우르는 원과도 같이 그의 원만한 지혜는 이미 대립자를 안중에 두고 도우려 하기 때문이다.

태극기의 숨은 뜻은 이것으로 그치지 않는다. 거기에는 대립 속의 조화를 가능케 하는 핵심정신이 담겨 있다. '태극太極'의 정신이 그것이다. 원래 태극이란 '지극한 중심', '커다란 표준'이라는 뜻을 갖고 있다. 그리하여 그것은 존재론적으로는 만물의 생장변화를 주재하는 세계의 근원적인 중심(자연의 섭리)이 되기도 하고, 가치론적으로는 사람들이 준거해야 할 행위의 중심 푯대가 되기도 한다. 후자의 경우 그것은 사랑과 진리의 정신을 함의한다.

이는 우리에게 대립 속 조화의 참정신을 가르쳐 준다. 그것은 한쪽의 입장에서만 다른 쪽을 바라보지 말고 양자의 중심에서 둘 다를 조화롭게 아우를 것을 요구한다. 나의 의견만을 고집하는 일방적인 태도는 상대방에 대한 배척과 투쟁을 필연적으로 야기하기 마련이다. 이에 반해 '태극'의 정신은 나를 떠나 세계의 한 중심에서 대립자의 의견을 경청하고 포용하면서 자타간 화합과 상생의 길을 모색한다. 마치 '태극'이 원의 중심에서 붉은색과 푸른색을 균형 있게 조화시키듯이 말이다.

천작天爵

그렇다고 해서 그것은 "나 좋고 너 좋고" 하는 식으로 대립자와 적당히 타협하면서 한데 어우러짐을 뜻하지 않는다. '태극'은 우리에게 일상생활 속에서 대립자를 사랑으로 관용하고 아우르면서 그와 함께 진리의 세계로 나아가야 한다는 뜻을 가르친다. 진리의 정신을 상실한 조화는 자신의 이익이나 챙기려는 모리배들의 술수에 지나지 않는다. 이러한 '태극(기)'의 철학을 우리는 삶과 사회의 모든 현장에서 어떻게 하면 실천할 수 있을까?

▶화이부동和而不同의 정신◀

**군자의 사귐은 담담하기가
마치 맹물과도 같고,
소인의 사귐은
달콤하기가 감주와도 같다**

———————————— 조화의 정신에 관해 생각하다 보면 떠오르
는 말이 하나 있다. 오늘날에도 많이 사용되는 사자성어, '화이부동和而
不同'이 그것이다. 공자는 말한다. "군자는 다른 사람들과 화해롭게 지내
지만 뇌동하지는 않으며和而不同, 소인은 뇌동할 뿐 화해롭지 못하다.同而不和
《논어》)" 군자와 소인의 상반되는 성품을 한마디로 '화해로움'과 '뇌동
하기'로 분별한 것이다.

공자는 군자와 소인을 왜 이처럼 대비시켰을까? 군자가 남들과 뇌
동하지 않는다는 것은 쉽게 이해가 된다. 군자는 흔들리지 않는 자신의
철학과 원칙을 갖고 있기 때문이다. 하지만 소인을 두고 남들과 화해롭
게 지내지 못한다고 한 것은 일견 납득되지 않는다. 소인배들 가운데에
는 남들과 화합하면서 잘 어울리는 사람도 많이 있기 때문이다.

곰곰이 생각해 보면 군자와 소인은 인간관계를 맺는 데 어떤 차이

를 보여 준다. 군자의 만남은 인격을 기조로 하는 데 반해, 소인은 일의 이해득실을 앞세운다. 그러므로 외견상 똑같이 화해로운 모습이라 해도 양자의 정신은 크게 다르다. 군자는 사람들과 부귀빈천을 떠나 순수한 인격으로 교류하고, 또 관용과 사랑으로 사람들을 아우른다.

"군자의 사귐은 담담하기가 마치 맹물과도 같고, 소인의 사귐은 달콤하기가 감주와도 같은(《장자》)" 이유가 여기에 있다. 현실의 이해득실을 떠나 순수인격으로 맺어지는 관계는 정말 그렇게 담담하면서도 오래 지속될 것이다. 처음엔 맛이 없는 것 같지만, 오래갈수록 여운의 맛을 주는 담박한 교제가 그것이다. 군자의 진가가 여기에서 드러난다.《중용》은 말한다. "군자의 길은 어리숙해 보이지만 날로 차츰 빛을 발하고, 소인의 길은 화려하지만 날로 차츰 빛을 잃는다."

이에 반해 소인들의 교제는 겉으로 아무리 다정하고 또 친밀한 것처럼 보인다 하더라도, 순수한 만남의 정신이 결여되어 있으므로 결코 오래가지 못한다. 그들에게 중요한 것은 인격이 아니라 이해득실이기 때문이다. 그들이 원칙 없이 '뇌동하기'를 잘하는 것도 이러한 까닭에서다. 공통의 이해관계가 그들을 '감주처럼 달콤한 맛'으로 어울리게 만드는 것이다.

하지만 이해타산이 엇갈리기 시작하면 그들의 어울림도 이내 무너지고 만다. 더 나아가 반목과 증오의 관계로 변하기까지 한다. 그들의 화합과 어울림이 이해득실의 의식에서 비롯된 것일 뿐, 인격의 진정성을 결여하고 있기 때문이다. 우리는 그것을 오늘날 소신과 철학도 없이 부화뇌동하는 상당수 정당인들의 행태에서 자주 목격한다.

그러나 군자는 사람들과 화해롭게 지내지만, 소인들처럼 '뇌동하는' 것을 좋아하지 않는다. 그는 어떤 자리에서나 사랑과 의로움과 진리의 정신으로 자신을 지키기 때문이다. 그는 현실의 이해타산을 떠나 순수인격으로 남들에게 다가가고, 남들과 사랑과 의로움, 진리의 삶을 함께 나누려 한다. 설사 혼탁한 세상에서 자신의 뜻을 알아주는 이가 하나도 없다 하더라도 의로움과 진리의 정신으로 자신을 곧추세우고, 또 사랑으로 만민을 마음 깊이, 따뜻하게 품어 안으려 한다. 그는 그렇게 남들과 부화뇌동하지 않으면서도 남들을 향해 열린 화해로운 마음을 갖고 있다.

'뇌동하기'를 좋아하는 소인의 존재 양식은 오늘날 대중의 그것과 유사한 점이 있다. 우리는 보통 다수의 사람들을 지칭할 때 별 생각 없이 대중이라는 말을 사용하지만, 사실 대중은 참으로 공허한 군상이다. 그들은 눈에 보이지 않는 다른 사람들과 마음속으로 한 무리의 연대를 이루어 그 안에 숨어 사는 '익명의 인간'들이기 때문이다. 그들은 남들과 떨어져 혼자 있는 자신을 견디지 못하며, 말없이 서로를 부추기고 부화뇌동하면서 문자 그대로 '군중심리'로 살아간다.

그리하여 대중은 항상 남들의 이목과 사회의 유행에 매우 민감하게 반응하면서, 자주적인 판단과 주체적인 인격, 자기 책임의 삶을 포기한다. 그들은 유행에 역행하여 자기만의 목소리를 낼 만한 주견과 철학을 갖고 있지 못하다. 남들에게 좋은 것이라면 나에게도 좋은 것이다. 그러므로 나는 대중과 함께 있는 한 비난받을 일이 없다. 나만 그렇게 사는 것이 아니기 때문이다. 오히려 남들에게서 벗어나 혼자 떨어져 있는 심리적인 부담을 갖지 않아도 된다.

예를 들어 보자. 오늘날 사람들에게 휴대전화는 편리와 불편 이전에 갖추어야 할 필수 장식품이다. 남들이 다 갖고 있으므로 나도 가져야 한다. 그렇지 않으면 나는 현대문명의 한가운데에 외롭게 서 있는 원시인 같은 느낌에 불안해진다. 또 신제품이 나왔는데 구닥다리를 갖고 있는 것은 남들 앞에서 창피한 일이다. 이는 분명 주체성이 없는 태도다. 우리는 남들에 대해서는 그렇게 말한다. 하지만 나는 대중의 밖으로 나와 혼자 떨어져 '주체적으로' 살 자신이 있는가?

대중의 이와 같은 '뇌동'의식은 당연히 '화해로움'의 정신을 못 갖도록 만든다. 원래 참다운 '화해로움'의 정신은 자타간의 관계에서 각자의 개성과 다양성을 서로 인정하고 존중하면서 그 가운데에서 조화를 꾀하려 한다. 하지만 '뇌동'의식은 이를 견디지 못한다. 그들은 획일적이고 일사불란한 태도를 좋아하는 나머지, 다양성 속의 조화를 꾀할 능력을 갖고 있지 못하기 때문이다.

그러므로 부화뇌동하기를 좋아하는 사람에게서 자타간 화해로운 관계를 기대하기는 난망한 일이다. 그것은 마치 똑같은 크기와 색깔의 물건들을 가지고 조화를 꾀하는 것이나 다름없다.《춘추좌씨전》은 이를 '화和'와 '동同'의 정신으로 대비하면서 음식물의 조리에 비유한다. '화'는 여러 가지 재료와 양념들을 잘 조합하여 국의 맛을 내는 것과도 같고, '동'은 한 가지 종류로만 국을 멀겋게 끓이는 것과도 같다는 것이다.

그러면 오늘날 대중의식이 횡포를 부리는 사회에서 어떻게 하면 군자의 화해로운 정신을 키울 수 있을까? 참으로 어려운 과제다. 추상적이기는 하지만, 역시 근본적으로는 세계와 삶을 주체적으로 성찰하고 또 결단하는 정신만이 내 안의 대중성을 다스릴 수 있을 것이다. 우리는 여기에서 대중으로부터 소외되는 심리적 부담과 불편을 자청할 수밖에

없다. 하지만 그것은 대중에게 빼앗겼던 나의 자주적인 인격을 되찾아
참삶의 의미와 가치, 그리고 기쁨을 알게 해 줄 것이다.

▶만물공동체 의식◀

**만민은 나의 형제요,
만물은 나와 더불어 사는 이웃이다**

누누이 말한 것처럼 사람은 공동체적인 존재로서 자타간 상호의존하면서 조화롭게 살아야 한다. 자신의 안위만 염려하는 유아독존의 삶은 사실 사람으로 사는 것이 아니다. 그것은 동물적인 생존에 지나지 않는다. 그런데 상호의존과 조화의 이치는 인간 사회에서만 타당한 것이 아니다. 그것은 만물과의 관계에서도 마찬가지다. 우리는 다른 사람들에게만 자신의 존재와 삶을 의존하는 것이 아니다. 공기, 물, 불, 나무, 풀 등이 없이는 살 수 없다. 혹자의 말처럼, 나무와 풀은 사람 없이도 살 수 있지만 사람은 그들 없이는 살아갈 수가 없다.

아니 우리의 삶은 만물에 의존하는 정도에 그치지 않는다. 만물은 결코 나의 존재 밖에 있는 이용물질에 불과한 것이 아니다. 앞서 〈국화 옆에서〉의 시를 통해 실감한 것처럼, 만물은 나 자신의 일부를 이루고 있다. 몇 년 전 상업광고로 회자되었던 '신토불이身土不二'의 구호가 이러한 뜻을 잘 함축하고 있다. "내 몸과 이 땅이 둘이 아니"라는 그 말을 그들은 먹거리의 광고로 쓰고 있지만, 그 저변에는 만물공동체의 존재론적인 사고가 깔려 있다. 그것은 인간과 만물이 근원적으로 하나라는, 그리고 만물이 나의 존재 속에 내재해 있다는 이치를 절묘하게 상업적으로 이용한 것이다.

이러한 '신토불이'의 이치를 수긍한다면, 우리는 세계만물을 바라보는 우리의 사고방식 자체를 바꿀 필요가 있다. 세계만물을 내 밖에 존재하는, 나와 무관한 대상으로 여기는 잘못된 생각을 말이다. 세계(만물)관 여하에 따라 우리의 삶은 크게 달라질 것이다. 어느 학자는 말한다.

> 그대는 세계 속에 있는 자신을 보고, 나는 내 속에 있는 세계를 본다. 이 하찮은 인식의 전환이 속박과 해방의 모든 차이를 만든다. ……'저 밖에' 있는 세계를 위협으로 보지 않는 사람은 스트레스 반응이 가져오는 손상에서 해방되어 환경과 공존할 수 있다. 늙지 않는 세계를 경험하기 위해 당신이 할 수 있는 가장 중요한 일은 세계가 바로 당신 자신임을 확인시켜주는 지식을 더욱 풍부하게 가지는 것이다.(디팍 초프라)

확실히 세계만물을 내 밖에, 나와 무관하게 존재하는 대상으로 여길 경우 우리는 그것들이 주는 갖가지의 스트레스에 시달리게 될 것이다. 주변의 사물들로부터 시시때때로 크고 작은 부담과 긴장을, 심지어는 위협까지 느낄 것이기 때문이다. 예컨대 동물애호가들과는 달리, 개나 고양이를 싫어하여 자신의 삶 밖으로 밀어내는 사람은 그것들의 출현에 긴장하고 또 스트레스를 받을 것이다.

아주 사소한 일처럼 보이지만, 이른바 '잡초'도 마찬가지다. 많은 사람들은 그것을 눈에 거슬려 하고 또 못마땅하게 여긴다. 그러한 감정은 당연히 자신의 생명감각을 위축시킬 것이다. 잡초 때문에 못 살겠다는 것이다. 이 때문에 사람들은 무자비하게 제초제를 뿌려 그것을 제거한다. 하지만 그렇게 하면 그들의 마음이 유쾌해질까? 앞서 이야기한 것처럼 인간의 '생물호성生物好性'상, 누렇게 떠 있는 잎들에서 느낄 수밖에 없을 삭막한 감정을 그들은 어떻게 처리할까? 결국 나를 끊임없이 긴장시키는 사물과 세계를 '정복'하려 할 때 그로 인한 삶의 피로감은 이루 말할 수 없을 것이다.

사람들이 오늘날 외로움과 불안감에 시달릴 수밖에 없는 이유를 우리는 여기에서도 발견한다. 그것은 개인주의의 삶 속에서 남들과의 유대가 약화된 데에만 기인하는 것이 아니다. 주변의 사물들과 세계를 내 밖으로 밀어내 기껏 물질적인 이용대상으로만 여기기 때문에, 나의 존재가 그만큼 축소되고 만다. 사물과 세계를 나와 별개의 것으로 이원화하는 사고방식이 '신토불이'의 존재를 무감각하게 만드는 것이다. 그것은 마치 손발이 마비되어 생명감각을 잃어버린 중풍환자의 질병과도 같다.

이와는 달리 개나 고양이를 '반려동물'로 여기는 사람은 길거리에서 처음 마주치는 그들에게조차 반가운 마음을 갖고 또 따뜻한 눈빛을 보낼 것이다. 마찬가지로 "풀들이나 나나 살고자 하는 뜻은 다를 게 없다." 하면서, 주변의 잡초들을 제거하지 않고 그대로 두는 사람의 물아일체物我一體 의식은 풀과 교감하는 생명의 환희를 알 것이다. 이 모두, 존재의 마비가 풀려 초목금수와도 생명을 상통하는 마음의 산물이다.

세계(만물)관은 이처럼 삶의 행복을 크게 좌우한다. 나와 너, 나와 세계를 가르고 구분 짓는 한 우리는 존재의 위축감과 불안을 면하지 못한다. 하물며 만물을 침해하고 착취하는 것은 '신토불이'의 이치상 우리가 자신의 존재를 스스로 훼손하는 어리석음에 다름 아니다. 자연의 정복 위에서 건설된 현대문명 속에서 사람들이 뿌리 없는 부유식물처럼 방황할 수밖에 없는 한 가지 이유가 여기에서 드러난다. 사람들이 자기 존재의 터전을, 아니 자신의 존재 자체를 스스로 파괴하고 있기 때문이다.

그러므로 우리는 '신토불이'의 이치를 먹거리의 차원에서만 인식해서는 안 된다. 그것의 존재론적인 의미를 진지하게 성찰하면서 우리들 자신의 세계(만물)관을 근본적으로 바꾸어야 한다. 만물을 인간의 이용 수단이나 도구적인 가치로만 취급하지 말고 그들의 자기목적성을 인정하고 존중해야 한다. 인간중심적인 태도를 버리고 만물공동체적인 사고 속에서 나와 만물이 서로 조화롭게 사는 길을 모색해야 한다. 이황 선생의 말처럼, "만민은 나의 형제요, 만물은 나와 더불어 사는 이웃"이라 여기면서 벌레 한 마리, 풀 한 포기와도 생명을 교감하는 마음을 키워야 한다. 선생의 시를 한 편 읽어 보자.

도연명의 정원에는 솔과 국화, 대나무
매화 형은 어찌하여 함께 하지 못했던가
나는 이제 이들 넷과 풍상계風霜契를 맺노라
곧은 절개 맑은 향기를 너무나도 잘 알기에

천작天爵

선생에게 이들 초목은 저만큼 떨어져 있는, 뽑아내고 베어 버려도 좋을 하찮은 물건들이 아니었다. 선생은 소나무와 대나무에서 한겨울 추위에도 푸른 생명정신을 잃지 않는 '곧은 절개'를 보았다. 또한 늦가을 서리와 북풍한설 속에서도 아름답게 꽃을 피우는 국화와 매화에서 그들 존재의 '맑은 향기'를 접하였다. 그리하여 그들은 선생에게 세속의 온갖 '풍상' 속에서도 절개와 인격의 향기를 잃지 말라고 격려해 주는 '형'이요 '계원'이었다.

이 순간 선생은 그들 앞에 사람과 초목이라는 종차種差의 외피를 벗어던지고 '벌거벗은' 존재로 나서서 서로 교분을 나누고 생명을 교감하였을 것이다. 거기에는 "나는 사람이고 너는 미물"이라는 존재 분단의 사고가 전혀 드러나지 않는다. 사람과 초목이 다정하게 하나로 어우러져 있을 뿐이다. 우리는 여기에서 다시 한 번, "하나와 하나가 하나가 되어 벌거벗은 존재가 벌거벗은 존재 안에서 빛나는" 환한 모습을 목격한다.

▶자연친화적인 문화◀

하늘을 따르는 자(順天者)는 살고,
하늘을 거역하는 자(逆天者)는
망한다

사람은 자연 그대로는 살 수 없는 존재다. 그는 동물들처럼 자연 상태에서도 살아갈 수 있는 생존본능을 타고나지 않았기 때문이다. 대신 동물들과는 달리 고도의 정신능력으로 스스로 삶을 계획하고 자신을 완성해 나간다. 예를 들면 동물들은 털갈이를 통해 추위와 더위에 본능적으로 반응하지만, 우리는 옷을 만들어 입고 불을 때는 등 인공적인 수단을 강구하여 계절의 변화에 대처한다.

문화가 여기에서 시작된다. 문화란 사람들이 자연 그대로 살지 못하고, 생존과 생활의 필요상 자연을 갖가지로 경작하고 가공하여 내놓은 삶의 모든 형식을 뜻한다. 각종 의식주의 형태나 또는 사회제도들이 그 예에 해당된다. 그러므로 사람은 본질적으로 문화적인 존재다. 그는 문화를 통해서만 자신의 정체를 형성하고 실현할 수 있다. 문화 밖의 사

천작天爵

람을 우리는 상상할 수 없다.

문화는 사람들이 자연을 경작(가공)한 산물이지만, 자연을 어떻게 인식하느냐에 따라 그것의 경작과 가공 양상, 즉 문화는 달라질 수밖에 없다. 먼저 자연에 대해 대조적인 동서양의 인식태도를 살펴보자. 앞의 것은 어빙 배빗이라는 서양학자의 글이고, 뒤의 시는 이황 선생의 것이다.

(서양의) 신고전주의자들에게는 인공이 가해지지 않은wild 자연은 불쾌하기만 하다. 그들에게는 산이야말로 '지구의 불명예이자, 거추장스런 짐'으로 여겨진다. 알프스 산맥은 자연Nature이 롬바르디아 평원을 청소하기 위해 쓸어 모은 지구의 쓰레기로 여겨졌다.

산꽃에 해 비치어 눈부시게 화사한데
시내빛은 아득하고 버들가지 푸르르다
병든 몸 나귀에 싣고 어드메로 향하는가
산천이 나를 불러 흥이 멎지 않는구나

우리는 이러한 자연관들이 빚어낼 삶과 문화정신의 차이를 어렵지 않게 짐작할 수 있다. 신고전주의자들로 대표되는 서양 전통의 자연관은 당연히 개발과 정복의 삶과 문화정신을 키울 것이다. '불쾌한 자연' 안에서는 살 수 없으며, '지구의 쓰레기' 같은 산을 옆에 그대로 두고 지낼 수는 없기 때문이다. 지난날 서양인들에게 자연 정복의 관념이 지배적이었던 이유가 여기에서 발견된다.

자연의 파괴는 이러한 문화정신의 필연적인 결과다. 그들은 일상에서 마주치는 사물들을 어떻게든 개발하고 조작하여 인간세계에 편입시키려 할 것이다. '인공이 가해지지 않는' 한 그것들은 불쾌감만 줄 것이기 때문이다. 그들의 정원문화가 그 하나의 유형이다. 조경학자들에 의하면 서양의 정원은 기하학적인 공간 배치를 매우 중요시한다고 한다. 초목과 화훼를 자연 그대로 즐기지 못하고 인공적으로 교묘하게 꾸며 생활 속으로 끌어들인다는 것이다. 우리는 여기에서 반자연의 문화주의를 본다.

하지만 이황 선생에게 불쾌한 것은 자연이 아니라 오히려 속세의 인간생활이었다. 선생은 위의 시에 다섯 편을 더하여 산천경계의 아름다움을 노래하고 있는데, 마지막 편에서 다음과 같이 읊는다. "폭포소리 귀에 가득히 오래도록 앉았더니 / 속세의 티끌생각 말끔히 씻기운다." 선생은 산(자연)을 삶의 안식처로 여기면서, 인간세상의 불쾌함을 씻어 줄 청량제를 거기에서 발견한 것이다.

그러므로 선생은 산(자연)을 파괴하고 정복하려는 생각을 털끝만큼도 가질 수 없었을 것이다. 오히려 산을 좋아하는 인자仁者의 중후한 도덕기상을 체득하고, "높이 솟은 산과 유장하게 흐르는 물山高水長"의 고고한 풍모를 배우려 하였을 것이다. 자연과 조화를 이루려는 삶과 문화정신이 여기에서 자연스럽게 조성된다. 예를 들면 관련학자들이 우리나라 전통조경의 대표적인 사례로 지목하는 담양의 '소쇄원瀟灑園'이 그 산물이다.

이처럼 자연친화적인 문화는 위에서 살핀 만물공동체 의식의 산물이다. "만물은 나와 더불어 사는 이웃"이라는 생각은 언감생심 만물을 파괴하고 정복할 엄두를 내지 못할 것이다. 아니 자연을 만물의 모태요, 삶의 요람으로 여기는 사람에게 자연의 정복은 마치 제 부모와 형제들을 짓밟는 만행이나 다름없는 일이다. 오히려 그는 자연의 섭리를 배워 그에 따라 살려 할 것이다.

자연친화의 정신은 오늘날 자연보호의 그것과는 차원이 다르다. 자연보호는 인간과 자연을 여전히 이원화하면서 사람들이 자신을 만물의 지배(관리)자로 자처하는 오만한 사고방식이다. 여기에서 만물은 인간과 더불어 사는 생명주체로서의 자격을 갖지 못한다. 그것들은 기껏 인간의 삶에 유용하도록 창조된 신의 저급한 작품에 지나지 않는다. 이처럼 자연보호의 구호에는 여전히 인간 중심주의가 깔려 있다. 하지만 자연만물에 대한 주인(지배)의식을 갖고 있는 한, 우리는 오늘날 자연의 위기를 결코 해소할 수 없다.

이와는 달리 우리 선조들은 인간과 자연에 대한 이분법적인 사고나 인간 중심의 자연관을 갖지 않았다. 인간의 관점에서 자연만물을 내려다보지 않고, 자연의 관점에서 인간과 만물의 관계를 정립하려 하였다. "만물은 나와 더불어 사는 이웃"이라는, 만물과 나 사이의 유대의식도 여기에서 나온 것이었다. 그리하여 우리 선조들은 "찬 서리 / 나무끝을 날으는 까치를 위해 / 홍시 하나 남겨둘 줄 아는 / 조선의 마음(김남주)"을 갖고 있었다.

자연친화적인 문화의 이상은 인공을 아예 배격하려는 노자老子의 '무위자연無爲自然' 사상과 같은 유의 것이 물론 아니다. 노자의 주장은 인간존재를 자연 속에 흐려 버리려 하기 때문에 인간 조건에 반한다. 이와는 달리 자연친화적인 문화정신은 인간의 문화적인 본성을 실현하되 그것을 자연의 이치에 맞추려 한다. 달리 말하면 문화를 자연화하고 또 자연을 문화화하여 자연과 문화의 조화를 추구한다. 예를 들면 집을 한 채 짓는데 배산임수背山臨水 등 풍수風水를 고려하고, 앞산을 집 안으로 끌어들이려 한다.

우리 선조들이 자연의 이치(섭리)를 중요시했던 이유가 여기에 있다. 그들은 자연의 이치를 헤아려서 그것을 인문가치로 제도화하고 규범화하였다. 그것이 자연을 문화화하고 자연과 문화의 조화를 추구하는 방식이었다. 예를 들면 한글의 제작원리는 음양사상에 토대를 둔 것이다. 또한 세시풍속상 오곡밥이나 오일장, 오색의 색동저고리, 사람들 이름의 항렬 등은 오행五行사상을 뿌리로 갖는다.

예를 한 가지 더 들어 보자. 옛사람들이 서울의 동대문과 남대문을 각각 '흥인지문興仁之門'과 '숭례문崇禮門'이라 이름 붙인 것도 자연의 방위를 인문가치화한 대표적인 사례다. 사람들은 해가 뜨는 동쪽을 생명의 발원지로 여겨, 거기에서 생명애의 정신인 '인仁'의 관념을 떠올렸다. 한편 온갖 초목들이 무성하게 자라면서도 어지럽지 않게 제각각 생명질서를 유지하는 따뜻한 남쪽에서 도덕질서 관념인 '예禮'를 이끌어 내었다. 그리하여 행인들이 평소 그곳을 드나들면서 '사랑의 마음을 키우고興仁'과 '예의를 숭상하게崇禮' 하기 위해 두 문의 이름을 그렇게 지었다.

우리가 흔히 사용하는 '순리順理'라는 말 또한 그러한 문화정신을 함축하고 있다. 사람들은 일반적으로 그것을 "도리를 따른다"는 정도로만 간단하게 이해한다. 하지만 거기에는 그 이상으로 오늘날 우리가 자연과의 관계에서 깊이 성찰해 보아야 할 삶의 지혜와 문화정신이 담겨

천작天爵

있다. 먼저 '순리의 지혜'를 최초로 강조한 맹자의 말을 들어보자.

> 내가 지혜를 쓰는 사람들을 싫어하는 이유는 그들이 사물을 천착하기 때문
> 이다. 만약 우禹임금이 물길을 다스렸던 것처럼 사람들이 지혜를 쓴다면,
> 내가 그들을 싫어하지 않을 것이다. 우임금이 물길을 낸 것은 그것의 자연
> 스러운 흐름을 따른 것이다. 만약 지혜를 쓰는 사람들이 자연의 이치를 따
> 른다면 그 지혜 또한 위대할 것이다.
> 《맹자》

여기에서 맹자가 말하는 '천착'이란 오늘날의 용례와는 달리 부정
적인 뜻을 갖고 있다. 즉 그것은 어떤 일을 무리하게, 억지로 '뚫어 대는
(천착)' 태도를 뜻한다. 한편 우임금은 치수治水를 하는 데 무리하게 물
길을 내거나 제방을 쌓지 않고, 땅의 형세와 물의 흐름을 잘 이용한 성
군聖君으로 역사상 이름이 높다. 이처럼 자연의 이치를 존중하여 따르는
지혜를 '순리의 지혜'라 한다. 이에 반해 그 이치에 역행하는 것을 우리
선조들은 '천착의 지혜'라 하여 비난하였다.

이러한 관점에서 살피면 오늘날 산을 뚫고 강과 바다를 막는 등 '개
발'의 이름 아래 저지르는 수많은 정책들은 말할 것도 없이 '천착의 지
혜'가 빚어내는 짓이다. 그뿐만이 아니다. 사물들의 본성을 무리하게 조
작하고 해치는 '천착의 지혜'를 우리는 주변에서 흔히 목격한다. 동식물
의 유전자 조작이 그 대표적인 사례에 해당된다. 그 결과 피할 수 없는
자연의 보복은 우리가 이미 아프게 겪고 있는 대로다. 맹자는 경고한다.
"하늘을 따르는 자順天者는 살고, 하늘을 거역하는 자逆天者는 망한다.(《맹

자》" 정말 오늘날 위기에 처한 자연 앞에서 우리는 '순리의 지혜'를 어떻게 발휘해야 할지 깊이 고민하지 않으면 안 된다.

천작天爵

제
4
부

▲

만남

세상사람들은 모두 예의와 공경심을 잃고서 그저 가깝게만 지내다가,
마침내는 서로 얕보고 업신여겨 못 하는 짓이 없다
이 모두 서로 손님처럼 공경하지 않는 데에서 생겨나는 일이다

－이황

▶만남의 정신◀

**좋은 사람과 사귀는 것은
마치 난초가 있는
방에 들어가는 것과도 같다**

앞에서 우리는 개인주의의 문제점들을 여러모로 살펴보았다. 사람은 개인으로 태어나서 사회에 진입하는 것이 아니라, 처음부터 사회적(공동체적)인 존재라는 사실을 우리는 유념하지 않으면 안 된다. 출생, 아니 임신의 순간부터 부모와 뗄 수 없는 사이이고, 이후 죽을 때까지 단 한순간도 남들과의 관계를 벗어날 수 없다. 일견 모든 관계의 단절처럼 보이는 '고독한' 삶조차도 이미 남들의 존재를 전제하고 있다.

이러한 존재공동체의 정신은 자연스럽게 자타간 만남의 자리에 진지하고 성실하게 나서게 만들 것이다. 불성실한 만남은 곧 자신의 공동체적인 존재됨을 스스로 부정하는 것이나 마찬가지로 여겨지기 때문이다. 예컨대 부부생활에서 내가 부인에게 불성실하게 나서는 것은, 되돌아보면 남편으로서의 존재를 내 스스로 부정하는 것이나 다름없다. 그러므로 존재공동체의 정신은 어느 자리에서든 자타간 만남에 항상 정성을 다하려 한다. 그는 바로 거기에서 자아를 성취하는 길을 찾는다.

윤리의 세계가 여기에서 펼쳐진다. 윤리란 한 개인이 인간관계와 사회생활의 필요상 부득이 지켜야 할 행위원리에 불과한 것이 아니다. 그것은 사람이 공동체적인 존재로서 자타간 만남의 자리에서 서로 지켜야 할 본연의 도리다. 그러므로 윤리를, 즉 만남의 도리를 태만히 하는 것은 단순히 인간관계의 파괴로만 끝나지 않는다. 그것은 곧 자신의 존재를 스스로 해치는 것이나 마찬가지다.

오늘날 많은 사람들이 개탄하는 윤리 실종의 한국사회를 우리는 이러한 관점에서 살펴볼 필요가 있다. 그것은 사회 혼란의 문제에 그치지 않는다. 그것은 자타간 만남의 정신이 그만큼 각박해지고 사람들의 존재가 그렇게 황폐해졌음을 말해 주는 위기의 증상이다. 그런데 여기에서 우리가 각자 자성해야 할 점이 한 가지 있다. 윤리의 실종을 개탄하는 데 혹시 남들만 탓하는 것이 아닌가 하는 것이다. 자신의 허약한 윤리의식, 만남의 정신, 황폐해진 인간성에 대해서는 시선을 돌이켜 보지 않으면서 말이다.

그러면 공동체적인 존재로서 윤리 실천의 자리에서 요구되는 만남의 정신을 어떻게 제시해 볼 수 있을까?《중용》과 이황 선생의《성학십도聖學十圖》는 그것을 모색하는 데 좋은 참고자료가 된다. 이들은 공히 오륜五倫의 근저에 놓여 있는 만남의 정신을 강조한다. 오륜은 그 시절의 봉건적인 요소를 갖고 있는 것이 사실이지만, 거기에 내재된 만남의 정신만큼은 오늘날에도 손색이 없어 보인다. 아니 오히려 우리가 배워야할 내용이 많이 담겨 있다. 아래에서는 그 요점을 현대적으로 재구성해 보려 한다. 보다 자세한 내용은 뒤에 항목을 달리하여 재론할 것이다.

첫째 성실의 정신이다. 불성실한 만남은 결코 오래가지 못한다. 어떠한 인간관계에서든 만남의 성과는 성실성에 의해 좌우된다. 아니 성실의 정신은 일의 성패 이전에 인격의 교류를 결정짓는 요건이다. 불성실한 태도는 서로의 존재를 소외시키고 은폐한다. 마치 책을 읽는 데 성실해야만 저자와 교감할 수 있는 것처럼, 자신의 온존재를 기울이는 성실성 속에서만 상대방과의 전인적인 만남이 가능하다. 두 남녀의 지순한 사랑은 그 전형적인 모습을 보여 준다.

성실의 정신은 인간관계에서만 요청되는 것이 아니다. 세계와 만물을 대면하는 데에도 진지하고 성실하게 나서지 않으면 안 된다. 불성실한 태도로는 어떤 일(대상)도 올바르게 인식하거나 실행할 수 없다. 아니 불성실한 마음은 일을 오해하고 왜곡하기까지 한다. 수업시간에 해찰하는 학생의 경우처럼 말이다. 이에 반해 세계와 사물은 진지하고 성실한 사람에게만 제 모습을 드러낼 것이다. 똑같이 한 백 년을 살면서도 사람들마다 삶의 깊이가 다른 것은 이처럼 세계와 사물을 대면하는 성실성 여부에 기인한다.

둘째 공경의 정신이다. 뜻 깊은 만남은 서로 인격을 존중하면서 상대방에게 조심스럽게 다가가는 가운데에서만 이루어질 수 있다. 공자가 말한 것처럼, "문밖을 나서 사람들을 만날 때에는 큰 손님을 대하듯 정중하고, 사람들에게 일을 시킬 때에는 큰 제사를 받들듯 경건해야 한다.(《논어》)" 사무적인 만남의 자리에서도 상호 존중의 자세가 요구되는데, 하물며 친구나 부부의 사이처럼 인간적 교류를 목적으로 하는 사적인 만남에서는 더 말할 것이 없다.

사실 자타간 일상의 만남은 우리 내부의 열망을 담고 있다. 만남을 통해 서로 삶의 외로움과 공허함을 채우려는 것이다. 이를 위해 상호간 공경의 정신은 반드시 요구되는 심리조건이다. 아무리 가까운 사이라 하더라도 버릇없이 함부로 대하면 만남에 불만과 짜증만 가중시킬 것이 며, 만남을 가볍고 무의미하게 만들 것이다. 서로 존중하고 조심하는 가운데 교류되는 인격만이 외로움을 넘어 삶의 기쁨을 알 수 있다.

셋째 무욕의 정신이다. 만남의 파행은 욕심으로 인한 경우가 흔하다. 상대방에게 무언가를 바라는 마음에서 관계가 흔들리기 시작한다. 자신이 조금이라도 더 차지하려는 욕심에서 다툼이 시작된다. 욕심은 만남을 방해하는 것으로 그치지 않는다. 그것은 자신의 존재까지 해치고 은폐시킨다. 욕심은 인격가치에는 무관심한 채 이해득실의 계산에만 집중하기 때문이다. 이에 따라 만남도 당연히 불순해질 수밖에 없다. 욕심은 상대방을 순수인격으로 대면하지 않고 욕망 충족의 대상으로 사물화해 버린다. 무욕의 정신만이 전인적인 만남을 가능하게 해 줄 것이다.

넷째 사랑과 의로움, 진리의 정신이다. 만남은 일의 필요를 넘어서 삶을 아름답게 성취시켜 주는 자리이다. "인생은 만남"이라는 말이 있는 것처럼, 삶은 자타의 만남을 통해서만 이루어진다. 다만 누구를 어떻게 만나느냐에 따라 나의 삶이 달라질 것은 당연지사다. 《공자가어孔子家語》에 이러한 말이 있다. "좋은 사람과 사귀는 것은 마치 난초가 있는 방에 들어가는 것과도 같아서, 오래 지내다 보면 그 향기가 몸에 배어 든다. 나쁜 사람과 사귀는 것은 생선가게에 들어가는 것과도 같아서, 오래 지내다 보면 비린내가 몸에 배어 든다."

그러므로 만남의 대상과 자리를 신중하게 선택하지 않으면 안 된다. 이는 물론 쉬운 일이 아니지만, 막연하나마 한 가지 기준을 생각해 볼 수 있다. 즉 어떤 만남이든 상대방이 향기로운 '난초' 같은 존재인지, 아니면 비린내 나는 '생선'과도 같은 자인지 깊이 살펴야 한다. 나의 참 자아 실현을 도와줄 향기로운 사람을 만나야 한다는 것이다. 물론 만남에 앞서 나 자신이 먼저 인격의 향기를 발하도록 평소 부단히 수행하지 않으면 안 된다. 비린내 나는 몸으로는 향기 가득한 방에 들어간다 해도 자신의 악취를 없앨 수 없기 때문이다. 또한 그것이 상대방에 대한 나의 도리이기도 하다.

그러면 인격의 '향기'는 어디에서 날까? 사랑과 의로움, 진리의 정신이다. 그러한 정신으로 맺어지는 만남이야말로 서로의 존재를 향기롭게 개화시키고 아름답게 결실시켜 줄 것이다. 더 나아가 이 사회에 만연한 불의와 거짓의 '비린내'도 사랑과 의로움과 진리의 정신으로만 제거하고 또 훈화할 수 있을 것이다.

다섯째 배려와 보살핌의 정신이다. 이의 일반적인 내용은 〈역지사지를 통한 배려와 보살핌〉을 논의하는 자리에서 이미 살핀 바 있지만, 이 역시 만남의 중요한 정신이다. 자기의 의견만 고집하면서 상대방의 처지를 이해하고 배려할 줄 모르는 사람과는 누구도 만나려 하지 않을 것이다. 이에 반해 배려와 보살핌의 정신으로 나서는 만남은 따뜻한 인정과 사랑으로 사람들을 감화시킬 것이다. 앞서 살핀 것처럼 그 정점에는, '세상에서 가장 넓은 (존재의) 집'에서 사는 '대장부'가 있다. 만민과, 더 나아가 만물을 사랑으로 보듬어 안는 성인이 있다.

마지막으로 자기성찰의 정신이다. 일이 뜻대로 되지 않으면 상대방을 비난하기에 앞서 자신의 문제점부터 살펴보라는 것이다. 만남 또는 인간관계의 위기와 파탄은 대개 "내 탓이 아니라, 네 탓"이라는 생각에서 비롯된다. 하지만 우리가 친구와의 교제나 부부생활에서 실제로 겪는 것처럼, 갈등과 다툼의 원인이 일방의 잘못에만 있지 않은 경우가 대부분이다.

그러므로 만남에 균열의 조짐이 보일 때에는 상대방을 탓하기에 앞서, 그동안 자신이 취해온 처신을 먼저 돌아보아야 한다. 이황 선생은 말한다. "일이 뜻대로 되지 않을 경우에는 문제점을 자기 자신에게서 살피는 것이 군자의 자세다. 모든 일을 모름지기 스스로 반성하고 자신을 더욱 닦아 나가는 것이 남들의 비난에 대응하는 요점이다." 이러한 자기반성 속에서만 자타간 원만한 교류가 이루어질 수 있다.

아니 자성의 정신은 원만한 교류 이상으로 만남을 더욱 밀도 있고 의미심장하게 해 준다. 그것은 자신의 독선적인 태도를 고쳐 상대방의 의견을 존중하고 그에게 새롭게 다가가게 해 주면서 서로의 관계를 한 차원 높게 조성해 줄 것이다. 그리하여 부단한 자성 속에서 이루어지는 자아의 쇄신과 향상은 너와 나의 만남을 진부하고 권태로운 모습에서 벗어나, 발랄하고 생동감 넘치게 만들어 줄 것이다.

이제 이러한 만남의 정신에 입각하여 우리의 삶을 한 번 돌아보자. 현대사회는 사람들에게 원천적으로 그것을 못 갖게 만드는 것처럼 보인다. 좋든 싫든 참여할 수밖에 없는 조직생활이 만남의 의미를 바꾸어 버렸기 때문이다. 단적으로 직장의 만남에서 요구되는 것은 업무적이고 기능적인 합리성이다. 당연히 거기에서 인격가치는 배제된다. 사원의 채용기준을 업무능력에 두는 것만 보아도 잘 알 수 있다. 조직의 목표를 냉정하게 추구해야 할 자리에서 인격은 오히려 거추장스럽기까지 하다.

위에서 우리 사회에 윤리가 실종되었다는 이야기를 했지만, 이러한 관점에서 살피면 그것은 산업사회의 필연적인 결과다. 이 사회의 구조가 자타간 만남의 의미 자체를 바꾸어 버렸기 때문이다.

그렇지만 이를 어쩔 수 없는 일로만 치부하기에는 너무나 심각한 문제가 도사리고 있다. 한마디로 인격(인간)의 소외요, 상실이다. 사람이 온전한 인격으로 존중되는 것이 아니라, 업무 수행의 기능상에서만 평가되기 때문이다. 이를테면 직장에서 연봉과 승진의 기준은 철저하게 일의 성과와 업적이다. 심지어 이제는 기능적인 합리성이 가정에까지 침투하여 부모자식의 만남조차 변질시키고 있다. 사람들이 사회생활에서 자타간 깊은 유대를 갖지 못하고 이해득실에 따라 수없이 이합집산하는 것도 이에 기인할 것이다.

이에 대해서는 본래적인 만남의 정신을 회복하는 것 말고는 달리 해결책이 없을 것이다. 사회는 갈수록 기능적인 합리성을 사람들에게 요구할 것이지만, 우리는 그것만 따르려 할 것이 아니라 어느 자리에서든 인격을 삶의 중심에 두어야 한다. 자타간 순수인격으로 교류하는 아름다운 만남을 위해서다. 아래에서는 몇 가지 대표적인 인간관계의 사례를 들어 진정한 만남의 정신을 부연해 보려 한다.

▶부모자식◀

공경은
부모와 자식 모두에게
공히 요구되는
삶의 정신이다

은혜의식

부모와 자식은 혈육으로 맺어진 근원적인 만남의 사이다. 양자의 사이는 만남의 원형으로써, 상호간 삶에 절대적인 영향을 미친다. 동서 고금을 막론하고 모든 유형의 만남 중에서 부모자식의 사이를 가장 일차적으로 중요시해 온 것도 이 때문이다. 그러므로 부모와 자식은 서로의 도리를 다하지 않으면 안 된다. 특히 자식의 양육에 헌신적인 부모에게 자식이 무거운 도덕적 의무를 지는 것은 지극히 당연한 일이다. 아니 '의무'가 아니라 사람의 도리다. 우리의 전통은 그것을 '효도'의 이름으로 강조하였다.

오늘날 우리 사회에 효도의식이 갈수록 약화되어 가는 것은 이 점에서 살피면 커다란 불행이다. 부모를 외면하는 것은 원형적인 만남의 정신을 부정하는 일에 다름 아니기 때문이다. 그 결과는 부모의 고통으

천작天爵

로만 끝나지 않는다. 본의든 아니든 부모를 외면하는 자식 역시 평생 마음의 상처를 안고 살아갈 것이다. 실제로 불효의 자식은 자책감에 종종 자신의 존재가 뿌리부터 흔들리는 것 같은 느낌을 갖곤 한다. 고 이상은 1905~1976 선생이 제사를 강조한 아래의 글은 부모에 대한 효도의 경우에도 그대로 타당하다.

> 인생은 귀숙을 요구한다. 조상과 종족의 연결을 가지지 않는 인생은 귀숙이 없는 인생이므로 미로에서 방황하는 유자遊子와 같고, 조상과 종족의 연결을 가지는 인생은 어머니의 젖가슴에 매달리는 애기와도 같다. 이런 점에 있어서 보본報本(존재의 근원에 대한 보답)을 의미하는 제사는 인생의 현실적 의의를 가지는 생활철학이다.

물론 전래의 효도를 무조건 강조할 수만은 없는 일이다. 그것은 우리 사회에서 여러 가지로 상반된 기능을 행사하기도 했기 때문이다. 그것은 부모에게 무조건 복종하는 것이 미덕인 양 과대 해석되었고, 때로는 이웃과 사회에 대해서는 눈감은 채 가족 폐쇄적인 윤리로 잘못 실천되기도 하였다. 더 나아가 그것은 기성세대에 대한 복종의식을 강화하면서 사회의 보수화에 일익을 담당하기도 하였다. 우리는 이제 잘못된 효도의 인식과 기능을 바로잡을 필요가 있다.

효도는 본래 '삶은 지고의 축복'이라는 생각에서부터 출발한다. 적어도 정상적인 사람이라면 어느 누구도 자신의 삶을 혐오하거나 저주하지 않을 것이다. 내가 잘생겼는가 못생겼는가, 우리 집이 가난한가 부유한가 하는 것은 문제가 되지 않는다. 현재의 처지가 어떠하든 나는 자신을 그 무엇보다도 소중히 여기고 삶을 사랑한다. "개똥밭에 굴러도 이 승이 좋다"는 속담이 있지 않은가. 그러한 이승의 삶을 우리가 지금 살고 있다. 억만 년을 빌어도 다시는 못 가질 삶을 부모님으로부터 얻어난 것이다.

이렇게 생각하면 우리는 부모님의 은혜에 감격할 수밖에 없다. 사람들은 그것을 어버이날 하루쯤 생각하면서, "하늘보다 높고 바다보다도 깊다"고 상투적으로 노래하지만, 사실 부모님의 은혜는 그 어떤 비유로도 충분히 형언할 수 없다. 내 삶의 소중함을 무슨 말로도 다 표현할 수 없는 것처럼 말이다. 효도는 본래 이러한 감격을 토대로 한다. 즉 이토록 소중한 나를 세상에 낳아 주신 부모님의 은혜에 감사하면서, 그에 보답하기 위해 사랑과 공경 속에서 행하려는 자식의 도리가 바로 효도다.

이는 효도가 자식의 은혜의식에 좌우될 것임을 시사한다. 극단적으로 말하면 부모님의 은혜에 감사의 마음을 갖지 않은 자식에게서는 결코 효도를 기대할 수 없다. 은혜를 입지 않았는데 보답할 게 무엇 있겠는가? 이와 관련하여 한 가지 흥미로운 보고를 소개한다. 초등학교 선생님 한 분이 학생들을 상대로 설문조사를 했다고 한다. 주제는 효도에 관한 것이었다. 그런데 그 선생님은 전혀 생각해 보지 못한 결과에 놀랐다. 경제적으로 넉넉한 집안보다는 빈곤한 집안의 아이들이 효도의식을 많이 갖고 있더라는 것이었다.

곰곰이 생각해 보면 이는 어쩌면 당연한 일이다. 사실 풍족한 집안의 아이들은 부모님의 은공을 체감하기가 어렵다. 은혜라는 것은 내가 어려움에 처했을 때 누군가의 도움을 받으면서 생기는 마음이다. 배고

천작天爵

프지도 않은데 누가 밥을 사 준다면, 어느 누구도 은혜를 입었다고 여기지 않을 것이다. 자식의 경우도 마찬가지다. 부모님의 보호 아래 먹고 입고 자고 용돈 쓰는 데 아무런 어려움을 느끼지 못한다면, 그 은혜에 감사하는 마음이 자식에게 생기지 않을 것이다. 오히려 자식은 자신의 행복을 당연한 일로 여길 것이다. 부잣집 아이들에게 효도의식이 부족할 수밖에 없을 이유가 여기에서 드러난다.

가난한 집 아이들은 이와 경우가 다르다. 그 아이들은 부모님이 어려운 환경 속에서 피땀 흘리면서 자기네를 키워 주시는 모습을 일상으로 보아 왔을 것이다. 그 아이들은 음식이든 옷이든 자기들을 먼저 챙겨 주시고 당신들은 부족한 대로 견디시는 모습을 지켜보면서 고마우면서도 미안한 마음을 가질 것이다. 그리고 부모님의 은혜를 마음 깊이 새기면서 자신이 크면 보답하겠다는 다짐을 할 것이다.

어른들이 자식의 효도를 받으려면 어떻게 해야 하는가 하는 문제에 대한 하나의 답이 여기에서 나온다. 설사 넉넉하게 산다 하더라도 근검절약하며 열심히 사는 모습을 자식들에게 보여 주어야 한다. 물론 그것은 효도의 문제 이전에 아이들의 인생관 형성에 좋은 영향을 끼칠 것이다. 우리는 여기에서 부끄러운 반성거리를 하나 얻는다. 오늘날 일부 어른들이 개탄하는 자식의 불효는 어쩌면 그들이 자식들에게 '피와 땀'의 근면정신을 결여한 '졸부'의 안락과 사치만 보여 온 데에 한 가지 원인이 있지 않은가 하는 것이다. 자식들은 그러한 부모에게 은혜의식을 깊이 갖기 어려우며, 그들이 배우는 것은 역시 '졸부' 정신뿐일 것이다.

정신적 봉양

자식의 효도는 부모님의 은혜에 대한 보답이라 했지만, 그것은 물질적인 봉양에 그치지 않는다. 부모님에게 매달 용돈이나 드리는 것을 효도라고 생각해서는 안 된다. 그것은 마치 애완견에게 충분한 먹이와 편안한 잠자리를 제공하는 것이나 다름없다. 효도는 사랑에 더하여 공경의 마음으로 부모님을 모시는 것을 가장 중요시한다. 사실 부모의 입장에서 생각하면 자식의 물질적인 봉양은 부차적인 문제에 지나지 않는다.

요즘 젊은이들은 "부모님을 공경하라"는 가르침에 생소한 마음을 가질지도 모른다. 그들은 공경의 정신과 그 구체적인 실천방법을 가정에서든 학교에서든 배울 기회가 거의 없기 때문이다. 핵가족의 생활 속에서 그들은 부모님이 할머니와 할아버지를 공경하는 모습을 지켜볼 기회가 거의 없었을 것이다. 또한 그들이 초중등학교에서 배우는 윤리도덕은 단지 시험과목으로만 중요시된다.

이에 더하여 거기에는 어쩌면 '공경' 자체를 부적절한 덕목으로 여기는 사회 분위기도 적잖이 작용하는 것처럼 보인다. 창의와 도전, 개성을 존중하는 이 시대에 공손하고 조심하는 삶의 정신은 전혀 맞지 않는다. 또한 현대의 기술문명 사회에서 젊은이들에 비해 여러 가지로 뒤떨어지는 어른들을 단지 나이가 많고 삶의 연륜이 깊다는 이유로 공경하라는 것은 전혀 합당하지 못한 요구로 비치기도 할 것이다.

하지만 공경이란 윗사람에게 무조건 고분고분하고 순종해야 한다는 말이 아니다. 그것은 원래 사람들에게 인간관계 이전에, 각자 자신의 행동거지를 경건하고 조심스럽게 취할 것을 요구하는 뜻을 담고 있다. 소중하기 그지없는 삶을 아름답게 성취하는 데에는 그 이상의 정신

천작天爵

이 없기 때문이다. 이러한 공경의 정신은 당연히 자타간 만남의 자리에서도 그대로 펼쳐진다. 그것은 나이의 고하나 신분의 귀천을 막론하고 상대방의 인격을 존중하면서 그에게 조심스럽게 다가가려 한다. 예컨대 한 제자의 기록에 의하면 이황 선생은 "손님이 오면 그가 아무리 나이 어리다 해도 반드시 계단을 내려 와서 맞이하셨고, 전송도 반드시 그렇게 하셨다"고 한다.

하물며 부모님에 대한 공경은 더욱 각별할 수밖에 없다. 가정이야말로 가족이 순수인격으로 만나는 자리인데다가, 그중에서도 나를 세상에 낳아 주시고 길러 주신 부모님의 은혜는 생각하면 할수록 감동과 존경의 마음을 일으키기 때문이다. 부모님의 무식이나 가난 같은 것은 여기에서 전혀 문젯거리가 되지 않는다. 사람이 태어나서 죽는 순간까지 살아가면서 이 세상에 가장 소중한 말 한마디를 들라면 아마도 '어머니'일 것이다.

물론 현실적으로 부모님과의 사이에 크고 작은 갈등과 대립을 피할 수는 없다. 그것이 어느 일방의 잘못된 생각과 행동으로 인한 경우라면 비교적 쉽게 해소될 수 있지만, 만약 근본적으로 인생관의 차이에 기인한다면 문제가 심각해진다. 이는 자고이래로 부모와 자식 된 사람들의 영원한 난제다. 이에 관해서는 아래에서 다시 거론하려 한다. 여기에서는 다만 자식이 가져야 할 공경의 정신을 일반론적으로 이야기해 보자.

물질적인 봉양을 넘어 부모를 공경히 모시는 문제에 관해 맹자는 '양지養志'를 강조한다. 부모님의 뜻을 봉양해야 한다는 말이다. 부모님의 의사를 존중하고 또 세심하게 배려해야 한다는 것으로, 이는 일종의 정신적 봉양에 해당된다. 이에 관해 《소학》에 나오는 감동적인 일화를 하나 소개한다.

　옛날 늙으신 부모님에게 효성스런 노인이 한 분 있었다. 그는 칠십의 나이에도 부모님이 즐거워하시도록 종종 색동옷을 입고 마당에서 춤을 추기도 하였다. 한번은 부모님과 함께 밥을 먹으면서 부엌에 나가 숭늉을 떠 가지고 들어오다가 방문턱에 걸려 넘어진 일이 있었다. 그는 그 자리에서 아이처럼 소리 내어 운다. 아파서 그랬을까? 아니다. 일부러 넘어졌기 때문이다. 왜 그랬을까?

　사실 부모 된 사람이라면 누구나 실감하는 일이지만, 자식이 성장하면서 내 품을 점점 벗어나면 공연히 서운해진다. 게다가 자식이 결혼하여 분가까지 하면 부모는 점점 더 외로워진다. 자식의 성장과 결혼을 당연한 일이라고 생각하고, 또 그것을 매우 바랐으면서도 말이다. 그것은 그동안 자신의 분신처럼 여겨지던 자식의 분리와 독립에 기인한다. 부모는 거기에서 자신의 존재 한 부분이 떨어져 나가는 느낌을 갖는 것이다.

　게다가 늙어 가면서 만약 자식으로부터 외면까지 당한다면 부모의 허무감은 이루 말할 수 없을 것이다. 이 세상에 그 이상으로 서럽고 가슴 아픈 일은 없을 것이다. "자식 애써 키워 보아야 다 쓸데없다"느니, 또는 "무자식이 상팔자"라는 등의 푸념들이 이렇게 해서 나온다. 이러한 마음을 노인들은 다음과 같이 내뱉기도 한다. "늙으면 죽어야지." 존재의 허무감을 표현한 처연한 탄식이다.

　정신적 봉양은 이러한 문제의식에서 출발한다. 이를테면 저 노인의 색동옷 춤과 울음은 자신이 아직도 부모님의 품 안에 있음을 당신들에게 자각시키려는 계산된 연출이었다. 그의 부모님은 자식이 넘어져 우

천작天爵

는 것을 보면서, 자신들이 아직 죽어서는 안 될 이유를 느꼈을 것이다. 계속 살아서 자식을 보살피고 지도해야 한다고 생각했을 것이다. 자식이 아무리 나이 들었어도 부모에게는 역시 물가에 내놓은 어린아이처럼 여겨지는 법이기 때문이다. 그것이 부모의 마음이다.

정신적 봉양은 이처럼 부모님에게 당신들의 존재의의를 느끼시도록 하려는 자식의 노력이다. "늙으면 죽어야지"가 아니라, 늙었지만 자식에게 여전히 필요한 존재라고 생각하시도록 말이다. 옛날 서당 시절 나를 많이 가르쳐 주었던 한 선배는 그것을 생활에서 보여 주었다. 다른 사람들 앞에서는 그렇게 예리하던 사람이 그의 부친 앞에서는 무얼 모르는 아이처럼 말을 하곤 하였다. 생활의 지혜든, 집안의 역사든, 무엇이든지 때로는 알면서도 모르는 척 여쭤 보기도 하였다.

무엇보다도 나를 놀라게 한 일은 예금통장을 부친 명의로 해 놓고서 많은 돈을 인출할 때에는 반드시 부친의 허락을 받는 것이었다. 자식이 이제 장성하여 가정을 꾸리고 있지만, 이 가정의 상징적인 중심은 여전히 부친이라는 점을 알려 드리려는 의도였다. 자식의 자립과 함께 가정생활의 중심에서 밀려나는 부친의 허전한 심정을 그 선배는 깊이 헤아렸던 것이다. 1960년대에 일본의 관광객들이 한국에 와서 보고 놀랐다는 노인들의 평화로운 얼굴은 아마도 이러한 효도의 사회전통 덕분이었을 것이다. 오늘날 자식들과 떨어져 살면서 양로시설에 의지할 수밖에 없는 노인들의 공허한 얼굴과 크게 대조되는 모습이다.

오늘날 사람들은 저 선배와 같은 부모 공경을 매우 못마땅하게 생각할지도 모른다. 이미 장성하여 가정까지 꾸린 터에, 자식이 여전히 부모의 눈치를 보는 것은 당치 않은 일이라고 여길지도 모른다, 하지만 그렇게 간단하게 단정해 버릴 일이 아니다. 이는 효도의 전통을 계승하기 위해서 하는 말이 아니다. 거기에는 우리가 숙고해야 할 중요한 가치관과 삶의 철학이 들어 있다.

문제는 요컨대 내가 개인으로 살 것인가, 아니면 (가족) 공동체의 일원으로 살 것인가 하는 점에 있다. 사람들은 부모의 간섭과 제약을 받지 않는 자유로운 개인의 삶을 추구하려 한다. 하지만 이미 누차 지적한 것처럼, 그들은 그 대신 외로움이라는 엄청난 부담을 각오해야 한다. 이에 반해 저러한 정신적 봉양은 상당한 구속과 불편을 감내해야 하지만, 부모님과 긴밀하고 깊은 유대 속에서 얻는 행복은 독립적인 개인의 그것과 비교할 수 없을 것이다. 한편으로 나 자신도 나중에 늙어 똑같은 상황에 처할 것이라는 상상을 해 볼 일이다. 판단과 선택은 나 자신에게 달려 있다.

합리적 사고

이제 부모와 자식 사이의 대립 갈등 문제를 구체적으로 논의해 보자. 그것이 자식의 그릇된 생각에서 생긴 것이 아니라, 만약 부모의 지나친 요구와 간섭에 기인한다면 어떻게 해야 할까? 예컨대 요즘에도 종종 목격되는 것처럼, 부모가 자식의 배우자를 고르는 데 주도권을 행사하려는 경우를 들 수 있다. 자식의 가치관이나 인생관상 원치 않는 사람과 삶을 부모가 은근히, 아니면 노골적으로 강요하는 것이다. 그것이 효도라는 이름으로 포장되기에 자식들은 고민을 안 할 수가 없다.

사실 이는 전래의 효도의식이 갖는 큰 문제점이다. 젊은 사람들이

천작天爵

효도에 대해 부정적인 생각을 하고 있는 한 가지 이유도 여기에 있을 것이다. 그들이 효도 자체를 부정하는 것은 아닐 것이다. 부모님의 의견에 무조건 순종해야 하는 효도가 못마땅한 것이다. 자식 고유의 삶과 정체성을 포기해야 할 효도 말이다.

부모세대의 사람들은 자신들도 젊었을 시절에 직접 겪었을 것인 만큼, 자식들의 이러한 불만을 신중하게 헤아리고 또 그들의 의견을 경청할 필요가 있다. 이른바 '마마보이'를 효자라고 생각해서는 안 된다. 자식에게 자신들의 의견을 강요하지 말고, 자식이 스스로의 삶을 개척하고 또 자아를 실현해 나가도록 도와주어야 한다.

관건은 역시 부모의 인식 전환에 있다. 부모는 자식을 자신이 이루지 못한 세속적 욕망의 대리충족인으로 여겨서는 안 된다. 자식 역시 자신과 동등한 인격을 갖고 있음을 인정해야 한다. 자식이 갖고 있는 가치관과 인생관을 존중해야 한다. 말하자면 부모도 자식을 '공경'하지 않으면 안 된다. 이는 자식의 삶을 방관하라는 말이 아니다. 부모는 자식의 생활에 너무 개입하거나 간섭하려 해서는 안 되지만, 자식이 참된 인간으로 훌륭하게 성장할 수 있도록 조언과 충고와 비판을 아끼지 말아야 한다.

부모에게 요구되는 이와 같은 자세를 우리는 바로 효도 관념 자체에서 찾아낼 수도 있다. 효도도 기본적으로 '도(道)'다. 부모의 봉양을 도리(도의)에 합당하게 해야 한다는 것이다. 예컨대 나쁜 짓을 해서 부모님을 호강시켜 드리는 것은 효도가 아니다. 오히려 부모를 욕되게 만드는 짓이다. 부모도 마찬가지다. 부모 역시 당신들의 부모 앞에서는 영원한 자식이다. 그러므로 도리에 어긋난 행동으로 조상을 욕되게 해서는 안 된다. 부모와 조상에게 효도하는 길은 도리에 있다.

이황 선생의 일화를 들어 보자. 당시 지방 관리로 나가 있던 아들이 선생에게 종종 음식물들을 보냈다. 선생은 그때마다 그것들이 혹시 고을사람들로부터 무리하게, 또는 불의하게 얻어 낸 것이 아닌가 염려하였다. 선생은 아들에게 다음과 같이 편지를 보낸다. "부모를 위하는 마음이 아무리 간절하다 하더라도, 만약 조금이라도 의롭지 못하고 구차하게 얻은 물건일 경우에는 그것으로 부모를 봉양하려 해서는 안 된다."

이는 부모님을 봉양하는 자식의 올바른 도리를 강조한 것이지만, 바로 여기에서 자식에 대한 부모의 도리도 미루어 살필 수 있다. 즉 자식이 부모님을 '의롭게' 봉양해야 한다는 말은, 달리 살피면 부모가 자식에게 옳지 않은 일을 요구해서는 안 된다는 뜻을 내포하기도 한다. 아니 부모는 자식에게 의로운 삶을 살도록 가르쳐야 한다. 그것이 부모의 도리다. 부모가 자식에게 도리에 맞지 않는 일을 강요하는 것은 효도하지 말라는 것이나 다름없다.

물론 자식도 부모님을 봉양하는 데 도리에 어긋나는 일을 해서는 안 된다. 이는 경제적인 문제에 그치지 않고, 자식의 생활 모든 영역에 해당된다. 자식의 일거일동을 부모님이 관심 갖기 때문이며, 도리에 어긋난 자식의 행동은 곧 부모님을 마음 아프게 하고, 또 욕되게 만들기 때문이다. 이와는 달리 자식의 올바른 행동은 부모님의 마음을 자랑스럽고 기쁘게 해 드릴 것이다. 요컨대 《효경孝經》이 말하는 것처럼, "자아의 확립과 도리의 실천立身行道"이야말로 효도의 중요한 내용이다.

우리의 귀에 익숙한 이야기를 하나 들어 보자. 〈전설의 고향〉에도 나올 법한 사례로써, 옛날부터 사람들은 부모님의 병환에 자식이 자신의 다리 살을 베어 삶아 드리는 것을 효도라고 여겼다. 이황 선생 역시 이에 관해 한 제자한테서 질문을 받고는, "사람들에게 권장할 일은 아니지만, 효에 가깝다"고 답변하였다. 이에 대해 그 제자는 "사람의 살이 질병치료의 효과가 있다는 말을 들어 본 일이 없으며, 사리에 맞지도 않는 일을 어떻게 효도라고 말할 수 있는지" 반박하였다. 선생은 이에 자신의 잘못된 생각을 인정하면서, "그것은 효가 아니"라고 말한다. 우리는 여기에서 오늘날의 효도의식을 비판적으로 검토할 중요한 기준을 하나 얻는다. 바로 '도리'다. 다시 말하지만, 어떤 일이든 도리에 어긋나는 비합리적인 처신은 효도가 아니다.

《춘추좌씨전》에 실린 옛 고사를 하나 소개한다. 어떤 사람에게 애첩이 있었는데 그는 자식들에게, 자신이 죽거든 애첩을 시집보내라고 지시하였다. 그런데 그가 늙어 정신이 혼미해지자 말을 바꾸어, 애첩을 자기와 함께 생매장하도록 유언한다. 하지만 그의 사후 자식들은 그 유언을 거부하고 애첩을 시집보낸다. 아버지가 사리분별력을 갖고 있었을 때 지시한 말씀을 받들어 따르는 것이 효도라고 말하면서 말이다.

이는 부모의 입장에서는 자식에게 도리에 어긋나는 불합리한 요구를 해서는 안 됨을 일러 준다. 이를테면 대학 진학 시에 자식에게 어떤 학과를 강요한다든지, 또는 자식의 배우자 선택에 지나치게 간섭한다든지 하는 일들을 들 수 있다. 많은 부모들은 자식을 사랑하는 마음에서 그러는 것이라고 강변한다. 하지만 참다운 사랑은 자식의 인격과 의사를 존중하면서 그가 자아를 올바로 실현할 수 있도록 도와주는 데에 있다.

이상 몇 가지의 사례들이 우리에게 주는 교훈은 분명하다. 먼저 부모는 자식에게 효도의 이름으로 무리한 요구를 해서는 안 된다. 부모는 자식에게 무엇을 요구하기에 앞서, 그것이 과연 도리에 합당한 일인지 돌이켜 생각해 보아야 한다. 특히 자식이 성인일 경우에는 가정의 제반사에 관해 자식과 대등한 입장에서 항상 의견을 나누고 또 자식의 주장을 경청하는 자세를 가져야 한다.

한편 자식은 부모님의 불합리한 처사나 요구에 대해서는 충분한 대화를 통해 어떻게든 설득하도록 해야 한다. 때로는 부모님과 신구세대 간 가치관의 차이로 인해 의견이 대립하고 서로 갈등을 겪는 경우도 적잖게 있을 것이다. 하지만 그렇다고 해서 부모님을 원망할 일은 아니다. 무엇보다 이 순간에도 역시 잊어서는 안 될 일은 공경의 정신이다. 물론 그것은 자식에게만 요구되는 덕목이 아니다. 부모 또한 당연히 자식의 인격을 존중하면서 조심스럽게 대면하지 않으면 안 된다.

천작天爵

▶조상◀

흙으로 돌아가신 만큼
제 안에 들어와 꽃피시네요

조상숭배

우리나라 사람들에게 조상관념은 아주 각별하다. 우리들은 일상생활 속에서 의식적으로든 무의식적으로든 자기의 조상과 수없이 대면한다. 그것은 특히 나이가 들어갈수록 더할 것이다. 우리는 여기에서 조상과의 만남을 주제로 논의해 볼 필요가 있다. 그것은 단순히 지적인 호기심에서가 아니라, 누구에게나 절박한 죽음의 문제와 매우 긴밀한 관련을 갖고 있기 때문이다.

인류학자들에 의하면 세계문화사상 산 사람이 죽은 사람을 대하는 태도는 크게 두 가지로 나누어진다고 한다. 그 하나는, 사람은 죽음과 함께 그가 살았던 사회를 완전히 떠난다고 생각하는 것이다. 이러한 문화 속에서 행해지는 장례와 제사는 죽은 사람의 흔적을 이 세상에서 빨리 지우고, 그의 영혼이 저승에서 행복하게 머무르도록 하려는 의식의 성질을 띤다고 한다. 그의 영혼이 혹시라도 이 세상에 떠돌면서 산 사람들에게 해악을 끼칠지도 모른다는 두려움 때문이다. 이를 '사자의례死者儀禮'라고 한다.

다른 하나는, 사람은 죽은 뒤에도 살아 있는 사람들과 상호관계를 계속 지속한다고 믿는 태도다. 그리하여 장례 절차는 죽은 사람을 떠나보내면서도, 한편으로 새로운 모습으로 이 세상에 모셔 오는 과정이기도 하다. 또한 제사는 죽은 사람과 산 사람 사이의 관계를 재확인하고 또 강화하려는 의도를 갖는다. 이를 '조상숭배祖上崇拜'라고 한다. 물론 조상숭배의 구체적인 방식은 민족마다 다를 것이다. 아래에서는 우리 문화 속에서 사람들이 조상을 어떻게 만났는지 살펴보자.

우리의 전통상 조상은 결코 어둡고 칙칙한 저 세상의 유령집단이 아니다. 우리 선조들은 부모님이 돌아가시면 당신들을 자신의 존재 근원의 의미로 조상에 편입시키고 부활시켰다. 그렇게 해서 조상은 후손의 영원한 존재 요람으로 새로운 긍정을 받으면서 다시 밝게 등장한다. 옛날 같으면 조상이 신주의 형태로 집안의 사당에 모셔져 아침저녁으로, 또는 무슨 큰 일이 있을 때마다 배례를 받았던 사실이 이를 잘 말해 준다. 사당이 없어진 오늘날 내가 아는 한 분은 신주를 거실에 모셔 놓고 있다가, 수시로 꺼내 놓고 돌아가신 어른들과 마음속으로 대화를 나눈다고 한다.

그리하여 조상숭배 의식은 산 사람과 죽은 사람의 유대를 유지시켜 주는 강력한 심리기제로 작용한다. 사람들은 자신도 죽으면 조상의 세계에 편입되어 후손들과 계속 교류하리라고 기대할 것이다. 요즈음에도 사람들이 제사를 지내면서 읽는 축문이 그 한 가지 예다. 그것은 후손들이 돌아가신 선조를 불러내어 서로 마음을 나누는 하나의 형식이다. 그리하여 그것은 사람들에게 삶과 죽음을 반대가 아니라, 서로 화해할 수 있는 것으로 여기게 해 준다. 우리 선조들이 죽음의 불안과 두려움을 적게 가졌던 한 가지 이유가 여기에서 발견된다.

원래 죽음의 불안과 두려움은 죽음과 함께 자신의 존재 자체가 없어진다는 생각에서 비롯된다. 만약 어떤 사람이 천국에서 다시 살리라고 확신한다면, 그는 죽음을 결코 두려워하지 않을 것이다. 조상을 숭배하는 사람도 마찬가지다. 그는 사후에 조상의 일원으로 후손들의 배례를 받고 후손들과 교류를 한다고 믿는 만큼, 죽음 앞에서 그렇게 불안해할 이유가 없을 것이다.

서양의 종교가 들어오기 전에 우리 선조들이 천국을 상상하지는 않았지만 죽음을 편안히 받아들였던 이유가 여기에서 드러난다. 한 세대 전만 하더라도 우리의 할머니와 할아버지 들이 자신의 수의를 직접 지어 입어 보기도 하고, 또 자신이 묻힐 묏자리를 미리 치표해 두기도 했던 사실을 생각해 보자. 그들이 각종의 방식으로 조상과의 관계를 지속해 온 것처럼, 자신도 뒷날 후손들과 관계를 계속 유지하리라고 기대했기 때문에 죽음을 마치 일상의 일처럼 받아들인 것이다.

사실 죽음의 불안과 공포에 자신의 삶을 내맡길 사람은 아무도 없다. 사람들은 어떻게든 죽음의 방어기제를 나름대로 마련하려 한다. 조상숭배 의식이 갈수록 약해져 가는 오늘날 우리 사회의 사람들이 나이가 들수록 종교에 귀의하는 것은 이러한 이유에서일 것이다. 종교는 제각기 특유의 방어기제를 갖고 있기 때문이다. 불교의 극락세계나 기독교의 천국이 그 대표적인 유형이다. 우리 전래의 조상숭배 신앙도 마찬가지다. 조상은 삶과 죽음을 화해시켜 주는 신성한 집단이었던 것이다.

오늘날 명절 때 '민족의 대이동'이라 불릴 만큼 많은 사람들이 대거 귀향하여 차례를 지내고 또 성묘를 하는 모습을 이러한 관점으로 바라볼 필요가 있다. 그것은 조상숭배 의식의 전형적인 산물이다. 사람들은 그렇게 해서 조상과의 관계를 유지하고 또 조상에 귀의함으로써 삶과 죽음 사이에서 마음의 평온을 얻으려 한다.

그러므로 조상숭배는 쓸데없는 미신이 아니라 우리들 삶의 훌륭한 지지대다. 천주교가 제사를 인정하고 있는 것처럼, 그것은 어떠한 종교 신앙과도 병존할 수 있다. 조상은 신의 세계가 아니라 바로 나의 존재의 역사요, 근원이기 때문이다. 조상숭배를 통해 역사적인 자아를 확인하고 또 존재의 근원에 감사하는 것이다. 그렇게 해서 나는 자신이 믿는 종교와 별개로 조상과의 유대의식을 강화하면서 마음의 평화와 삶의 힘을 얻을 수 있다.

제사

한편 각종의 제사는 후손이 조상을 만나는 정례적인 자리다. 그것은 이미 돌아가신 분들을 이승으로 불러내 그들에게 행하는 특별한 배례의 형식이다. 후손이 자신의 존재 근원을 돌아보고, 또 조상의 은혜를 추모하면서 감사의 절을 올리는 것이다. 옛날 어떤 유학자는 제사의 뜻을 훈고학적으로 다음과 같이 풀이한다. "제祭란 '교제際한다'는 뜻이다. 사람과 귀신이 서로 교제하는 것이다. 사祀란 '같다似'는 뜻이다. 돌아가신 분을 볼 것 같은 것이다."

많은 사람들은 제사를 두고 귀신숭배의 미신행위라고 여긴다. 하지만 조상의 귀신은 우리가 흔히 상상하는, 사람들에게 해코지도 하는 도깨비와 같은 것이 아니다. 조상의 귀신은 후손이 제사 시에 자신의 역사적 자아의 깊은 곳에서 만나는 선조의 정신이다. 달리 말하면 제사는 후손이 자신의 존재 깊이 내재하는 '(가문) 집단무의식'적인 선조의 정신을 현전시켜 교감하려는 노력이다. 제사에 앞서 며칠 전부터 엄숙단정한 제계의 노력이 요청되었던 이유가 여기에 있다. 제사자의 흐트러진 마음은 선조의 정신을 결코 체감할 수 없기 때문이다.

이에 대해 사람들은 반문할 것이다. 제사상 위에 온갖 음식물들을 진설하는 것은 곧 귀신의 실체를 인정하기 때문이 아니겠느냐고 말이다. 하지만 그것은 죽은 사람의 저승생활을 정말로 믿었던 미개하던 시절의 관습 잔재일 뿐이다. 우리가 어려서부터 경험해 온 것처럼, 조상의 혼백이 환생하여 음식물들을 잡수시리라고 여기는 사람은 아무도 없다. 오히려 당시만 하더라도 제사 뒤에 그것들을 친지나 동네 이웃들과 나누어 먹는 기쁨이 있었다. 제수품을 성대하게 장만했던 한 가지 이유도 여기에 있었다.

제사는 돌아가신 분들을 죽음과 삶의 중간에 두고 행하는 특별한 형식의, 낭만적인 효도다. 말하자면 이미 돌아가셨지만 그래도 산 사람 모시듯 음식물을 진설해 놓고서 큰절을 드리는 것이다. 살아 계실 때 절도 하고 진지도 올리고 하듯이 말이다. 그것을 '낭만적'이라 말한 것은 조상을 만나는 후손의 마음에 일종의 문학적인 상상력이 발동하기 때문이다. 사람들이 소설의 가상세계에 공감하여, 또는 티브이의 드라마를 보면서 웃고 우는 것처럼, 우리의 선조들은 제삿밥에 숟가락을 꽂고 술잔에 첨잔을 하는 등 일련의 의식들이 허구라는 것을 알면서도 그것들을 진지하게 진행했던 것이다.

이미 죽은 사람을 삶과 죽음의 중간에 두고서 지내는 제사를 터무니없는 상상이라고 사람들은 비난할지 모른다. 그러나 상상은 쓸데없는 생각들의 잡동사니에 불과한 것이 아니다. 모든 상상에는 나의 꿈과 의지와 이해와 관심이 담겨 있다. 예를 들면 복권에 당첨된다는 상상에는 그 사람의 현실과 꿈이 반영되어 있다.

사람들은 이러한 상상의 능력을 죽음 앞에서 아주 유용하게 발휘한다. 모든 불안과 공포의 근원인 죽음의 위협에 대항하여, 그것을 이겨 낼 수 있는 힘은 우리의 상상력 속에만 있다. 도스토옙스키는 말한다. "인간은 영원히 살기 위하여 신을 상상해 냈다." 극락세계나 천국도 마찬가지다. 원시인들의 영혼불멸 신앙에서부터 오늘날에 이르기까지 인류가 만들어 낸 모든 종교는 이러한 상상력의 산물이다.

제사 또한 이러한 의의를 갖고 있다. 우리의 선조들은 자신의 뿌리이자 자신도 죽어 돌아갈 조상의 세계를 상상하고, 제사를 통해 조상과의 유대를 긴밀하게 유지하면서 죽음의 위협과 삶의 허무를 극복하려 하였다. "죽음의 불안은 고유한 자기 자신이 없어진다는 사실보다는, 오히려 지금까지 유지되어 오던 교섭관계의 단절에서 비롯되는 것(뵈르너 폭스)"이라면, 저와 같이 조상을 모시는 제사는 죽음의 불안을 크게 약화시켜 주는 효과를 가질 것이다. 과거에 우리 어른들이 제사를 그토록 중시했던 이유가 여기에 있다.

제사는 사람들에게 조상과의 만남을 통해 새로운 자아를 발견하도록 해 준다. 후손은 "조상의 소리 없는 말씀을 듣고, 또 형체 없는 모습

을 보면서(《소학》)" 자신의 역사적인 자아를 확인한다. 박노해 시인이
옥중에서 쓴 〈내 안의 아버지〉라는 시를 읽어 보자.

(전략)

얼굴조차 기억나지 않는 내 아버지, 당신의 제삿날

법무부에서 지급한 볼펜으로 아버지 이름을 써서 벽에 붙입니다.

사진 한 장 가진 게 없어 이름이라도 써놓고 바라보려니,

이름이 말씀을 하십니다

박정묵朴正默

바르게 침묵하라

정직해라 말할 때와 침묵할 때를 바로잡아야 한다

예, 아버지

(중략)

아가, 갖지 말고 홀가분히 잘 돌아가야지

힘들어도 낮은 자리로 어서 돌아가야지

다 놓아주어야 처음 자리로 돌아가는 거지

그래야 싹이 트고 꽃이 피고 나무가 자라지

예, 아버지

흙으로 돌아가신 만큼 제 안에 들어와 꽃피시네요

낮아진 무덤자리만큼 제 앞이 환해지네요
아버지, 저 다시 또 못 찾아뵐지도 몰라요
이제 오늘의 현장으로 저 먼 길을 떠나려 해요
용서하셔요 아버지

아니다
몸조심하거라

내 안에서 기침하며 돌아누우시는 아버지
흰 뼈로 돌아누우시는 아버지 아버지

　　시인은 제사의 자리에서 아버지의 '소리 없는 말씀'을 들으면서 대화를 나누고, "제 안에 들어와 꽃피시는" 아버지를 본다. 그는 어두운 감방 속에서 아버지를 만나 "제 앞이 환해지는" 마음을 갖는다. 이러한 시야를 확대하면 우리는 자신의 존재 안에서 아버지 어머니를 넘어 할머니와 할아버지, 더 나아가 조상 전체를 만날 수도 있다.

　　그러므로 나는 독립된 개인에 불과한 것이 아니라, 조상의 태고 시절부터 연면히 이어져 내려온 연쇄적인 존재질서의 결정체다. 사실 제사뿐만 아니라 일상의 효도까지도 조상의 '소리 없는 말씀'을 내 안에서 들어 따르는 노력이기도 하다. 우리는 여기에서 제사(효도)가 갖는 존재구원의 의의를 발견한다. 사람들에게 조상을 자기 안에서 자각하게 해 주는 제사는 "일종의 초월로 향한 창문(M. 엘리아데)"이다.

　　안타깝게도 이러한 제사의 정신은 오늘날 완전히 사라져 버렸다.

　　　　　　　　　　　　　　　　　　　　천작天爵

제사의 풍속은 여전하지만, 그것은 이제 순전히 형식으로만 남아 있다. 어쩌면 머지않은 어느 날 제사는 일반 가정에서는 다 사라지고 박물관의 행사로만 남게 될지도 모른다. 제사가 갖고 있는 생사론적인 의의를 생각하면 이는 우리 민족정신의 큰 상실이요, 불행이다. 이제 조상숭배와 제사의 정신이 퇴락하면서 사람들은 대신 절대자에 귀의하여 죽음의 불안을 씻고 삶의 평온을 찾으려 한다. 하지만 적어도 우리의 정서상 조상과의 유대관계가 약화되고 단절된, 외로운 개인의 신앙만으로 충분한지 깊이 생각해 볼 필요가 있다.

▶부부◀

서로 공경하기를
손님 대하듯이 하라

──────────── 사람들은 흔히 사랑과 열정을 혼동한다. 마치 로미오와 줄리엣처럼 뜨겁게 달아오르는 마음을 사랑의 모든 것인 양 착각하면서, 결혼을 통해 그 열정을 영원히 지속하려 한다. 물론 열정은 참으로 소중한 감정이다. 인류애까지 포함하여 남녀간의 냉정한 사랑을 우리는 상상할 수 없다.

하지만 남녀간 사랑의 열정은 본래 성적인 욕망을 그 안에 감추고 있다. 자신의 육체적인 욕망을 채우고 성적인 흥분을 맛보기 위해 상대방을 갈구하는 것이다. 그러므로 열정에만 의존하는 사랑은 실패로 끝나기가 십상이다. 열정은 감각의 만족과 함께 점점 식어 가는 것이 정한 이치이기 때문이다. 가슴 떨리던 포옹과 입맞춤도 두 번 세 번을 지나 일상의 일이 되면 무덤덤해진다는 사실을 결혼생활을 하고 있는 사람들은 잘 안다.

그런데도 오늘날 대부분의 사람들은 사랑을 열정으로만 지속하려한다. 그들은 부부생활 속에서 과거 한때 흥분을 불러일으켰던 사랑의 잔상을 애써 붙들고서 지난날의 열정을 되살리기 위해 무진 애를 쓴다. 서양은 물론, 우리 사회에서 이혼율이 늘어나는 한 가지 원인도 여기에 있을 것이다. 결혼생활을 하면서 사랑의 열정은 식어 갈 수밖에 없는 것이 이치이고 보면, 사람들은 시들어 버린 부부관계를 견디지 못하는 것이 어쩌면 당연하다. 그들은 그러면서 새로운 열정대상을 찾아 나선다.

그러면 어떻게 하면 사랑을 오래 지속할 수 있을까? 우리는 열정을 넘어 서로 순수한 인격으로 만나는 데에서 그 길을 찾아볼 수 있다. 친구간의 우정을 생각해 보자. 거기에는 열정은 없지만, 인격의 교류 속에서 오래도록 깊은 믿음과 사랑이 오간다. 사람들이 쉽게 사랑에 빠졌다가 많이 헤어지는 것과는 달리, 우정은 세월이 흐를수록 깊어지면서 평생토록 지속된다. 결혼생활을 오래도록 다정하고 아기자기하게 하는 사람들의 비결도 아마 여기에 있을 것이다. 부부가 서로 평생의 반려(친구)로 여기면서 인격을 나누기 때문이다.

사랑이 열정에 그치지 않고 두 인격의 공경스러운 만남이 되어야한다는 가르침을 우리는 선비정신에서도 접한다. 사람들은 선비 하면 근엄한 도덕군자의 모습을 떠올리면서 남녀의 사랑과는 거리가 먼 사람처럼 생각한다. 그러나 《주역》은 최소한 64개의 주제 가운데 하나로 남녀의 사랑을 다루고 있다. 이는 선비들 역시 남녀의 사랑을 매우 중요시했음을 짐작케 해 준다.

《주역》은 소년 소녀와도 같이 순수하게 교감하는 사랑의 마음을 매우 중요시한다. 모든 인간관계가 상호 교감 속에서 이루어지는 것이긴

하지만, 특히 사랑의 교감은 순수하지 않으면 안 된다는 것이다. 만약 사랑에 육체적인 욕망이 앞서거나, 또는 현실적인 이해득실의 계산이 불순하게 개입된다면, 그 사랑은 결코 오래갈 수 없다. 《주역》이 사랑을 말하면서 소년 소녀와 같은 순수한 마음을 강조한 이유가 여기에 있다.

《주역》은 사랑의 교감에 특히 남성의 저자세를 강조한다. 현실적으로 힘을 갖지 못한 여성에게 군림하려 하지 말고, 자세를 낮추어 다가가라는 것이다. 군림의 자세는 사랑과는 거리가 멀기 때문이다. 여성상위 시대라는 요즈음 같으면 오히려 여성들이 자세를 낮추어야 할지도 모르겠다. 아무튼 객관적으로 살피면 남성이나 여성이나 모두 상대방을 지배하려 하지 말고, 낮은 자세로 서로를 존중하는 마음속에서만 사랑이 아름답게 꽃필 수 있을 것이다.

한편 《소학》은 부부간 만남의 정신을 다음과 같이 강조한다. "남편은 부인에게 온화하면서 올바르게 다가가고, 부인은 남편에게 부드러우면서 역시 올바르게 다가가야 한다." 부부간에 온화하고 부드러운 사랑을 나눌 것이며, 한편으로 올바른 삶의 정신을 잊어서는 안 됨을 말한 것이다. 특히 순수한 마음으로 서로 인격을 존중하는 정신이야말로 부부의 사랑을 평생 시들지 않게 해 줄 핵심이다.

이제 이황 선생의 편지를 한 통 읽어 보자. 이는 오늘날 부부생활의 지침으로도 전혀 손색이 없는, 아니 사람들이 평생 교훈으로 삼아야 할 내용을 담고 있다. 선생은 갓 결혼한 손자에게, 부부의 삶에서 공경이 매우 중요한 것임을 다음과 같이 훈계한다.

부부는 인류의 시작이요 만복의 근원이므로, 아무리 친밀하다 하더라도 역시 서로 올바르게 행동하고 조심해야만 하는 사이다. 세상 사람들은 모두 예의와 공경심을 잃고서 그저 가깝게만 지내다가, 마침내는 서로 얕보고 업신여겨 못 하는 짓이 없다. 이 모두 서로 손님처럼 공경하지 않는 데에서 생겨나는 일이다. 그러므로 집안을 올바르게 지켜 나가려면, 마땅히 부부 사이부터 조심하지 않으면 안 된다. 천만 경계하거라.

요컨대 부부의 사랑은 "서로 공경하기를 손님 대하듯이相敬如賓" 함으로써만 완성될 수 있다는 것이다. 이는 부부가 서로 인격을 존중하면서 정중하고 예의 바르게 다가가야 함을 뜻한다. 솔직히 일상생활에서 남들에게는 정중하면서도, 정작 가장 가까운 아내에게는 조심성 없이 함부로 대하는 자신을 종종 발견한다. 하지만 그렇게 주고받는 사랑은 점점 시들어가면서 습관과 타성에 빠지고 만다. 게다가 우리가 흔히 경험하는 것처럼, 상대방의 무례한 언행은 사랑의 감정을 일순간 무너트린다. 부부생활의 권태가 이렇게 해서 생긴다. 극단적으로 말하면 결혼하고 자식을 낳았으니까 사는 것일 뿐이다.

사람들은 서로 공경하는 태도가 부부간에 거리감을 조성하는 것 같아 좋지 않다고 생각할지도 모른다. 하지만 그것은 애정이 식어서 생기는 거리감과는 차원을 달리한다. 서로 공경하며 조심하는 태도는 오히려 그리움 속에서 상대방에게 다가가려는 사랑의 마음을 더욱 간절하게 해 준다. 그리하여 점점 시들어 가는 세속적인 사랑과는 달리, '상경여빈'의 정신은 사랑을 갈수록 새롭게 해 줄 묘약이다.

부부간에 서로 공경해야 한다는 말을 하면 사람들은 대개 그것을 자기 배우자에게만 요구하려 한다. 나를 공경하라는 것이다. 하지만 나는 과연 상대방의 공경을 받을 만큼 믿음과 사랑을 주고 있는지, 혹시 상대방을 함부로 대하고 있는 것은 아닌지 반성해 보아야 한다. 심지어 혹자는 부부관계에서조차 권력이나 재물, 높은 지위 따위로 자신을 내세우려 하기도 하지만, 그것들은 결코 공경거리가 못 된다. 세속적인 욕망이나 추구하면서 그것으로 사랑을 얻으려 하는 사람은 오히려 경멸을 당할 것이다.

그러므로 배우자의 공경을 요구하기에 앞서서 나 자신의 인격을 먼저 닦아야 한다. 《대학》에서 말하는 것처럼, "날마다 날마다 새롭게, 또 날마다 새롭게日日新 又日新" 인격을 닦아 나가지 않으면 안 된다. 세속에 휩쓸리지 않고 영혼을 맑혀 나가는 수행의 삶 속에서만 상대방의 존경을 받을 수 있으며, 순수인격의 교류 속에서 우러나오는 은은한 사랑의 기쁨을 알 수 있다. 물론 그러한 수행은 부부생활 이전에, 자신의 내면 깊은 곳에서 우러나오는 삶의 희열을 느끼게 해 줄 것이다.

▶친구◀

**글로 벗을 만나고,
벗을 통해
사랑의 덕을 닦는다**

───────────── 사람들은 종종, "평생 마음에 맞는 친구 하
나만 있어도 행복할 것"이라는 말을 한다. 그만큼 진정한 친구를 얻기
어렵다는 이야기일 것이다. 그런데 문제는 '진정한 친구'의 조건이 무엇
인가 하는 점이다. 흔히들 친구간의 의리와 믿음을 말하지만, 과연 그
'의리와 믿음'이 무엇을 의미하는지도 참으로 애매모호하다. 거기에는
저급하게는 이른바 '깡패의리'도 있을 수 있다. 또한 친구의 무슨 생각
(행동)이든 믿어 지지하고 후원할 수도 없는 일이다.

　　오늘날 친구는 학연으로 맺어지는 것이 대부분이다. 사회생활 중에
만나는 친구들도 있지만, 대개의 경우는 직장이나 일의 인연이 끊기면
소원해진다. 그러나 학교생활을 함께한 정분으로 만나는 사이는 비교적
오래간다. 소중한 우정이다. 그러한 친구도 없으면 사는 게 참 외롭고
쓸쓸할 것이다.

하지만 이것으로 충분할까? 각급 학교의 동창친구들이 많을 텐데도 왜 사람들은 평생의 진정한 친구 하나를 원할까? 그것은 동창의 우정만으로는 채워지지 않는 무엇을 느껴서일 것이다. 그렇다면 사람들이 그리워하는 진정한 우정의 그 '무엇'이란 어떠한 것인지, 또는 어떠한 것이어야 하는지 깊이 생각해 볼 필요가 있다.

이를 위해서 먼저 공자의 벗 관념을 참고해 보자. 공자는 벗을 '유익한 벗益友'와 '해로운 벗損友'로 나눈다. 정직하고 믿음이 있으며 학식이 깊은 부류의 사람들을 전자로, 그리고 표리부동하고 아부 잘하며 말만 잘하는 반대 부류의 사람들을 후자로 든다. 이들을 '손익損益'의 관점에서 말한 이유는 다른 데 있지 않다. 친구들 가운데에는 나의 인격을 제고시켜 주는 '유익한' 사람도 있고, 반대로 나를 타락의 길로 이끄는 '해로운' 사람도 있기 때문이다.

당연히 '해로운 벗'은 멀리해야겠지만, 사실 금전 문제도 아니고 인격적인 '해로움' 여부를 판단하기란 결코 쉬운 일이 아니다. 특히 평소 가깝게 어울리다 보면 그것은 간과되기가 십상이다. 하지만 그동안 친구와 사귀어 온 정황을 곰곰이 되짚어 보면 잡히는 감이 있다. 이를테면 친구가 나의 생활을 부지불각 중에 흐트러뜨려 온 경우가 있을 것이다. 반대로 드물기는 하지만 만날 때마다 내 마음과 영혼을 맑게 해 주는 친구도 있다.

그러면 '유익한 벗'을 어떻게 하면 찾을 수 있을까? 공자는 말한다. "글로 벗을 만나고, 벗을 통해 사랑의 덕을 닦는다.以文會友 以友輔仁 《논어》" 참다운 우정의 조건을 두 가지로 잡은 것이다. 첫째는 글이다. 이는 문자나 주고받는 것이 친구라는 의미가 아니다. 여기에서 '글'이란 글공

천작天爵

부, 즉 진리탐구의 노력을 뜻한다. 친구란 흉허물 없이 만나 술잔이나 나누면서 의기투합하는 사이로 그쳐서는 안 되며, 진리로 서로를 격려하고 이끌어 주는 관계여야 한다는 것이다.

물론 진리란 학문하는 사람들의 전유물이 아니다. 그것은 책 속에서만 발견될 수 있는 난해한 이치가 아니다. 그것은 사람들이 누구나 일상생활 속에서 실행해야 할 사람의 도리요, 삶의 이치다. 《중용》은 말한다. "도(진리)는 삶에서 한순간도 떠나 있지 않다. 떠나 있다면 그것은 도가 아니다." 그러므로 전문지식은 없지만 그래도 사람의 도리와 삶의 이치를 지키며 사는 사람이 박식하기만 한 학자보다 오히려 더 진리인이다.

진정한 우정의 핵심이 여기에 있다. 사람의 도리와 삶의 이치, 즉 진리의 정신이다. 이이 선생은 단도직입적으로 말한다. "벗이란 도(진리)를 벗하는 것이다." 말하자면 진리의 정신으로 친구를 만나며, 친구의 진리정신을 벗하는 것이다. 여기에는 친구의 도움으로 진리의 세계에 들어가고자 하는 염원이 담겨 있다.

맹자가 친구의 도리로 '책선責善'을 강조한 것도 이러한 이유에서였다. 친구는 서로 진리에 따라 바르게 살도록 조언하고 충고하며, 때로는 꾸짖기도 해야 한다는 것이다. 친구의 잘못된 행동과 타락을 묵인하고 방관하는 것은 친구가 아니라, 서로 무관심한 남남이나 다름없다. 이황 선생은 말한다. "잘못이 있을 경우에는 당연히 서로 바로잡아 주고 꾸짖어 주어서 잘못을 적게 갖도록 하는 것이 바로 벗의 도리다. 친구 간에 적당히 보아주면서 서로를 저버리는 일은 옳지 않다."

물론 '책선'은 친구 사이에서만 필요한 것이 아니다. 그것은 다른 수많은 인간관계에서도 요구되는 정신이다. 부부간이든 선후배 사이든 상대방의 악행과 타락을 외면하는 것은 그와의 관계를 단절하겠다는 뜻이나 마찬가지다. 그것은 관계인의 도리가 아니다. 특히 자신의 입장에서 말하면 나는 자아의 향상을 위해서 다른 사람들의 '책선'을 적극적으로 바라야 한다. 물론 이를 위해서는 남들의 충고와 비판을 경청할 줄 아는 겸허한 마음을 평소에 길러야 한다. 도덕적, 지적인 자만(자존)심은 남들의 '책선'을 고마워하기는커녕 오히려 기분 나쁘게 여겨 거절할 것이기 때문이다.

옛날의 사례를 하나 들어 보자. 중국 송나라의 주희朱熹, 1130~1200 선생은 그동안 자신이 해 온 공부가 잘못되었음을 자책하면서 한 제자에게 '책선'해 주기를 간절하게 요청하였다. 특히 여기에는 유학자들이 사제간의 관계에서 스승으로 자처하지 않고 제자들을 학문의 벗으로 여겼던 아름다운 기풍이 깔려 있다. 선생은 말한다.

지난날에는 그래도 장경부張敬夫와 여백공呂伯恭이 때때로 고맙게도 충고해 주어서 나 자신을 경각시킬 수 있었습니다. 그런데 두 벗이 세상을 떠나고 말아 그러한 충고의 말들을 더 이상 들을 수가 없으니, 공부의 답보와 태만이 어찌 이 지경으로 되지 않겠습니까. 이제 우리 자징子澄 (제자 유청지劉淸之의 자)에게 깊이 바라노니, 앞으로 편지를 통해 통렬하게 일깨워주십시오. 군자가 사람들을 덕으로 사랑하는 뜻이 바로 거기에 있습니다.

둘째 공자는 사랑의 덕을 우정의 조건으로 여겼다. 이는 인자한 사람을 친구로 사귀어야 한다는 의미만은 아니다. 거기에는 친구를 본받

천작天爵

아 자신도 사랑의 덕을 기르고자 하는 뜻이 담겨 있다. 물론 사랑은 우리가 언제, 어디서나 추구해야 할 정신이지만, 친구와의 교제 속에서 그 정신을 더욱 키우려는 것이다.

나에게는 마음이 맑은 외우畏友 한 사람이 있다. 언젠가 함께 교정을 산책하던 중에 그가 보여 준 모습을 나는 잊지 못한다. 보도블록 위에서 꿈틀거리는 지렁이 한 마리를 손으로 집어서 길가 촉촉한 풀들 사이에 넣어 주는 것이었다. 그것은 사람과 지렁이가 하나가 되어 '벌거벗은 존재'가 빛나는 모습이었다. 사람들은 지렁이를 징그럽게 여기면서 자신의 존재 밖으로 내던지지만, 그 친구는 먼지에 쌓인 지렁이의 갑갑한 생명을 마치 자신의 것처럼 체감하면서 사랑의 손길을 뻗친 것이다. 그날따라 하늘이 참 맑고 술맛이 좋았다.

이처럼 진정한 친구는 나의 삶을 이끌어 준다. 서로 마음에 맞는 정도에 그치지 않고, 진리와 사랑의 정신으로 나를 감화시키고 나의 정신을 고양시켜 준다. 이이 선생이, "선비는 벗과 3일간만 헤어져도 눈을 비비고 그를 기다린다士別三日 刮目相待"고 말한 것도 이러한 기대에서였다. 잠시 만나지 못했지만 친구가 이루었을 진취의 덕택을 입고 싶다는 것이다. 만약 그러한 진취의 노력을 함께하는 사이라면 양자의 만남은 더없이 아름다울 것이다.

"벗이 먼 곳에서 찾아온다면 그 또한 즐겁지 않겠는가!有朋 自遠方來 不亦樂乎 (《논어》)" 했던 공자의 말도 사실 이러한 맥락이었다. 그것은 오랜만에 만나 그저 정담이나 나누고, 서로의 회포를 풀 수 있어서 즐거우리라는 뜻에 불과한 것이 아니다. 우리는 그것을 저 글의 앞, "배우고 때로 익히면 그 또한 기쁘지 않겠는가!學而時習之 不亦悅乎" 하는 말의 연장선상에서 이해해야 한다. 즉 저 '벗'은 나의 (진리)배움과 실천을 흠모하여 찾아오는 사람을 지칭하며, 그 '즐거움'은 배움과 실천의 '기쁨'을 그와 함께 나누리라는 기대를 표현한 것이다.

이러한 교제와 우정은 이제 책에서나 찾아볼 수 있는 역사의 화석이 되고 말았다. 게다가 오늘날 어떠한 유형이든 가벼운 만남에 익숙해져 있는 우리들에게 그러한 교제의 요구는 견디기 어려운 부담으로 느껴지기도 한다. 심지어 혹자는 이에 대해, 친구와 만나 다정을 나누는 기쁨이면 됐지, 왜 그렇게 고상한 척하면서 어렵게 살려느냐고 핀잔하고 싶기도 할 것이다.

하지만 무슨 일에서든, 어떤 자리에서든 깊은 의미를 추구할수록 삶의 행복도 배가되는 법이다. 그러므로 가벼운 만남에 만족하려 해서는 안 된다. 저와 같이 진리와 사랑의 고매한 정신으로 주고받는 우정의 세계를 열어 나갈 필요가 있다. 만약 그러한 친구를 주변에서 만나기 어려우면, 동서고금의 위대한 책과 음악, 그림 작가들의 정신과 벗하는 즐거움을 누려 볼 수도 있을 것이다.

더 나아가 나무 한 그루와 풀 한 포기, 벌레 한 마리의 생명들과도 교감하고 상통해 볼 일이다. 저들이나 나나 다 같이 생로병사의 운명에 부대끼며, 죽음과 함께 모두 땅으로, 또는 무로 돌아간다고 생각해 보자. 그러면 나의 존재 깊은 곳에서 그들과 따뜻하게 '벗'하고 싶은 마음이 우러나올 것이다. 우리는 그 모습을 이황 선생이 소나무, 국화, 대나무, 그리고 매화와 '풍상계風霜契'를 맺어 벗했던 데에서 목격한다.

제

5

부

▲

수행

사랑은 사람의 편안한 집이요, 의로움은 사람의 바른 길인데,
편안한 집을 비워 둔 채 거기에서 살지 않고,
바른 길을 버려 둔 채 걷지 않으니, 딱하구나!

−《맹자》

▶닦음과 가꿈의 정신◀

천만의 갈래길에
양주(楊朱)의 눈물을 뿌리며
가는 이가 다시는 없구나

─────────── 사람은 존재가 확정되지 않은 유일한 동물이다. 여타의 동물들은 자연(신)에 의해 부여된 제각각의 생존본능에 따라 살아간다. 하지만 사람은 그러한 본능이 결여되어 있으며, 대신 타고난 정신적 역량(이성)으로 자신의 존재를 스스로 만들어 나가도록 운명 지어져 있다. 비유하자면 동물은 지구상에 출현한 이래 제각기 정해진 존재의 멜로디에 따라 똑같은 노래를 하지만, 사람은 스스로 그 멜로디를 만들어 자기 고유의 노래를 하게끔 되어 있다. 사람마다 다 다른 인간관이 이 점을 잘 말해 준다. 각종의 종교적인 인간관은 그 구체적인 예들을 단적으로 보여 준다.

그리하여 사람들은 마치 "페르시아의 양탄자를 짜듯이(서머싯 몸)" 각자 자신의 존재를 죽는 순간까지, 그것도 다양한 방식으로 직조해 나간다. 사람마다 수놓는 자기 존재(삶)의 무늬가 다 다른 것이다.

그것은 인류가 경탄하고 찬양하는 성인의 아름다운 무늬에서부터, 사람들이 비난하고 혐오하는 악당의 추악한 것에 이르기까지 천차만별이다. 내가 삶의 현장에서 행하는 순간순간의 선택과 결단도 따지고 보면 나 자신의 '존재의 양탄자에 한 땀 한 땀의 수놓기'에 다름 아니다.

사람들은 누구나 예외 없이 자신의 존재를 지극히 소중하게 돌본다. 억만 년을 빌어도 다시는 못 가질 나의 존재는 그 자체로 그야말로 축복이다. 특히 만물 중에서도 사람으로 태어났음은 축복 가운데 축복이다. 그러므로 우리는 자신이 못났다 하여, 또는 세상살이가 뜻대로 되지 않는다 하여 불평불만만 해서는 안 된다. 지금, 이 자리에 존재하는 것만으로도 감사하고 또 감사할 일이다. 사람들은 죽음 앞에서 실제로 그러한 축복과 감사를 온몸으로 느낀다.

그런데 사람들은 자신의 존재를 소중히 여기면서도, 정작 어떻게 가꾸어야 할 것인가에 대해서는 거의 관심을 갖지 않는다. 대부분의 사람들은 화장, 성형수술, 그 밖에 갖가지로 외모를 꾸미는 것에는 지극정성이지만, 자신의 존재를 아름답게 가꾸어 나갈 생각은 하지 않는다. 아니 "나는 과연 어떠한 존재인가?" 하는 물음을 진지하게 던지지 않고, 다만 평생 부귀영화의 외형적인 치장에만 골몰한다. 그러한 세태를 탄식하는 이황 선생의 시를 한 편 읽어 보자.

명리에 휩쓸리고 세속에 이끌려서
고금의 영웅호걸 얼마나 전락했나
천만의 갈래길에 양주楊朱의 눈물을
뿌리며 가는 이가 다시는 없구나

만약 선생이 오늘날의 세태를 본다면 무어라고 말할까? 이 시대에는 '영웅호걸'뿐만 아니라 거의 모든 사람들이 부귀영화를 지상의 과제로 추구하고 있기 때문이다. 사람들은 이미 오래전에 '양주의 눈물'을 아예 잊었다. 눈물은커녕 적자생존의 정글사회에서 모진 마음으로 메마른 눈을 부릅뜨고 세상에 나선다.

옛날 양주라는 사람이 있었다. 그는 잃어버린 양을 찾아 나섰다가 여러 갈래의 길 앞에서 어디로 가야 할지 모르고 망연자실하여 울어 버렸다고 한다. 이 우화에서 선생은 인간의 실존이 처한 '천만의 갈래길'을 상념하고 있다. 위에서 말한 인간존재의 불확정성을 그렇게 은유한 것이다. 이를테면 내 앞에는 지금 수많은 행동의 길이 열려 있다. 글쓰기를 중단하고 산책을 할 수도 있고, 사람들을 만나 잡담을 할 수도 있으며, 혼자서 어디론가 훌쩍 여행을 떠날 수도 있다.

당연히 어떠한 선택을 하는가에 따라 나의 '존재의 양탄자'의 수가 달라질 것이다. 순간의 선택이 일생을 좌우할 수도 있다. 글쓰기와 잡담과 여행의 차이가 지금 시점에서는 아주 사소한 것처럼 보이지만, 옛말에 이른 것처럼 "처음의 근소한 차이가 나중에는 천 리의 간격을 만들어 낸다." 이에 따라 나의 삶이 달라질 것임은 물론이다.

그러한 차이는 물론 행동 이전에 생각에서부터 비롯된다. 일의 판단이 삶의 길을 다르게 만든다. 예를 들면 누구를 결혼의 배우자로 결정할 것인가에 따라 이후의 인생이 크게 달라진다. 이해득실의 의식은 무슨 일이든 손해 보려 하지 않을 것이며, 부처님의 마음은 만물에게 한없는 자비를 베풀려 할 것이다. 그렇게 우리는 사고와 행위의 매순간마다 '천만의 갈래길'에 직면한다. 그것이 인간의 실존이다.

사람들은 이러한 실존의식을 얼마나 갖고서 삶의 현장에 나설까? 생각과 행동의 자리에서 취하는 선택이 자신의 존재를 향상시킬 수도 있고 전락시킬 수도 있다는 사실을 우리는 얼마나 자각하고 있을까? 이를테면 '세속의 명리'를 택하는 사람은 자신의 존재를 그만큼 혼탁하게 만들 것이요, 이에 반해 진리와 사랑, 의로움의 길을 걷는 사람은 자신의 존재를 고매하게 만들 것이다. 일찍이 공자는 이를 다음과 같이 표명하였다. "군자는 향상하고 소인은 전락한다.君子上達 小人下達 (《논어》)"

　　과거에 사람들 사이에 흔히 오갔던 '수양修養'이라는 말의 뜻을 우리는 이러한 관점에서 음미해 볼 필요가 있다. 불행하게도 그것은 요즈음 생소한 용어가 되고 말았지만, 인간학적인 관점에서 살펴보면 거기에는 오늘날에도 되살려야 할 소중한 삶의 정신이 담겨 있다. 그것은 "심신을 수련하여 지덕知德을 계발"한다는 사전적인 의미를 넘어, 사람들이 각자 자신의 존재(자아)를 닦고修 길러養 나갈 것을 강조하는 뜻을 함축하고 있기 때문이다. 인격이란 그러한 닦음과 기름을 통해 얻어지는 사람됨의 품격을 뜻한다.

　　오늘날 '수양'이라는 말이 생소하게 느껴지는 이유는 다른 데 있지 않을 것이다. 전문지식과 기능이 존중되고, 또 물질이 숭배되는 사회에서 인격의 수양은 별 의미와 실용성이 없어 보이기 때문이다. 한 마디로 인격이 취직과 출세를 보장하지 않는다는 것이다. 하지만 물질 만능의 천박한 풍조 속에서 우리가 직접 가슴 아프게 겪고 있는 것처럼, 인격가치를 천시하는 사회는 곧 인간이 실종된 야만이나 다름없다. 당연히 그 안에서는 삶의 평화와 행복을 기대할 수 없다. 아무리 기술문명이 발달하고 물질이 풍족하다 하더라도 인격의 빈곤상태에서는 그것들을 올바르게 향유할 정신능력이 모자라기 때문이다.

전문기능과 자본주의가 지배하는 이 사회는, 인간학적인 관점에서 살피면, 사람들을 '자포자기自暴自棄'의 길로 몰고 가는 것처럼 보인다. 요즈음 '자포자기'라는 말은 불만이나 절망 속에서 마구 되는 대로 살아가는 태도를 뜻하지만, 그러나 맹자가 처음 그 말을 쓸 때에는 이와는 의미가 크게 달랐다. 그의 말을 들어 보자.

자신을 해치는自暴 사람과는 이야기를 나눌 수 없고, 자신을 버리는自棄 사람과는 일을 함께할 수 없다. 말끝마다 예절과 의로움을 비난하는 것을 일러 '자신을 해친다'고 하고, "나는 사랑과 의로움을 행할 능력이 없다"고 여기는 것을 일러 '자신을 버린다'고 한다. 사랑은 사람의 편안한 집이요, 의로움은 사람의 바른 길인데, 편안한 집을 비워 둔 채 거기에서 살지 않고, 바른 길을 버려 둔 채 걷지 않으니, 딱하구나!

이렇게 살피면 오늘날 사람들이 전문지식과 물질 만능의 사고에 빠져들어 사랑과 의로움 등의 인격가치를 쓸모없다고 무시하고 포기하는 것은 그야말로 사람됨의 '자포자기'나 다름없다. 그러나 그 뒤에 남는 것은 무엇일까? 그들의 삶에는 기껏 물질과 권세와 헛된 이름 등 이외에는 달리 볼만한 내용이 없을 것이다. 오늘날 사람들이 "참을 수 없는 존재의 가벼움"에 시달릴 수밖에 없는 까닭이 여기에서 드러난다. 그것은 물론 우리가 자초한 결과다.

우리는 '존재의 가벼움'을 벗어나기 위해 진리와 사랑과 의로움과 예절 등의 인격가치를 소중하게 배양하지 않으면 안 된다. 그러한 가치로 평소 자아를 닦고 기르는 수양의 노력을 강화해야 한다. 이는 돈과 시간을 요하는 어려운 과제가 아니다. 일상생활에서, 모든 만남의 자리에서 인격의 정신을 잃지 않으면 된다. 이를 위해 동서고금을 막론하고 수행자들이 보여 준 정신과 행로를 눈여겨볼 필요가 있다. 그들은 인간 존재의 본성을 통찰하고 인격을 완성한 선구자들이기 때문이다. 이제 아래에서는 우리의 전통을 토대로 오늘날 우리가 자아를 어떻게 가꾸어 나가야 할지 모색해 보려 한다.

천작天爵

▶일신 우일신 日新 又日新◀

**우리도 그치지 마라
만고상청하리라**

───────────── 사람들은 매일 샤워를 하면서 몸을 청결하게 관리한다. 더 나아가 얼굴과 몸매를 꾸미는 데 갖가지로 세심하게 신경을 쓴다. 그러나 이처럼 육체적인 생명에는 노력과 정성을 다하면서도, 정작 마음을 곱게 가꾸는 등 정신생명의 수양에는 소홀히 한다. 우리 사회에서 한동안 유행했던 이른바 '웰빙'의 풍조는 이러한 모습을 단적으로 보여 준다. 사람들은 그처럼 먹거리의 차원에서만 그것을 추구할 뿐, '정신적인' 웰빙에는 무관심하다.

과거에 선비들은 오히려 정신생명의 향상을 평생의 과제로 여겼다. 이황 선생의 말대로 그야말로, "숨이 끊어지는 마지막 순간까지 사랑의 정신을 놓지 않으려" 하였다. 선생은 세상을 떠나기 며칠 전 설사로 인해 방 안의 요강에서 용변을 보면서, 윗목 한쪽에 놓여 있던 분매盆梅를 다른 방으로 옮기도록 당부했다고 한다. 선생은 말한다. "매화 형에게 불결할 터이니 내 마음이 편치 못하다." 이는 역시 부단한 수행 속에서 순결해진 생명감각으로 매화와 교감하는 한 단면을 영상처럼 보여 준다.

《대학》의 이른바, "날마다 날마다 새롭게, 또 날마다 새롭게日日新 又日新"라는 잠언 또한 정신생명의 자각 위에서 나온 것이다. 옛날 중국 역사에서 성왕聖王으로 숭배되었던 탕湯 임금이 있었다. 그는 자신의 욕조에 저와 같은 글귀를 새겨 두었다고 한다. 몸만 씻지 않고 마음도 날마다 새롭게 닦으려는 뜻에서였다. 일상생활 속에서 자신의 존재에 낄 수 있는 세속의 때를 벗겨 내 자아를 순결하게 닦고 가꾸려는 것이었다.

'우일신'의 정신은 도덕심의 수행만을 목표로 하지 않는다. 거기에는 부단한 자기 초월의 의지가 내재되어 있다. 그는 일상의 자기 자신에 만족하지 않고 그것을 뛰어넘어 고매한 인격의 지평을 '날마다 새롭게' 넓혀 나가려 한다. 수양하는 삶의 환희가 여기에서 생겨날 것이다. '날마다 새로운' 정신의 눈빛에 세계만물은 반복무상의 진부한 티를 벗고, 시시각각 참신하고 경이로운 모습으로 다가올 것이기 때문이다.

헤르만 헤세의 《데미안》에서 새가 알껍데기를 깨고서 아프락사스 신에게로 날아오른다는 이야기를 우리는 이러한 뜻으로 이해해 볼 수 있다. 새가 깨트리는 껍데기는 참으로 견디기 어려운 세속적인 삶의 세계요, 아프락사스 왕국은 나를 초극하여 만물과 교감하는 '벌거벗은' 존재의 세계일 수도 있다. '우일신'의 정신은 이처럼 세속의 세계에 안주하지 않고 부단한 자기 초월을 통해 신적인 경지에서 만민은 물론, 만물을 자신의 품에 아우르려 한다. 이른바 "천인합일天人合一"의 지평이 여기에서 열린다.

"사람이 거듭나지 않으면 하느님의 나라를 볼 수 없다"는 《성경》의 말뜻 또한 이렇게 이해해 볼 수 있다. 성령으로 거듭나야 한다는 말은, 밝은 덕성으로 자신을 부단히 각성하고 고양시키는 '우일신'의 정신과 도 통한다. 그리고 위에서 말하는 '하느님의 나라'란 꼭 사후의 천국만 을 뜻하는 것이 아니라면, 그것 역시 '우일신'의 정신이 이르고자 하는 "천인합일"의 환희로운 세계와 일맥상통할 것이다.

이제 이러한 '우일신'의 정신을 선비들의 삶에서 확인해 보자. 그들 이 실천적으로 보여 준 그 정신은 오늘날 우리들의 부끄러운 모습을 돌 아보게 해 준다. 부단한 자기 초월과 거듭남의 정신으로 순결한 본성을 되찾으려 하지 않고 세속적인 욕망만을 추구하는 부박한 삶을 말이다. 먼저 이황 선생의 〈도산십이곡〉 가운데 한 편을 읽어 보자.

청산靑山은 어찌하여 만고萬古에 푸르르며
유수流水는 어찌하여 주야晝夜에 그치지 않는고
우리도 그치지 마라 만고상청萬古常靑하리라

이는 수행의 정신을 노래한 것이다. 자아의 닦음과 기름을 '주야로 그치지 말고' 부단히 해 나가야 한다는 것이다. 그 노력을 한순간이라도 게을리하면 그 자리에 욕망이 틈입하고 이기심이 발동하여 자아의 전락 을 면치 못하기 때문이다. 맹자는 그것을 산길에 비유한다. 사람들이 잠 깐이라도 이용하지 않으면 띠풀들이 금방 뒤덮는 산길처럼, 마음도 수 양을 게을리하면 욕망이나 이기심 등으로 쉽게 거칠어진다는 것이다.

"하루라도 글을 읽지 않으면 입안에 가시가 돋는다─日不讀書 口中生荊棘"

는 안중근 선생의 글귀도 이러한 뜻을 담고 있다. 그것은 과거에 소리 내서 글을 읽었던 관행에서 나온 것만이 아니다. 거기에는 인격수양의 글공부 정신이 담겨 있다. 하루라도 공부를 놓으면 마음이 그만큼 거칠어진다는 것이다. 개인적으로 매번 체험하는 일이지만, 일요일 하루 집에서 편안히 쉬고 난 뒤, 월요일 아침 연구실에 나와 책을 대하면 왠지 모르게 서먹한 느낌을 떨치기가 어렵다. 하물며 마음공부는 더 말할 필요가 없다. 김인후 선생은 이를 배젓기에 비유하여 다음과 같이 읊는다.

공부란 물 거슬러 배젓기와도 같은 것
노를 한 번 늦추면 이내 뒤로 밀려나리라
다잡지 않으면 건너기가 어려우니
배주릴 때 밥을 먹듯 목마를 때 물 마시듯 하라

이는 '우일신'의 수행정신이 자기 존재(자아)에 대해 예민한 감각을 갖고 있음을 보여 준다. 그 감각은 외부의 자극에 민감하게 반응하는, 여리고 투명한 어린아이의 살결과도 같다. 그리하여 그 정신은 저 '배젓기'의 현장에서처럼 삶의 매 순간이 자아의 향상과 전락의 기로임을 알아, 마치 '배주릴 때 밥 먹듯 목마를 때 물 마시듯' 자아를 닦고 기르려 한다. 이는 더러운 때로 얼룩져 무딘 존재감각 속에서 전락의 삶에 자족하는 세속인들의 모습과 크게 대비된다. 이것이 공자가 말한, '위로 향상하는上達 군자'와 '아래로 전락하는下達 소인'의 대조적인 실상이다.

'우일신'의 정신은 궁극적으로는 인간의 본성을 깨달아 실현하는 데에 목표를 둔다. 인간의 본성이 과연 무엇인가 하는 문제에 대해서는 물론 수행인마다 답변이 다를 수 있다. 예를 들면 천주교의 수사修士는 '고결한 영혼'을, 불교의 수도승은 '청정한 불성佛性'을, 유교의 선비는 '밝은 덕성'을 주장한다. 하지만 명칭의 차이는 그렇게 중요한 문제가 아니다. 무어라고 이름을 붙이든 인간의 본성은 하나이기 때문이다.

'우일신'의 정신은 본성의 깨달음 자체로 만족하지 않는다. 과거 인류의 스승들이 보여 준 것처럼, 그는 자신의 내면 깊은 곳에서 자각한 우주적인 본성을 밖으로 실현하려 한다. 그는 온갖 생명들을 키우는 '푸르른 산青山'처럼, 만민과 만물을 품에 안고서 그들의 생성과 발육을 도우려 한다. 앞서 살펴본 것처럼, "이 세상에서 가장 넓은 집"에서 사는 대장부가 바로 그러한 사람이다.

'우일신'의 수행은 예나 지금이나 일상에 부대끼며 살아가는 일반인들에게는 환상처럼 여겨진다. 그것은 어쩌면 수행을 전업으로 하는 성직자에게나 가당한 일처럼 보인다. 하지만 저들처럼 치열하지는 못하다 하더라도, 우리 같은 보통사람들도 그것을 노력해 볼 필요가 있다. 소중하기 그지없는 나의 존재를 아름답게 가꾸고 꽃피우기 위해서요, '날마다 새로운' 눈빛으로 경탄스러운 세계와 삶을 누리며 살기 위해서다.

'우일신'의 수행은 깊은 산중에서나 할 수 있는 일이 아니다. 사실 산중의 수행은 참다운 것도 아니다. 수행은 사람들과 더불어 사는 일상생활 속에서 실행되어야 한다. 가정에서, 출근길에서, 또는 직장 내에서 사람들을 만나는 자리가 바로 수행의 현장이다. 욕망, 이기심, 분노 등을 다스려 사람들에게 순수한 인격으로 다가가며, 일을 사심 없이 처리하려는 노력이 바로 수행의 한 방법이다. 더 나아가 수행정신

으로 바라보면 세상만사가 다 자아의 발견과 성취를 위해 긴요한 자료
들이다.

▶자기성찰◀

**일이 뜻대로 되지 않으면
문제점을 자기 자신에게서
찾아야 한다**

──────────── 사람들은 흔히 인간관계나 또는 일에 문제
가 생기면 그 원인을 일차적으로 상대방이나 또는 바깥 사정에서 찾는
다. "내 탓이 아니라 네 탓"이라 하면서 상대방을 비난하고 또 세상을
원망하기도 한다. 이러한 태도는 당연히 자타간에, 그리고 세상과 갈등
만 일으키면서 일을 더욱 어렵게 만든다. 이에 관해서는 앞서 〈만남의
정신〉 부분에서 간략하게 살펴보았지만, 이 자리에서는 좀 더 깊이 논
의해 보자.

수행정신은 삶에서 부딪치는 모든 일들을 자기성찰과 향상의 자료
로 삼는다. 공자는 말한다. "활쏘기는 군자의 정신과 유사한 점이 있다.
과녁을 벗어나면 문제점을 돌이켜 자기 자신에게서 찾는다.(《중용》)" 훌
륭한 궁수는 활쏘기에서 과녁을 못 맞힐 경우에 활의 품질이나 바람의
방향 등을 탓하기 전에 자신의 자세와 호흡을 반성한다. 마찬가지로 군

자는 특히 일이 뜻대로 풀리지 않을 때 남을 비난하기에 앞서 자신부터 되돌아본다. 맹자 또한 다음과 같이 말한다. "사랑은 마치 활쏘기와도 같다. 궁수는 자신의 자세를 바로잡아 화살을 당기는데, 설사 과녁에 적중하지 않았다 하더라도 승자를 원망하지 않는다. 그는 문제점을 돌이켜 자신에게서 찾을 뿐이다.(《맹자》)"

우리에게 익숙한 '일일삼성-日三省'이라는 글귀 또한 군자의 수행정신을 잘 예시해 준다. 이는 하루에 세 번 반성한다는 말이 아니다. 하루에 세 가지 사항을 수시로 반성한다는 뜻이다. 증자曾子는 말한다. "나는 매일 세 가지를 반성한다. 남을 위해 일을 하는데 불성실하지는 않았는가? 친구와 사귀는데 신의를 잃지는 않았는가? 스승의 가르침(진리)을 실천하지 못하는 것은 아닌가? 하는 것이다.(《논어》)"

이는 오늘날에도 여전히 중요한 삶의 지침이다. 성실과 신의, 그리고 진리는 언제, 어디에서나 사람들의 삶과 사회를 지탱해 주는 정신적인 지렛대이기 때문이다. 그것들을 배반하는 사람은 자신의 존재를 스스로 부정하는 것이나 마찬가지다. 극단적으로 사람들은 그를 사람으로 취급하려 하지 않을 것이다. 또한 그것들이 부재한 사회는 당연히 혼란과 멸망을 면치 못한다. 이를 나누어 살펴보자.

첫째 성실의 정신이다. 위의 인용문은 남의 일도 마치 제 일처럼 성실하게 행할 것을 강조하고 있지만, 사실 성실의 정신은 남과의 관계 이전에 매사에 매우 중요한 덕목이다. 일상생활의 모든 자리에서 사람들이 너 나 할 것 없이 성실성을 강조하는 것만 보아도 이를 잘 알 수 있다. 이에 관해서는 항목을 달리하여 뒤에 다시 논의하려 한다.

둘째 신의의 정신이다. 위의 인용문은 친구와의 관계에서 신의를 잃어서는 안 됨을 강조했지만, 그것은 역시 인간존재의 존립조건이라는 점에서 중요한 자기성찰거리이기도 하다. 공자는 말한다. "사람이 신의가 없으면 그가 어떻게 살아갈 수 있을지 모르겠다. 소달구지와 마차에 멍에가 없다면 그것들이 어떻게 움직일 수 있겠는가.(《논어》)" 더 나아가 사람들이 서로를 믿지 못하는 사회는 적자생존을 위한 권모술수만 지배하여 강자만이 살아남는 정글이 되고 말 것이다. 그러므로 신의는 한 사회의 중요한 가치 토대가 아닐 수 없다. 프랜시스 후쿠야마가 신뢰Trust를 '사회적 자본'이라고 강조한 이유도 여기에 있다.

셋째 진리의 정신이다. 이의 중요성에 관해서는 이미 누누이 이야기했으므로 더 이상의 논의를 생략한다. 다만 한 가지 첨언한다면, 진리는 스승과 제자 사이에서만 수수되는 것이 아니라는 사실이다. 수행에 진지한 사람은 그가 만나는 모든 사람들을 자신의 스승으로 여긴다. 사람들은 "삼인행三人行에 필유아사必有我師"라는 공자의 말을 지금도 종종 인용한다. 사실 나와 동행하는 두 사람이 모두 나에게 무언가 가르침을 주는 스승이 될 수 있다. 즉 선인善人이 나의 스승이 됨은 물론, 악인조차 반면 거울로 나를 가르칠 수 있다.

심지어 "연탄재 함부로 차지 마라. 너는 누구에게 한 번이라도 뜨거운 사람이었느냐!"고 일갈했던 안도현 시인에게는 식어 버린 연탄재조차 '뜨거운' 사랑을 가르치는 스승으로 비쳤을 것이다. 시인들은 이처럼 사소한 사물과 현상에서조차 삶의 이치(진리)를 형상화하여 독자들의 자기성찰을 유도하는 뛰어난 능력을 갖고 있다.

'일일삼성'의 자기성찰 정신에는 하나의 정신기조가 깔려 있다. 그것은 표면적으로는 남에 대한 성실성과 친구에 대한 신의를 말하고 있지만, 수행인은 돌아서서 자기 자신에게로 눈을 집중한다. 즉 그의 자기성찰은 남들과 원만한 관계를 유지하기 위해 신의성실의 원칙을 지키려는 것이 아니다. 그는 근본적으로 성실과 신의와 진리로 자신의 삶을 완성하려 한다. 그렇지만 그의 자기성찰 정신은 '남(친구)'의 공명과 호응을 불러일으키면서 그들도 함께 성실과 신의와 진리의 길로 나아가게끔 해 줄 것이다.

설사 이러한 기대가 충족되지 않는다 하더라도 수행인은 성찰의 노력을 그만두지 않는다. 그는 상대방을 나무라기 이전에 문제점을 자기 자신에게서 찾아본다. 이황 선생은 말한다. "일이 뜻대로 되지 않으면 문제점을 자기 자신에게서 찾아야 한다." 맹자는 구체적으로 다음과 같이 말한다. "내가 어떤 사람을 사랑하는데 그가 받아들여 주지 않으면 자신의 사랑을 반성하고, 사람들을 다스리는데 그들이 다스림을 받으려 하지 않으면 자신의 지혜를 반성하며, 어떤 사람에게 예의를 갖추었는데 그가 답례하지 않으면 자신의 공경심을 반성해야 한다.《맹자》"

더 나아가 자기성찰의 정신은 남들의 충고와 비판을 겸허하게 받아들일 자세를 갖는다. 사실 자신의 생각과 태도를 고집하는 독선의식과 자만심에는 자기성찰의 여지가 없다. 자신을 옳다고 여기는 그는, "내 탓이 아니라 네 탓"이라는 주장만 할 것이기 때문이다. 당연히 이로 인해 남들과 이런저런 갈등을 일으킬 것임은 불문가지의 일이다. 한편으로 남들의 충고와 비판에 담겨 있는 새로운 의견과 사상, 세계를 그가 접할 수 없다는 사실은 그에게 가장 큰 불행이다.

그러므로 충고와 비판은 약이요, 칭찬은 오히려 독이다. "칭찬은 고래도 춤추게 만든다"고 하지만, 사실 거기에는 간과할 수 없는 문제점

천작天爵

이 있다. 칭찬만 듣는 사람은 자기가 잘하는 줄로 여기면서 독선적인 성격을 키우게 될 것이며, 그는 양보와 타협의 여지를 모르고 걸핏하면 남들과 부딪치기만 할 것이다. 우리는 그 실례를 외동이로 자란 사람들에게서 종종 목격한다.

수행인이 자신의 약점과 과오를 남들 앞에 스스럼없이 드러내는 것도 이 점을 알고 있기 때문이다. 공자는 말한다. "군자의 잘못은 일식이나 월식과도 같다. 잘못을 범하면 사람들이 모두 바라보고, 그것을 고치면 사람들이 모두 우러러본다.(《논어》)" 사람들은 흔히 잘못을 저지르면 어떻게든 그것을 감추고 변명하려 하기 때문에 잘못이 더 커지고 만다. 하지만 군자는 사람들에게 자신의 잘못을 솔직하게 인정하고 사과하면서 자아의 쇄신과 삶의 향상을 도모한다. 군자가 존경을 받는 이유가 여기에 있다.

자기성찰의 정신은 오히려 남들한테서 칭찬받는 것을 불안해하면서 그보다는 비판과 충고를 바라기도 할 것이다. 특히 자기성찰을 통해 지적인 무지와 도덕적 무능을 자각하는 수행인의 겸허한 정신은 남들의 비판과 충고를 적극적으로 원할 것이다. 그는 그것이 자기 성장과 발전의 계기가 됨을 믿기 때문이다. 이황 선생은 말한다. "무릇 나와 의견을 달리하는 자야말로 정말 나를 도와주는 사람이요, 나를 외면하고 나를 질책하는 자야말로 정말 나를 존중해 주는 사람이다."

선생은 이러한 자세를 학문 논쟁의 자리에서까지 견지하면서, '발병구약發病救藥'이라는 말로 제자들의 비판을 기다렸다. 자신이 어떤 주장을 하는 것은 남들을 설득하려 해서가 아니라, 거꾸로 자기 논리의 병통을 스스로 드러냄으로써發病 남들의 고견을 들으려는救藥 의도라는 것이다. 우리는 여기에서 선생의 겸허한 구도 자세를 우러르게 된다. 제자들 앞에서 스승이라는 비본질적인 자아상으로 안주하지 않고, 오직 진리로써 자신을 성찰하며 참자아를 완성하려 했던 모습을 말이다.

▶타산지석◀

**사람은 우환에서 살고,
안락에서 죽는다**

—————————— 자기성찰과 수행의 정신은 오늘날의 일상
용어이기도 한 '타산지석'의 교훈에도 담겨 있다. 국어사전을 찾아보면
그 말은, "다른 사람의 하찮은 언행일지라도 자기의 지혜와 덕을 연마
하는 데 도움이 된다."는 뜻이라고 한다. 하지만 원래의 의미는 이와 상
당히 다르다. 먼저 그것의 전거인 《시경》의 시구를 인용해 본다. "다른
산의 돌로 옥을 가공할 수 있다.他山之石 可以攻玉" 옥을 다듬는 데에는 다른
산에서 나오는 돌을 이용하는 것이 좋다는 뜻이다.

옥은 본래 부드럽고 매끄러운 물건이다. 그러므로 만약 두 개의 옥
덩어리를 서로 대고서 갈면 그것들은 쉽게 가공이 되지 않는다. 사포처
럼 거칠거칠한 돌로 갈아야 한다. '타산지석'이 바로 그것이다. 아름다
운 옥을 만들기 위해서는 거친 돌로 갈아야 한다는 것이다. 거친 돌을
굳이 '다른 산'에서 구하는 이유는 그것이 옥을 캔 산의 석질石質과 상이

하기 때문이다.

사람도 마찬가지다. 아무리 유유상종이라 하지만 나와 생각을 같이 하는 사람하고만 어울리면 성장과 발전을 기대하기가 어렵다. 오히려 나와 세계관이나 철학을 달리하는 사람이 나를 많이 일깨워 줄 수 있다. 그와 대립하고 부딪치면서 나의 논리가 정리되고, 또 나의 생각이 수정 되면서 넓어질 수 있다. 그러므로 어떤 사람이 내 마음에 들지 않는다 하여 무조건 외면하려 해서는 안 된다.

더 나아가 나를 '갈아 대는' 사람이 나의 향상의지를 더욱 자극한다 는 점에서 그에게 오히려 고마운 마음을 가져야 할지도 모른다. 일찍이 맹자는, "사람은 보통 아픔을 겪으면서 지혜와 지모를 얻는다.(《맹자》)" 고 말한 바 있지만, 실제로 유무형의 아픔이야말로 정신적인 성장의 디 딤돌이 되기도 한다. 사람들은 아픔을 겪으면서 그것을 이겨 내려는 갖 가지의 지혜와 방책들을 모색하기 때문이다.

20세기의 위대한 역사가였던 토인비는 그 이치를 인류문명의 흥망 성쇠 현장에서 통찰하기도 하였다. 다 아는 것처럼 그는 그것을 '도전과 응전Challenge and Response의 법칙'으로 설명하였다. 간단하게 풀이하면 내 외의 도전이 응전력을 키워 주어 문명을 발전시켜 주며, 도전을 받지 않 는 사회는 침체하고 멸망한다는 것이다. 사실 이러한 이치를 맹자는 일 찍이 간파한 바 있다. 그는 말한다. "안으로 정치와 사회를 비판하는 사 람이 없고, 밖으로 적국敵國과 외환外患이 없으면 그 나라는 망하고 말 것이 다.(《맹자》)"

그러므로 우리를 불행하게 만드는 것은 내우외환의 불우한 환경이 아니다. 그보다는 그러한 환경을 원망하고, 또 그것에 좌절하는 나약한 마음이 문제다. 사실 그러한 마음이 나 자신을 불행에 빠트린다. 그러므로 우리는 어려움에 처할 때마다 자신의 마음 상태가 어떠한지 돌이켜 살펴볼 필요가 있다. 역으로 난관을 성장과 발전의 자극제로 받아들여야 한다. 맹자의 말을 되새기면서 말이다. "하늘이 어떤 사람에게 큰일을 맡기려 할 때에는 먼저 그의 의지와 육신을 고달프게 만들고 하는 일마다 안 되게 하여, 그의 마음을 자극 분발시키고 성품을 단련시킨다.(《맹자》)"

한편으로 생각해 보면 난관과 역경이야말로 자신의 삶을 성찰케 해줄 좋은 계기이기도 하다. 사람들은 일이 잘 풀릴 때에는 자기를 되돌아보려 하지 않는다. 모든 일이 뜻대로 잘 되고 있는 터에 반성해야 할 이유가 없기 때문이다. 반성하는 마음은 역경을 만났을 때 비로소 생긴다. 역경이 심할수록 사람들은 돌이켜 자기 자신에게 철학적인 질문까지 던진다. 세상이, 삶이 무엇인데 이렇게 힘드냐고 말이다. 그리하여 사람들은 이러저러한 시련들을 겪으면서 세상과 삶을 바라보는 안목이 깊어지고, 또 인내와 여유, 관용의 인격을 기르기도 한다.

고은 시인은 이러한 이치를 다음과 같이 노래한다. "노를 젓다가 노를 놓쳐 버렸다. 비로소 큰 세상을 바라보았다" 우리는 인생의 바다에서 각자 설정한 목적지를 향해 배를 타고 노를 저어 나간다. 풍파를 만나거나 노를 잃어버리지 않고 배가 순항하는 한, 나침반의 계기만 잘 살피면 되지 굳이 배의 구조나 배 바깥의 일들에 대해 신경을 쓰지 않아도된다. 하지만 나침반도 고장 나고 노를 놓치면 사정이 달라진다. 하늘의 별자리나 바람의 방향 등을 살피고, 또 배를 점검하며 노의 대체수단도 강구해야 한다. 그러다보면 세상을 보는 안목이 넓어지고 또 깊어진다.

그러므로 인생의 "노를 놓치는" 불행을 한탄하기만 할 일이 아니다. 그 불행은 오히려 성장과 발전의 동력이 될 수 있다. 아니 "실패는 성공의 어머니"라고 하지만, 성공보다 더 중요한 것은 실패가 사람들에게 삶의 의미를 반성적으로 성찰하게 해 준다는 점일 것이다. 사실 우리가 진정으로 관심 가져야 할 것은 성공 여부보다는 삶의 의미다. 의미 없는 삶은 허무 자체이기 때문이다. 설사 아무리 '성공'했다 하더라도 말이다.

"사람은 우환에서 살고, 안락에서 죽는다人生於憂患 死於安樂 (《맹자》)"라고 맹자가 말한 뜻도 여기에 있다. 우리는 후자의 예를 부유한 환경 속에 어려움을 모르고 자라는 사람들에게서 종종 본다. 편하게만 살아온 그들은 삶의 우여곡절을 헤치고 풀어 나갈 지혜가 부족하기 때문에 자칫 인생의 실패를 면하기 어렵다. 이는 마치, 온실 속의 화초가 추위에 대한 적응력을 갖지 못하는 것과도 같다. 자식을 험하게 키워야 한다는 항간의 말도 이러한 인식과 경험에 토대를 두고 있을 것이다.

아니 설사 실패하지는 않는다 하더라도, 삶과 세상을 바라보는 그들의 안목은 결코 깊고 넓을 수가 없을 것이다. 그들은 오히려 교만한 마음속에서 무슨 일이든 자기 뜻대로 될 수 있다고 착각한다. 하지만 자신에게 도취되어 있는 오만불손한 마음은 자기 밖의 넓은 세계에 주목하거나, 또는 다른 사람들의 다양한 생각들을 들으려 하지 않기 때문에 철학의 빈곤을 겪을 수밖에 없다. '안락 속에서 (삶의 의미가) 죽어가는' 모습이 여기에서 드러난다.

물론 그렇다고 해서 사람들이 삶의 의미를 얻기 위해 일부러 안락을 거부하고 우환의 길을 택해야 한다는 말은 아니다. 지혜 있는 사람은 안락한 삶을 누리면서도 '우환'의식을 놓지 않는다. 《주역》은 그러한 뜻을 다음과 같이 말한다. "군자는 편안한 가운데에서도 위험의 여지를 잊지 않고, 안정된 순간에도 파멸의 가능성을 잊지 않으며, 평화로운 사회 속에서도 혼란의 염려를 놓지 않는다."

일반적으로 사람들은 행복하고 안락할 때에는 미래의 불행과 곤경에 대비하는 원려遠慮와 조심성을 가지려 하지 않는다. 예를 들면 남녀간이나 부부간에 사랑에 빠지면 그들은 거기에 도취된 나머지, 사랑을 오래 지속시킬 수 있는 긴장된 마음과 세심한 노력을 취하지 않는다. 사랑이 자동적으로 영원할 것으로 착각하는 것이다.

불행은 바로 이 순간에 싹튼다. 세상과 삶, 그리고 자신의 마음까지도 끊임없이 변하는 법인데, 사람들은 현재 이 자리에 만족하면서 미래의 행복을 지속적으로 창출하려는 노력을 하려 하지 않기 때문이다. 우리는 그러한 불행을 전 국민적으로 아프게 경험한 바 있다. 1990년대 후반의 IMF 사태가 그것이다.

당시 정부는 국민소득의 향상을 자화자찬하면서 달러의 소비를 권장했고, 국민들은 이에 따라 해외여행 등을 통해 돈을 흥청망청 썼다. 만약 당시 정책 당국자들이 이황 선생의 충고를 들었다면 그처럼 국가적인 난리에 봉착하지는 않았을 것이다. 선생은 임금에게 충고한다. "옛사람들의 말에 태평사회를 근심하라 했습니다. 태평사회에는 방비해야 할 근심거리가 없기 때문에 임금이 필시 교만해지고 사치해집니다. 이는 정말 염려해야 할 일입니다."

이러한 염려는 국가의 경우에만 필요한 것이 아니다. 개인의 삶도 마찬가지다. 일이 순조롭게 잘 풀려 간다고 해서, 삶이 안락하고 행복하다 해서 마음을 놓아서는 안 된다. 안팎으로 상황은 끊임없이 변한다. 불행이 언제, 어디에서 다가올지 모른다. 행복한 순간조차도 방심하지 말고 앞을 내다보는 긴장된 마음과 대비의 자세를 가져야 한다. "사람은 우환에서 산다"는 맹자의 말뜻이 여기에 있다.

물론 이는 사람들이 항상 근심 걱정과 긴장 속에서만 지내야 한다는 뜻이 아니다. 그것은 오히려 정신건강에도 해롭다. 저 '우환'의식은 미래에 대한 원려와 대비의 뜻을 품고 있으며, 그 근저에는 매사에 태만하거나 방심하지 않고 조심스럽게 나서고자 하는 경건의 정신이 놓여 있다. 이러한 경건의 정신을 잃지만 않는다면 아무리 고단한 상황도 충분히 이겨 낼 수 있다. 그는 어쩌면 '하늘'의 뜻까지 헤아리면서 불우한 처지 속에서도 자족의 행복을 누릴 것이다.

▶경건의 정신◀

**발걸음은 장중하게,
손놀림은 조신하게,
땅도 가려서 밟아
개미두둑까지도 돌아서 가라**

─────────────── 오늘날 우리는 경건을 모르는 시대에 살고 있다. 이 시대는 경건의 정신을 잃어버린 지 오래되었다. 사람들은 이 문명사회가 끊임없이 가하는 긴장과 스트레스를 풀려고만 하다 보니 경건하고 조심스러운 삶의 정신을 자기도 모르게 놓을 수밖에 없게 되었다. 그러한 정신은 또 하나의 스트레스일 뿐이다. 그들에게는 오히려 삶의 긴장과 스트레스를 풀 자리가 필요하다. 사람들의 말초적인 감각을 자극하면서 해이와 방종을 부추기는 향락산업이 갈수록 번창하는 이유가 여기에 있다.

하지만 사람들은 그것이 자신의 삶을 부박하게 만드는 요인이라는 사실을 깨닫지 못한다. 그들은 삶을 그렇게 향락하려 할 뿐, 자신을 소중하게 돌보고 조심스럽게 가꾸는 노력에는 소홀하기 짝이 없다. 자신의 존재와 삶의 의미에 관해 깊이 생각해 보려 하지 않는다. 삶의 목표라고 해야 기껏 출세나 부귀영화가 고작이다. 살벌한 생존경쟁의 사회가 여기에서 펼쳐지며, 사람들은 정제되지 않은 거친 행동을 마다하지 않는다. 당연히 거기에는 경건의 정신이 들어설 여지가 없다.

이와는 달리 자기 안에서 인간의 존엄성을 자각하는 사람은 그렇게 살려 하지 않을 것이다. 그는 오히려 긴장된 마음으로 자신의 일거일동을 조심스럽고 경건하게 취하려 할 것이다. 우리는 그 전형적인 모습을 종교인들에게서 확인한다. 예컨대 자신의 내면 깊은 곳에서 청정한 불성佛性이나 고결한 영혼을 깨닫는 사람은 그것의 회복을 위해 금욕과 외경의 삶을 마다하지 않을 것이다. 또한 종교의 궁극이 진·선·미에 더하여 '성(거룩함)'의 가치를 실현하는 데에 있는 만큼, 그들은 자신의 존재를 거룩하게 받들려 할 것이다.

경건의 정신은 과거 선비들의 삶에서도 매우 농후하였다. 그들은 마치 사제司祭와도 같이 경건한 삶을 영위하고자 하였다. 참자아를 실현하기 위해서였다. 주희 선생은 〈존덕성재명尊德性齋銘〉에서 이렇게 시작한다. "위대한 상제께서·이 땅에 만백성을 낳으시어 무엇을 주셨는가. 의로움과 사랑이다. 이를 경건히 받들어도 행하지 못할까 두려운데, 사람들은 어째서 어리석고 경망되게도 구차하고 천박하며 혼탁하고 비열하게 사는가." 더 나아가 선생은 경건한 삶의 방식을 다음과 같이 구체적으로 가르친다. 〈경재잠敬齋箴〉이라는 제목의 이 글은 이황 선생이 임금에게 올린 《성학십도聖學十圖》의 일부이기도 하다.

의관을 바르게 차리고, 시선을 존엄하게 가지며, 마음을 고요히 상제를 우러르듯 하라. 발걸음은 장중하게, 손놀림은 조신하게, 땅도 가려서 밟아 개미두둑까지도 돌아서 가라. 문을 나서 사람들을 만날 때는 손님을 대하듯 하고, 일에 임해서는 제사를 받들듯이 하여, 경건하고 조심스럽게 처신하여, 감히 조금도 안일하게 나서지 말라. 입 지키기를 병마개 막듯 하고, 삿된 생각 막기를 성문 지키듯 하여, 공경하고 엄숙하게 거동하여, 감히 조금도 경솔하게 나서지 말라.

이처럼 엄정하고 경건한 행동거지에 대해 사람들은 온몸이 옥죄이는 것 같은 갑갑함을 느낄지도 모른다. 자신의 행동거지를 왜 저와 같이 심하게 단속하는지 이해하기 힘들 것이다. 하지만 이러한 생각은 역시 인간관의 차이에서 비롯된다. 선비들이 저와 같이 엄숙하고 경건하게 처신했던 것은 인간의 존엄성에 대한 깊은 인식에서였다. 사람은 '위대한 상제(하늘)'의 뜻을 타고난 만큼 "구차하고 천박하며 혼탁하고 비열하게" 살아서는 안 된다는 것이다. "하늘의 밝은 뜻을 항상 되돌아보면서(《대학》)" 그 뜻을, 즉 하늘이 나에게 부여한 인간존재의 의미를 삶에서 실현해야 한다는 것이다. 경건의 정신은 이를 위한 필수덕목이다. 경건하지 못한 태도는 인간의 존엄성을 스스로 '자포자기'하는 것이나 다름없다.

역시 《성학십도》에 수록된 아래의 글, 〈숙흥야매잠夙興夜寐箴〉도 한 번 읽어 보자. 이는 아침 일찍 일어나서 밤에 잠자리에 들 때까지 그야말로 "경건하고 조심스럽게 처신하여, 감히 조금도 안일하게 나서"서는 안 됨을 강조한 것이다. 이황 선생은 이를 요약한 그림의 한 중앙에 '경敬'이라는 글자를 써 놓고 있는데, 아래의 글은 보석처럼 맑고 깨끗한 정신을 영상처럼 보여 준다. 그야말로 순수한 영혼의 각성 속에서 전개되는 일거일동의 모습이다. 인간존재의 고결성이 일상 속에서 이 이상으로 현시될 수 있을까?

닭의 울음소리에 잠에서 깨어나 생각이 차츰 펼쳐지면, 어찌 그 사이에서 마음을 맑게 가다듬지 않으리오.

마음을 거두어 떠오르는 태양처럼 밝게 하고 몸가짐을 엄전히 하면서, 마음을 텅 비고 맑고 고요하고 오롯하게 가지라.

하는 일이 끝나면 이전으로 돌아가, 마음을 고요히 지켜 정신을 모으고 생각을 쉬도록 하라.

글을 읽다가 쉬는 여가에 틈틈이 그 뜻을 음미하고, 정신을 화평하게 가져 성정性情을 기르도록 하라.

날이 저물어 피곤해지면 기운이 혼매해지기 쉬우니, 단정하게 재계하여 밝고 순수한 기운을 북돋우라.

밤이 깊어 잠자리에 들어서는 손발을 가지런히 거두고 생각을 일으키지 말아 정신心神이 돌아가 쉬게 하라.

이처럼 맑고 고요한 마음속에서 조성되는 경건의 정신은 어떤 일에 든지 진지하고 오롯하게 나서도록 해 줄 것이다. 그것은 산만하고 흐트러진 행동을 조금도 허용하지 않는다. 그는 마치 신의 제단에서 예식을 진행하는 사제처럼 엄숙하고 경건하게 삶에 나설 것이다. 그리하여 그의 일거일동은 도덕적인 차원을 넘어 단아한 아름다움과, 더 나아가 성스러운 기품까지 보여 줄 것이다.

이와 같이 경건하고 오롯한 삶의 정신은 세계와 사물, 인간관계에 진지하지 못한 우리들의 초라한 모습을 반면의 거울로 비춰 준다. 우리는 시종 산만하고 불안정한 마음속에서 사물(현실)과 진득하고 깊이 있게 접촉하지 못하고 그것들의 피상만 건드린다. 대중매체가 전달해 주는 흥미 위주의 가벼운 소식 수준에 만족하며 살아간다. 티브이에서 시청률이 높다는 연예인들의 이른바 '토크쇼'가 그 실례를 보여 준다. 사람들은 정신을 집중해서 생각하고 고민해야 할 무거운 주제들에 대해서는 외면한다. 참으로 부끄러운 모습이지만, 우리나라 일류대학교의 도서관에서, 해리 포터를 주인공으로 한 판타지 소설이 가장 많이 대출되는 사실이 이를 단적으로 말해 준다.

오늘날 우리 사회에 진·선·미·성의 이념과 가치가 갈수록 사라져 가는 까닭이 여기에 있다. 사람들이 산만한 마음과 흥미 위주의 사고방식에 젖어 깃털처럼 가벼운 삶만 추구하다 보니, 그러한 이념(가치)들을 모색하고 음미할 능력을 잃어버린 것이다. 이로 인해 그들이 세계와 삶에 책임 있는 자세를 갖지 못하게 됨은 불문가지의 일이다. 허무의식은 이의 필연적인 결과다.

오늘날 인간관계가 가벼워진 한 가지 원인 또한 여기에 있다. 자타의 만남을 인격이 아니라 일 위주로 할 수밖에 없도록 만드는 산업사회의 구조도 문제지만, 근본적으로는 사람들의 정신자세가 만남의 가벼움을 부추긴다. 진지하지 못하고 흐트러진 마음으로는 상대방에게 나의 온존재를 기울일 수 없으므로 만남이 깊지 못한 것이다. 사람들이 이합집산의 인간관계 속에서 갈수록 외로움에 빠지는 것도 이에 기인한다.

이와 관련하여 우리는 어려서 어른들로부터 익히 들어온바, "밥 먹으면서 떠들지 말라"는 훈계와 꾸중을 되새겨 볼 필요가 있다. 그것이 즐거운 식사의 자리를 딱딱하게 만드는 것은 사실이지만, 정작 그 저의는 다른 데 있었다. 즉 거기에는 아이들이 어려서부터 당면의 일에 전념하는 마음을 기르도록 하려는 뜻이 담겨 있었다. 아이들의 산만하고 부잡스러운 태도를 다스려 그들로 하여금 무슨 일에든 진지하고 오롯하게 나서게끔 하려 했던 것이다. 한 마디로 아이들에게 경건의 정신을 가르치려는 것이었다.

경건하고 오롯한 정신은 자타간 만남의 자리에서 상대방에게 나의 온존재를 기울이게 해 준다. 마치 제단의 사제가 신에게 헌신 봉행하는 것처럼 말이다. 우리는 그 모습을 이황 선생의 삶에서 상상해 볼 수 있다. 한 제자는 선생의 일거일동을 다음과 같이 기록하고 있다. "제자 대하기를 마치 친구 대하듯 하셨으며, 나이 어린 제자들에게까지 그들의 이름 대신 '너'라고 호칭하지 않으셨다. 그들을 맞이하고 보낼 때에는 예를 차리고 공경을 다하셨다."

우리는 여기에서 경건의 정신이 조성해 줄 밝고 환희로운 삶의 세계를 엿볼 수 있다. 선생이 저와 같이 손님 또는 제자들과 만나는 자리의 분위기를 한 번 상상으로나마 느껴 보자. 거기에는 신분이나 나이의 고하를 떠나서 순수인격으로 교류하는 기쁨이 감돈다. 오늘날 가볍고 기능적인, 그리하여 만남의 순간에도 외로움을 떨치지 못하는 인간관계의 세태에서 이는 상상조차 하기 어려운 이상세계일까?

경건의 정신은 자타간 만남의 자리에서만 요청되는 것이 아니다. 우리는 그것을 세계만물에게까지 확대할 필요가 있다. 아니 경건으로 사는 사람은 하찮은 풀 한 포기도 소홀히 지나치려 하지 않을 것이다. 어떤 일에든 경건한 마음속에서 자신의 온존재를 기울이는 것이 생활화되어 있기 때문이다. 게다가 생명에 대한 외경의 정신은 사람뿐만 아니라 모든 살아 있는 것들에게까지 따뜻한 사랑의 눈빛을 보낼 것이다. 그리하여 그는 이 세상의 모든 생명들과 교감하면서 서로 더불어 화해롭게 살아가는 삶의 환희를 알 것이다.

▶신독愼獨◀

**혼자 잠을 자더라도
이불에 부끄럽지 않게,
혼자 어딜 가더라도
자신의 그림자에 부끄럽지 않게 행동하라**

───────────── '신독愼獨'은 원래 《중용》과 《대학》에 나오
는 옛날 용어다. 그런데 요즘에도 일상생활에서 종종 사용되는 것을 보
면 그것은 아직도 '살아 있는 말'처럼 생각된다. 이는 그 말뜻이 여전히
사람들의 정신적인 자양분으로 작용하고 있음을 추측하게 해 준다. 우
리 전통사상의 용어들이 대부분 '죽은 말'이 되어 버린 걸 보면 매우 반
가운 마음이 든다. 학교 교육의 힘과 중요성을 새삼 깨닫는다. 비록 시
험에 대비한 암기사항으로 취급되는 아쉬움이 있기는 하지만, 그것이
고등학교의 윤리과목에 등장하기 때문이다.

　　국어사전에 의하면 신독이란 "혼자 있을 때에도 도리에 어긋남이
없이 삼가는 일"이라 풀이되어 있다. 아래에서 보다 자세히 검토하겠지
만, 이는 역시 자기성찰의 일환이다. 그것은 남들이 보는 자리에서뿐만
아니라, 혼자 있는 순간에도 도덕적인 경계의식을 늦추지 않고 자신의

행동거지와, 더 나아가 마음까지도 점검하려는 정신이다.

우리는 남들과 함께 있을 때에는 예모를 취하고 점잖게 행동하다가도, 남들이 보지 않는 자기 혼자만의 자리에서는 나태해지고 흐트러지는 경우가 많다. 남들이 보지 않으니 기거동작에 굳이 예의와 법도를 따질 필요가 없다고 생각하는 것이다. 오히려 나태는 심신의 긴장을 풀어주는 긍정적인 의의를 갖고 있는 것처럼 여겨지기까지 한다. 줄이 너무 팽팽하면 끊어지기 쉬운 것처럼, 도덕적인 경계의식이 지나치면 그로 인해 심하게는 노이로제가 유발될 수도 있을 것이기 때문이다.

그런데 신독의 정신은 그러한 정신심리학적인 주의를 무시하는 것처럼 보인다. 왜 그럴까? 먼저 신독의 사례로 《소학》에 나오는 일화를 하나 소개한다. 옛날 어떤 임금이 한밤중에 왕비와 이야기를 나누는데 궁궐 밖에서 마차 소리가 들려왔다. 그 소리가 점점 커지다가 잠시 끊어지더니 이윽고 다시 소리가 나면서 차츰 약해졌다. 이에 왕이 왕비에게, "그 마차를 탄 사람이 누구인지" 맞춰 보라고 말한다. 왕비는 "거백옥蘧伯玉일 것"이라고 대답한다. 왕은 이에 동의하면서, "그가 거백옥임을 어떻게 알았는지" 묻는다. 왕비가 말한다. "인적이 없는 캄캄한 밤중에 예의를 갖출 사람은 이 나라에 그분밖에 없을 것입니다." 당시 궁궐 문 앞을 지나갈 때에는 사람들이 마차를 타고 가다가도 내려서 걸어가는 것이 임금에 대한 예의였다. 마차 소리가 잠시 끊어진 것은 거백옥이 마차에서 내려 걸어갔기 때문이었다.

이처럼 신독은 혼자 있는 자리에서까지 일거일동에 태만과 방종을 거부하고 예의와 법도를 지키려는 정신이다. 남이 보지 않으니 어떻게 행동한들 무슨 문제가 될까 싶지만, 남의 이목 이전에 자신의 양심의 감찰을 더 무섭게 여기는 데에서 신독의 정신이 생겨난 것이다. 양심에 부끄럽지 않게, 아니 "하늘 우러러 한 점 부끄럼 없이" 살겠다는 것이다. 서당 시절 방의 벽에 붙어 있던 글귀가 생각난다. 중국 송나라 때 채원정蔡元定, 1135~1198이라는 학자의 것이다. "혼자 잠을 자더라도 이불에 부끄럽지 않게, 혼자 어딜 가더라도 자신의 그림자에 부끄럽지 않게 행동하라.獨寢不愧衾 獨行不愧影"

오늘날 대부분의 사람들은 이처럼 자기구속적인 태도를 쉽게 납득하기 어려울 것이다. 특히 자유분방함을 미덕으로 숭상하는 젊은이들은 이에 대해 커다란 반감을 가질지도 모른다. 하지만 그것을 간단하게 내쳐 버릴 일은 아니다. 거기에는 우리가 주목하고 또 배워야 할 도덕정신과, 그리고 근본적으로는 삶의 철학이 내재해 있기 때문이다.

사람들은 보통 도덕을 사회생활상 어쩔 수 없이 따라야 할 행위규범 정도로 이해한다. 그러므로 남들과의 관계(사회)를 떠나 '나 혼자'의 개인으로 돌아오면 도덕을 더 이상 지켜야 할 필요를 느끼지 못한다. 이는 어쩌면 당연한 일 같기도 하다. 도덕은 인간관계와 사회 속에서만 의의를 갖고 있는 것처럼 보이기 때문이다.

하지만 여기에는 간단치 않은 문제가 있다. 도덕은 사회생활 속에서만 필요한 것이라는 생각은 암암리에 이중인격성을 전제하고 있기 때문이다. 남들 앞에서는 점잖은 태도를 꾸미다가도, 나 혼자 있을 때에는 아무렇게나 방자하게 행동하는 사람의 위선을 한 번 상상해 보자. 그는 아마도 도덕을 부득이하게 갖추어야 할 장식 정도로만 여길 것이다. 그러면 그밖에 그에게 남아 있는 것은 무엇일까? 그의 내면에는 욕망 내키는 대로 살고 싶은 동물적인 본능이 꿈틀대고 있을 것이다. 남들의 이

천작天爵

목이 두려워 그것을 감추는 것일 뿐이다. 우울한 생각이지만 오늘날 사람들의 도덕의식 이면에는 이처럼 이중적이고 위선적인 인간상이 놓여 있는 것이 아닐까?

이와는 달리 신독은 존엄한 인간상을 확립하려는 정신이다. 표면적으로 그것은 혼자만의 자리에서도 행동을 조신하고 조심스럽게 하려 하지만, 그 근저에는 진리로 삶을 성취하고자 하는 염원이 놓여 있다. 진리는 남이 보든 안 보든 일거일동의 준거이기 때문이다. 이미 말한 바 있지만 진리는 책상머리 학자들의 전유물이 아니다. 그것은 모든 사람들이 언제 어디에서나 지켜야 할 사람의 도리요, 삶의 이치다. 도덕은 바로 그러한 진리를 행위규범화한 것이다. 물론 전통의, 또는 현행의 도덕이 과연 진리성을 담지하고 있는지 여부는 판단하기가 결코 쉬운 일이 아니다. 하지만 그렇기 때문에 더욱 사람들은 이에 관해 수시로 질문하고 합당한 도덕을 모색할 필요가 있다.

오늘날 사람들의 도덕의식과 신독의 정신과의 차이를 우리는 여기에서 추찰할 수 있다. 남들 앞에서만 도덕규범을 지키려는 사람은 자아의 충만감을 갖기 어렵다. 남들을 떠나 자기 혼자만의 자리에서는 도덕정신을 놓아 버리는 그는 적어도 그 순간에는 존엄한 인간으로서의 존재감을 가질 수 없겠기 때문이다. 이를테면 '혼자 잠을 자면서, 또는 혼자 어딜 가면서' 부끄러운 행동을 하는 사람은 은근히 자괴감과 위축감을 떨치기 어려울 것이다. 특히 언제, 어디에나 신이 강림하심을 믿는 신앙인은 그러한 경험을 많이 했을 것이다.

이에 반해 신독의 정신은 "하늘 우러러 한 점 부끄러울 게 없다"는 충만한 자아의식으로 세상에 나서려 한다. 이렇게 살피면 지나친 도덕의식이 노이로제를 유발할 수 있다는 우려는 여기에서 문제가 되지 않는다. 만약 그러한 우려대로라면 천주교의 수사나 불교의 수도승, 유교의 선비 등 수행자들 모두 노이로제 환자가 되었을 것이다. 그러나 그들은 오히려 많은 사람들로부터 존경을 받을 정도로 참자아를 성취하였다. 신독의 정신 또한 그러한 의의를 갖고 있음은 물론이다.

신독의 정신은 시공간상 혼자 있는 자리만을 대상으로 하지 않는다. 그는 자신의 내밀한 심리공간까지 살피려 한다. 어느 누구도 들여다볼 수 없는 마음속조차 조심하려는 것이다. 그 순간에도 양심이 바라보고 있다고 여기기 때문이다. 《중용》은 말한다. "군자는 안으로 성찰하여 양심에 거리끼고 부끄러울 일이 없다. 군자의 남다른 점은 사람들이 보지 못하는 곳에 있다."

사실 기거동작을 도덕에 맞추는 것만 가지고는 자아를 올바르게 성취할 수 없다. 맹자의 말대로 "천지에 짝할 만한" 호연한 대장부의 기상은, 즉 자아의 충만감은 정대正大한 마음에서만 생겨난다. 그렇지 않으면 윤동주 시인의 표현대로, "잎새에 이는 바람에도 괴로워할" 수밖에 없다. 이는 물론 '하늘 우러러 부끄러운' 마음 때문이다.

그리하여 신독의 정신은 갖가지의 마음공부를 동반한다. 아래에서 살피는 것처럼 마음을 욕망에 흐리지 않고 밝고 맑게 유지하려 하고, 삿된 생각에 물들지 않고 순수하게 가지려 하는 등의 수양들이 그 예다. 그것은 또한 어느 자리에서나 경건의 정신을 잃지 않으려 한다. 여기에 적절한 금언이 하나 있다. 그것은 이황 선생의 필적으로 지금까지 전해지기도 한다. "생각을 조금도 불순하게 갖지 말고, 마음을 경건하지 않음이 없게 하라.思無邪 毋不敬" 이는 보통사람들에게는 참으로 어려운 과제지만, 그래도 자아의 충만감과 순결한 삶의 기쁨을 얻기 위해 그것을 마음 속 지침으로 삼아 볼 일이다.

▶부끄러움 의식◀

**부끄러움을 모르면
사람이 아니다**

━━━━━━━━━━━━ 자기성찰의 정신은 부끄러움 의식을 수반
할 수밖에 없다. 이른바 성인聖人이 아닌 이상 누구나 자신을 되돌아보면
크고 작은 수많은 실수와 과오를 마음 아프게 자각할 것이기 때문이다.
게다가 세속적인 삶에 안주하지 않고 자아의 이상을 높게 가질수록 부
끄러움 의식은 더 예민해질 수밖에 없다. 이상을 따르지 못하는 자신의
모습에 자괴감이 더할 수밖에 없을 것이기에 말이다.

그러므로 내가 부끄러움의 의식을 얼마나 갖고 있는지 되살펴보면
자아의 수준을 어느 정도 짐작할 수 있다. 부끄러움을 모르는 사람일수
록 그 수준이 떨어질 개연성이 높다. 우리는 그 실례를 후안무치한 사
람들에게서 본다. 이에 반해 "하늘 우러러 한 점 부끄럼 없기를" 바라
는 사람의 수행정신은 그야말로 치열할 것이다. 그의 예민한 자아의식
은 자신과는 아무런 상관도 없는 것 같은, "잎새에 이는 바람에도 괴로

천작天爵

위” 할 수밖에 없을 것이다. 그의 순결한 생명감각에 세상의 모든 것들이 민감하게 와 닿기 때문이다. “별을 노래하는 마음으로 모든 죽어가는 것을 사랑”하고자 하는 것도 이러한 자아의식의 산물이다.

“하늘 우러러 한 점 부끄럼 없고자” 하는 마음은 사실 동서고금을 막론하고 수행자들의 공통된 염원일 것이다. 맹자는 “군자삼락君子三樂”이라 하여 다음과 같이 말한다. “군자에게는 세 가지 즐거움이 있다. 부모가 모두 살아 계시고 형제가 무고한 것이 첫째 즐거움이요, 우러러 하늘에 부끄럽지 않고 아래로는 사람들에게 부끄럽지 않는 것이 두 번째 즐거움이며, 훌륭한 인재들을 얻어 가르치는 것이 세 번째 즐거움이다.(《맹자》)”

정말 부모 형제가 모두 무고한 것은 커다란 즐거움이다. 이는 부모 형제의 ‘유고’를 겪어 본 사람이면 누구나 절감하는 사실이다. 또한 제자들을 사람으로 성장시키는 교육 또한 스승의 큰 즐거움이 아닐 수 없다. 오늘날 지식의 수요와 공급이라는 시장논리가 지배하는 교육현장에서는 이미 사라진 전설이 되고 말았지만 말이다.

그런데 이 두 가지의 즐거움은 부모 형제와 학생이라는 외적인 조건에 의해 좌우된다는 점에서 한계가 있다. 어떠한 상황에서도 자신의 의지와 노력으로 즐거움을 극대화할 수 있는 길은 오직 “하늘 우러러, 그리고 사람들에게 부끄럽지 않은” 삶이다. 그리하여 군자는 ‘하늘’이 내려다본다는 생각에서 자신의 행동거지는 물론, 마음의 미세한 움직임까지 세밀하게 살피려 할 것이다. ‘하늘’은 내 마음속까지 꿰뚫어보기 때문이다. 이 역시 ‘신독’의 일환임은 물론이다. 《시경》은 노래한다.

공경하고 공경하라

하늘은 밝으시니

그 명命을 보전하기 쉽지 않나니라

하늘이 높이 위에 있다고 말하지 말라

강림하여 나의 삶을

날마다 살피며 여기에 계시나니라

　이 '하늘'은 인격신의 여운을 강하게 갖는다. 하지만 선비들은 그것을 숭배의 대상으로 종교신앙화하지는 않았다. 대신 그들은 '하늘'이 인간과 만물에게 부여한 존재의 '명命(뜻)'에 주목하면서 그것의 실현에 진력하였다. 이에 의하면 사람은 도덕심성을 '하늘의 뜻'으로 타고났다. 말하자면 사랑으로 만물의 생육을 돕고, 의로움으로 세상을 바로 세우라는 과제를 '하늘'이 사람들에게 내렸다는 것이다. '하늘 우러러 부끄럽지 않은' 군자의 삶의 주조가 여기에서 드러난다. 그것은 양심에 부끄럽지 않게 천부의 도덕성을 완수하는 일이었다.

　이는 부끄러움의 의식과 정도가 사람들의 인간관에 따라 달라질 수밖에 없음을 시사한다. 성실한 신앙인들이 흔히 그러한 것처럼, 자신의 존재 안에서 '하늘의 뜻'을 자각하는 사람은 아마도 남모르는 부끄러움을 많이 느낄 것이다. 그의 예민한 의식은 '하늘의 뜻'에 어긋나는 자신의 생각과 행동을 수시로 자기 검열하기 때문이다. 이에 반해 사회를 약육강식의 정글처럼, 인간을 적자생존의 야수처럼 여기는 사람에게서는 부끄러움 의식을 찾아보기가 어려울 것이다. 극단적으로 그는 사람을 죽이고서도 부끄러워할 줄 모를 것이다. 그에게 인간의 존엄성을 훈계하는 것은 쇠귀에 경 읽기나 다름없는 일이다.

부끄러움 의식이 문화에 따라, 시대마다 다른 것도 이처럼 인간관의 차이에 기인한다. 예를 들면 전통사회에서 우리 선조들이 부부 사이에서조차 사랑의 표현을 부끄러워했던 것은 거기에 은밀하게 섞여 있는 욕망을 동물적이라고 여겼기 때문이다. 이에 반해 오늘날 젊은이들이 남녀간에 공공장소에서까지 부끄러운 줄 모르고 애정 표현을 노골적으로 하는 것은 욕망의 자유로운 표출과 만족을 인간적이라고 여기기 때문이다. 둘 중 어느 것이 바람직한가 하는 문제에 대해 한 마디로 답변하기는 어렵다. 하지만 대체적으로 말하면 욕망을 방임하기보다는 억제하는 것이 사랑의 밀도와 삶의 의미를 높여 줄 것이다.

심층조사를 해 보아야겠지만 오늘날 사람들의 마음에는 부끄러움 의식이 갈수록 마비되어 가고 있는 것이 아닌가, 어쩌면 우리는 부끄러움을 거의 모르는 시대에 살고 있는 것이 아닌가 하는 생각이 든다. 사회지도층 인사들이 자신의 비리를 사죄할 줄 모르고 뻔뻔하게도 궤변으로 일관하고, 사람들이 법망에 걸리면 자신의 죄악을 뉘우치기보다는 "재수 없어서"라고 여기며, 또 일반적으로 자신의 잘못을 남의 탓으로 돌리는 등 일상화된 수많은 사례들이 이를 방증한다.

이는 표면적으로는 우리 사회의 타락상을 보여 주지만, 그것은 역시 오늘날 거칠어진 삶의 정신과 경박한 인간관을 반영하고 있다. 사람들은 이제 진·선·미·성의 가치를 더 이상 삶의 목표로 추구하지 않는다. 오늘날 종교 인구가 늘어나지만, 그것은 성聖의 가치에 주목해서가 아니라 단지 기복신앙의 차원에 머물러 있다. 그러므로 그들 역시 가치 빈곤의 피폐한 삶을 면하기는 어렵다. 게다가 종교의 이름 속에서 부와 권세를 추구하는 사람은 더 이상 신앙인이 아니다.

사람들은 오늘날 물질이든, 사회적인 지위든, 권력이든 그것들이 갖고 있는 힘의 소유를 삶의 궁극 목표로 추구한다. 진·선·미·성의 가치와 본래적인 인간성에는 관심을 갖지 않고 오직 부귀권력의 소유에만 열중한다. 그것들을 많이 소유하는 사람일수록 잘 대접받는 우리 사회의 풍조는 이러한 소유주의적 인간관의 산물이다. 그야말로 "유전무죄요, 무전유죄"다.

이처럼 소유를 지상의 과제로 여기는 사람들에게 부끄러움의 의식은 오히려 장애물이다. 돈이든 권력이든 수단 방법을 가리지 않고 소유해야 할 판에, 그 의식은 사람 된 도리상 정당한 것만을 취하도록 요구하기 때문이다. 그러므로 위에서 말한 부끄러움 의식의 마비현상은 이러한 소유주의적 삶의 피치 못할 결과다. 그 의식의 마비는 달리 살피면 인간성의 마비를 뜻하기도 한다. 부끄러움 의식은 인간성의 중요한 부분이기 때문이다. 그러므로 맹자의 말대로, "부끄러움을 모르면 사람이 아니다.(《맹자》)"

이이 선생이 부끄러움 의식을 사회의 기강으로 여긴 이유도 여기에 있다. 선생은 다음과 같이 말한다. "예禮·의義·염廉·치恥는 나라를 지탱하는 네 가지의 근본 기강이다. 이 네 가지가 확립되지 않으면 나라는 망한다." 여기에서 예·의·염·치란 각각 도덕질서와 정의와 청렴함과 부끄러움을 뜻한다. 이는 원래 중국 춘추시대 관중管仲이라는 사람의 말이다. 그에 의하면 위의 네 가지 가운데 하나가 무너지면 나라는 기울어지고, 둘이 무너지면 나라가 위태로워지며, 셋이 무너지면 나라가 뒤집어지고, 넷이 다 무너지면 나라가 망한다고 한다.

이는 법과 제도 이전에 도덕이야말로 사회의 근본 기강임을 강조한 것이다. 사실 법과 제도는 인간다운 삶을 보장하기 위한 외형적인 틀에 불과하다. 그 안에 인간의 존엄한 가치를 실현하기 위한 정신을 작동시키지 않으면 안 된다. 그러한 정신이 부재하거나, 또는 심지어 그 정신을 억압하기까지 하는 '악법'은 사회의 기강이 아니라 오히려 타파되어야 할 '형틀'이다. 우리는 이러한 관점에서 우리 사회의 문제점들을 짚어 볼 필요가 있다.

이이 선생이 위의 네 가지를 사회의 근본 기강으로 여긴 것은 이러한 문제의식에서였다. 일견 납득이 되지 않는 특이한 점은 '부끄러움'이 그중 하나라는 사실이다. 하지만 이는 혜안의 통찰이다. 위에서 말한 것처럼 부끄러움 의식은 인간성의 징표로써, 사람이 살아 숨 쉬는 사회를 이루기 위한 필수 요건이기 때문이다. 이제 우리는 어떻게 하면 내 안에 부끄러움을 키울 수 있을까? 깊이 생각해 볼 일이다.

▶성실의 정신◀

**성실성은 일의 시작이자 끝이다
성실하지 않으면
일이 없는 것이나 다름없다**

──────── 성실의 정신에 관해서는 앞서 이미 간략하게 논의했지만 이 자리에서 좀 더 상론해 보자. 그것은 예나 지금이나 매우 강조되는 덕목이다. 각급의 많은 학교들이 그것을 교훈으로 채택하고 있는 것도 이러한 이유에서일 것이다. 그러므로 그것은 이제 더 이상의 부연을 필요로 하지 않는 자명한 말처럼 들리기도 한다. 하지만 우리는 그것의 깊은 의미를 새롭게 성찰하면서 자신의 삶을 되돌아볼 필요가 있다.

한마디로 성실성이란 삶에 진지하고 충실한 태도를 뜻한다. 예를 들면 학생으로서 학업에, 직장인으로서 업무에, 친구로서 우정에, 부부로서 사랑에 성심으로 나서는 모습을 들 수 있다. 무슨 일이든 그것의 성취 정도는 성실성 여부에 좌우된다. 그러므로 성실성은 다른 가치들과 동렬에 있는 것이 아니라, 그것들의 토대를 이루는 미덕 중의 미덕이

천작天爵

다. 성실성을 결여하면 진·선·미·성의 모든 가치들이 공허한 것이 되어 버리고 만다.

그런데 성실성 여부는 객관적으로 평가될 수 있는 것이 아니다. 만약 일에 임해서 거짓된 마음과 불순한 저의를 갖는다면, 그는 자신의 불성실을 틀림없이 자각할 것이다. 그 일의 결과에 대해 남들이 무어라 칭찬하든 말이다. 예를 들면 겉으로는 우정과 사랑의 언행을 갖춘다 하더라도 진심을 다하지 않는다면, 그는 친구(연인)에 대한 자신의 불성실을 속으로 부끄러워할 것이다.

그러므로 성실성 여부는 자신만이 판단할 수 있다. 《대학》이 성실의 정신을 말하면서 "스스로를 속이지 말 것毋自欺"을 강조한 것도 이러한 뜻에서였다. 남은 속일 수 있지만 나 자신은 못 속이기 때문이다. 자신의 불성실을 적당히 합리화하거나 또는 호도하려 해서는 안 되며, 양심을 속이지 말고 자신에게 정직하고 진실하게 임해야 한다는 것이다.

성실성은 일의 성공적인 수행을 위해서만 필요한 덕목이 아니다. 그것은 자기 자신에 대한 도리요, 의무이기도 하다. 성실성이야말로 내가 자신에게 바칠 수 있는 최대의 경의다. 역으로 한 번 생각해 보자. 불성실한 사람은 일의 실패는 말할 것도 없고, 삶의 의미와 가치를 향유할 수 없다. 예컨대 부인에게 불성실한 사람은 부부생활의 진진한 기쁨을 알 수 없다. 친구나 그 밖에 사회생활상의 모든 인간관계도 다 이와 마찬가지다. 그러므로 "성실성은 일의 시작이자 끝이다. 성실하지 않으면 일이 없는 것이나 다름없다.(《중용》)"

아니 성실성은 일 이전에 삶의 시작이자 끝이다. 세계와 삶은 진지하고 성실한 마음에게만 의미 깊고 아름다운 모습을 드러내 보여 준다.

불성실은 삶을 가볍고 허무하게 만드는 커다란 요인이다. 그것이 삶의 의미를 놓치기 때문이다. 이를 여행에 비유해 보자. 이방의 풍물들을 그저 주마간산하듯이 건성으로 지나친다면 그 여행은 정말 재미없을 것이다. 하지만 사전의 성실한 준비 속에서 그 고장의 역사와 건축물들의 내력을 눈으로 직접 확인하고, 또 새로운 풍경들 하나하나에서 미적인 감흥을 얻는 사람은 그 여행에 더없는 만족감을 가질 것이다. 인생의 여정도 이와 마찬가지다.

많은 사람들은 자신이 일상에 성실하게 나서고 있음에도 불구하고 삶의 만족감을 얻지 못하고 있다고 여길지 모른다. 하지만 한 가지 반성해 볼 문제가 있다. 자신이 성실하게 추구하는 일이 과연 삶의 의미를 제고하고 또 풍요롭게 하는 성질의 것인지 말이다. 예컨대 재물의 축적에, 또는 출세에 성실한 것으로 삶의 풍요를 누릴 수 있을까? 노랫말대로 "부귀영화를 누렸으면 / 희망이 족할까?"

하지만 "푸른 하늘 밝은 달 아래 / 곰곰이 생각하니 / 부귀영화가 춘몽 속에 / 또 다시 꿈같다"는 탄식이 뒤따르는 것은 어째서일까? 그것은 삶의 의미를 잘못 짚은 데에 기인한다. 사람은, 그리고 삶은 부귀영화로 평가될 수 있는 것이 아닌데, 그것의 추구에 몰두하다 보니 그러한 허무감을 피할 수 없는 것이다. 게다가 그것이 유발하는 자타간 투쟁과 승패의 심리는 '꿈'은커녕, 갖가지의 불안과 번뇌와 고통을 겪을 수밖에 없다.

그러면 우리가 성실하게 추구해야 할 참삶의 의미를 어디에서 찾아야 할까? 이에 관해서는 역시 인류의 스승들이 남긴 가르침을 경청할 필요가 있다. 그들은 일찍이 오랜 구도생활 속에서 그것을 발견하고 실

천작天爵

천함으로써 만민의 존경을 받아 왔기 때문이다. 석가모니와 공자와 예수가 그 대표적인 분들이다. 그들은 자신의 내면 깊은 곳에서 인간의 원초적인 본성, 즉 불성, 덕성, 또는 영혼을 깨달으면서 거기에서 삶의 의미를 발견하였다. 그것은 물론 우리 같은 보통사람들로서는 직접 체험하기가 결코 쉽지 않다. 하지만 그들이 가르치고 또 실천했던 자비와 인仁과 박애의 정신은 우리도 충분히 본받을 수 있다. 그것은 한마디로 말하면 바로 '사랑'이다.

한 가지 의문이 있다. 불성, 덕성, 영혼 등 일견 제각기 다른 것처럼 보이는 인간의 본성에서 어떻게 똑같이 사랑의 정신이 우러나올까? 그것은 그들의 깨달음이 존재의 제일 깊은 심연에까지 다다랐기 때문이다. 그들은 남들과는 다른 자기만의 본성을 인식한 것이 아니었다. 그들은 자기 안에서 인간과 만물을 모두 아우르는 존재의 본성을 깨달았다. 그것을 무어라고 언표할 것인가 하는 문제는 그리 중요하지 않다. 불성이든 덕성이든 영혼이든 그 용어에 집착하는 것은 마치 개가 짖는 소리를 '멍멍'이라고 우기는 것이나 다름없다. 각 나라의 언어마다 그 표현 방식이 다른데 말이다.

존재의 본성에 대한 그들의 깨달음을 신비적이라고 치부할 일은 아니다. 이미 자세히 논의한 것처럼 '나'는 결코 남들과 단절된 독립개체가 아니다. 내 안에는 종적으로는 부모와 조상의 존재가, 그리고 횡적으로는 이 세상 만사만물이 다 내재해 있다. 나의 존재 안에는 진화 이전 원시생물의 상태에서 지금까지의 역사와, 그리고 우주만물이 깃들어 있다. 그것도 죽은 그림자로서가 아니라, 여전히 살아 작용하는 존재의 힘으로 말이다. 인류의 스승들은 이러한 존재론적인 진리를 일찍이 직관하고 통찰하여 그것을 불성, 덕성, 또는 영혼으로 언표하였다.

우리는 사랑을 이러한 관점에서 이해할 수 있다. 인류는 진화의 초기부터 다른 사람(사물)들과 신체적(물리적)으로, 또 정서적으로 서로 의존하고 밀착하면서 살아왔다. 그리하여 자타간 의존과 친밀의 관계는 안정감을 주며, 분리와 대결은 삶에 긴장과 불편을 야기한다는 사실을 그들은 일찍부터 깊이 체감해 왔다. 사랑은 이러한 생물학적 본성의 정신적인 유전 형태라고 할 수 있다. 말하자면 사랑은 인간성(불성, 덕성, 영혼)의 따뜻한 눈빛이다.

인류의 스승들이 사랑의 정신을 강조한 이유가 여기에 있다. 자기 안에 갇혀 외롭게 살지 말고 만민과 만물을 향해 마음을 열라는 것이다. 그리하여 물아공동체적인 본성을 회복, 실현하라는 것이다. 《중용》은 그 이상적인 모형을 다음과 같이 예시한다. "성실성을 다하는 성인聖人은 자신의 본성을 실현함으로써 남들의, 만물의 본성을 실현케 해 주며, 그리하여 천인합일의 덕을 완성한다."

이는 모든 사람들이 가정과 직장을 버리고 사회봉사와 인류구원에 헌신해야 한다는 말이 아니다. 사랑이 그처럼 거창한 것만은 아니다. 우리는 사랑을 일상의 시시곳곳에서 실천할 수 있다. 직장 내에서는 물론, 지하철 안이든 길거리에서든 자타간 만남의 모든 자리에서, 더 나아가 보도블록들 사이에서 애처롭게 자라나는 풀 한 포기에 대해서까지 마음을 열어 그들을 따뜻하게 포용하고 보살피는 것이 바로 사랑이다. 우리의 삶을 풍요롭고 의미 깊게 해 줄 최대의 관건이 여기에 있다. 그것은 "춘몽 속에 또 다시 꿈과도 같은" 부귀영화가 아니라, 자타간 생명을 교감하고 상통하며 조력하는 사랑이다.

천작天爵

▶마음 바르게 갖기◀

**기러기가 지나가면
연못은 기러기의
그림자를 남겨 두지 않는다**

우리의 마음은 평소 수많은 생각과 감정들로 북적이며, 자기 혼자서 소리 없이 지껄여 댄다. 이미 지나간 과거의 일을 되씹으면서 분노와 회한에 젖고, 아직 도래하지 않은 미래의 불확실한 일을 두고 온갖 상상과 걱정을 떨치지 못한다. 어떤 심리학자의 주장에 의하면 평소에 사람들의 마음속에 오가는 생각들의 95퍼센트 정도는 부질없고 쓸데없는 것들이라 한다. 우리는 그렇게 자신이 무단히 만들어 내는 잡다한 상념들의 범람과 소음 속에서 갖가지의 스트레스를 받으면서 살아간다. 불행의 커다란 원천이 여기에 있다.

사람들이 세상과 사물을 올바로 바라보지 못하고 잘못 처사하는 것도 여기에 연유한다. 마음속에 무언가를 담아 두고 있기 때문에 사물을 왜곡되게 받아들이는 것이다. 그것은 마치 얼룩진 거울이 대상의 모습을 제대로 비추지 못하고 일그러뜨리는 것이나 다름없다. 《대학》은 사람들이 '마음을 바르게 갖지正心' 못하는 까닭을 다음과 같이 말한다. "분노가 있으면 마음을 바르게 가질 수 없고, 두려움이 있으면 마음을 바르게 가질 수 없으며, 좋아하는 감정이 있으면 마음을 바르게 가질 수 없고, 걱정이 있으면 마음을 바로 가질 수 없다."

마음이 희로애락의 감정에 물들어 있으면 사물을 올바르게 판단하고 처사할 수 있는 기능을 잃게 된다는 것이다. 이를테면 부인을 사랑하다 보면 처갓집 말뚝에도 절을 하지만, 어느 날 아침 부부싸움을 하고 나면 온 세상이 우울하게 보인다. 또 "종로에서 뺨 맞고 한강에서 분풀이한다." 물론 감정만 그런 것이 아니다. 모든 선입견(사고, 이념, 신앙) 또한 잘못된 인식과 처사의 요인이 된다. "좌파는 곧 빨갱이"라 하면서 눈을 부라리는, 우리 사회의 일부 사람들이 갖고 있는 고질적인 인식의 병폐가 그 단적인 사례다. 중국의 공산주의자들과는 잘도 소통하면서 말이다.

이러한 예는 비일비재하지만 또 한 가지 나 자신의 무의식적인 편견을 들어본다. 담배를 피우는 여성의 모습이 눈에 띠면 그 순간, "여자가 담배를 피워?" 하면서 못마땅한 마음이 나도 모르게 일어난다. 곧이어 자신에게 반문한다. "왜 여자는 담배를 피워서는 안 되는가?" 하고 말이다. 담배가 건강에 해로운 것이라면 남녀를 불문하고 금연할 것을 주장해야 하는 것 아닌가? 문제는 결국 나 자신의 잘못된 선입견으로 귀착된다. 담배는 남자만의 전유물인 양 생각해 온 것이다.

위에서 인용한 《대학》의 "마음 바르게 갖기"는 이러한 문제의식의 산물이다. 그것은 단순히 비뚤어진 마음의 소유자에게 흔히 하는 훈계의 투가 아니다. 그것은 마음을 크고 작은 선입견과 왜곡된 감정으로 물들이지 말고 맑고 순수하게 가져야 한다는 뜻을 함축하고 있다. 감정이나 사고의 편향과 체증, 오염을 닦아 내고 제거하여 마음을 마치 명경지수와도 같이 맑고 밝게 가져, 세계와 사물을 있는 그대로, 순수하게 대면하라는 것이다.

일화를 하나 소개한다. 옛날 어떤 선비가 다리를 세우는데 교각 하나가 모자라 공사를 중단한 일이 있었다. 어느 날 그는 산길을 가다가 좋은 재목감을 발견하고는 기쁜 마음으로 그것을 베어다가 다리를 완공하였다. 한데 그에게 문제는 그다음이었다. 그는 자신의 마음가짐에서 어떤 잘못을 자각하였다. 자신의 마음에 미리부터 교각의 그림을 그려 둠으로써 숲속의 나무를 나무 자체로 대면하지 못했다는 것이다. 물론 그렇다고 해서 그가 그 나무를 교각으로 이용하지 않고 시종 나무로만 바라보려 하지는 않았을 것이다. 그의 마음에는 나무가 애초부터 없었으며, 오직 교각만 있었던 것이 문제였다.

사람들은 이에 대해 의문을 가질 것이다. 자신의 생각과 감정을 투영하지 않고 사물을 그 자체로 대면하는 것, 달리 말하면 아무런 관점도 갖지 않은 사물인식이 정말 가능한 일인가 하고 말이다. 하지만 옛날 고승이나 큰 선비들은 깊은 수행을 통해 실제로 그러한 마음을 가졌던 것으로 보인다. 아니 우리 일반인들도 일상생활 속에서 잠깐이나마 선입관념에 물들지 않은 순수한 마음을 체험하곤 한다. 어느 순간 사물의 아름다움에 감동하는 마음이 그 한 예다.

심미감각은 원래 그러한 것이다. 그것은 모든 얼룩진 감정과 사념에서 벗어나 그야말로 텅 빈 마음속에서 일어나는 쾌감이다. 예를 들면 분노의 마음에는 아름다운 꽃조차 신경에 거슬린다. 또한 꽃의 물질성

분을 과학적으로 분석하려는 사람에게는 아름다운 그 모습이 눈에 들어오지 않는다. 역으로 꽃의 아름다움에 취했다면 그는 그 순간 분노와 분석정신을 잊었을 것이다. 심미감각은 이처럼 모든 선입관(사고와 감정)이 사라진 명경지수와도 같은 마음속에서만 발동될 수 있다. 그것을 아름답게 노래한 도종환 시인의 〈맑은 물〉을 한 번 깊이 음미해 보자.

맑은 물은 있는 그대로를 되비쳐준다

만산에 꽃이 피는 날 산의 모습은

아름다운 모습 그대로 보여주고

잎 하나 남지 않고 모조리 산을 등지는 가을날은

쓸쓸한 모습 그대로를 보여준다

푸른 잎들이 다시 돌아오는 날은 돌아오는 모습 그대로

새들이 떠나는 날은 떠나는 모습 그대로

더 화려하지도 않게 더 쓸쓸하지도 않게 보여준다

더 많이 들뜨지 않고 구태여 더 미워하지도 않는다

당신도 그런 맑은 물 고이는 날 있었는가

가을 오고 겨울 가는 수많은 밤이 간 뒤

오히려 더욱 맑게 고이는 그대 모습 만나지 않았는가

"마음 바르게 갖기"의 수행정신은 우리들의 일상을 반성케 해 줄 좋은 자료다. 우리의 마음은 온갖 선입관과 편견, 왜곡된 감정으로 가득하여 세상과 사물을 올바르게 대면하지 못하고, 또 잘못 처사하는 일이 비일비재하기 때문이다. 예를 들면 지역(민족)감정은 타 지역(민족)의 사람들을 천대하거나 무시하고, 독선적인 신앙은 다른 믿음을 존중할 줄 모르며, 물신숭배의 사조는 사람의 가치까지도 돈으로 환산한다. 지역(민족)과 종교와 물질을 떠나 모든 사람이 존엄한 인격을 갖고 있다는 사실을 외면한다. 또한 인간 중심적인 편견은 멧돼지가 도회지에 나타나 사람을 다치게 한 사실에 경악하면서 그 멧돼지를 즉결 처분한다. 사람들이 멧돼지의 서식지를 침탈한 것에 대해서는 반성하지 않고, 저들을 마음대로 사냥하는 것을 당연한 오락이라 여겨 즐긴다.

우리는 여기에서 자타간 대립과 투쟁, 원한과 증오의 원인을 발견한다. 갖가지의 선입관이다. 선입관에 물든 마음이 그러한 현상들을 만들어 내는 것이다. 그러므로 마음의 안식과 삶의 평화를 위해서는 마음을 비우는 노력을 부단히 하지 않으면 안 된다. "마음 바르게 갖기"의 수행은 이를 위한 것이다. 아래에 시를 한 편 인용한다. 조선 중기 정경세鄭經世, 1563~1633 선생의 시다. 이는 도종환 시인의 〈맑은 물〉보다 더 응축된 영상으로 마음의 고요에 더하여 수행정신을 은유하고 있다.

연못 위 빙 두른 산빛이 푸르른데
못 아래 잠긴 모습은 더욱 맑고 기이해라
잠깐 내린 단비에 허정虛靜함을 머금으니
잔물결을 일으킬 미풍도 불지 마라

이는 표면적으로는 사방의 산에 둘러싸인 연못과, 맑은 연못에 잠겨 있는 산 그림자를 노래하고 있지만, 그것은 마음의 세계를 영상화한 것이다. 편견이나 선입관에 물들이지 않고 사물과 세계를 투명하게 대면하는 고요한 마음 말이다. 선생은 수양을 통해 다다른 마음의 경지를 저와 같이 맑고 고요한 연못에 비유하고 있다.

우리 일상인들의 마음 '연못'은 어떠할까? 아마도 온갖 욕망과 편견과 선입관의 '바람'에 크고 작은 물결이 한없이 일렁일 것이다. 이러한 마음은 당연히 세상을 있는 그대로, 바르게 비추지 못하고 그야말로 갖가지로 왜곡과 변조를 일삼는다. 마치 물결로 흔들리는 수면이 하늘의 풍경과 산빛을 제멋대로 찢어 대고 일그러뜨리듯이 말이다.

재미있는 이야기가 하나 있다. 네 마디로 우는 검은등뻐꾸기의 소리를 세 사람이 제각각 달리 표현하였다 한다. 처지가 외롭고 궁핍한 사람은 그것을 '흑 흑 흑 흑'으로, 스님은 '빡빡 깎아'로, 성욕에 주린 사람은 '홀딱 벗어'로 형언하더라는 것이다. 그들 모두 각자의 마음을 투사하고 있다. 이는 남의 일만은 아니다. 우리 역시 무엇을 보거나 들으면서 그러한 식으로 수없이 반응한다. 그러므로 우리는 그때마다 자신의 마음에 어떠한 편견과 선입관, 욕망이 작용하고 있는지 점검해 볼 필요가 있다. 자기성찰과 수행의 좋은 자료가 될 것이다.

그러면 마음을 바르게 가지려면 어떻게 해야 할까? 위의 시구 가운데 '허정虛靜'이라는 표현에 그 답변이 숨겨져 있다. 그것은 표면적으로는 텅 비고 고요한 연못을 가리키지만, 역시 마음의 세계를 은유하고 있다. 마음을 '비우고虛 고요하게靜' 가져야 한다는 것이다. 이는 편견이든 선입견이든 모든 고정관념들을 버리고, 또 모든 욕망을 떨치고서 사물을 순수하게 대면해야 함을 뜻한다. 이황 선생의 말처럼, "사물이 다가오면 마음이 그것을 비추되 담아 두지는 않고, 사물이 지나가면 그것을 보내 마음을 밝게 텅 비우는" 것이다. 《채근담菜根譚》은 이를 다음과 같이

천작天爵

아름다운 영상으로 은유한다.

성긴 대숲에 바람이 불어오는데 바람이 지나가면 대숲은 바람 소리를 머물러 두지 않고, 차가운 연못 위를 기러기가 날아가는데 기러기가 지나가면 연못은 기러기의 그림자를 남겨 두지 않는다. 마찬가지로 군자는 일이 다가오면 마음이 비로소 나타나고, 일이 지나가면 마음도 따라서 빈다.

마음의 고요는 일차적으로 욕망으로부터의 해방을 통해 얻어질 수 있다. 어떤 형태의 욕망이든 그것은 세계와 사물의 본래 모습을 일그러뜨리는 주범이다. 예를 들면 복부인의 마음에는 아무리 아름다운 미술품도 단지 재산 가치로만 비친다. 또한 지금 자연의 생태계가 저리도 무참히 파괴되는 것은 인간의 잔인한 욕망의 결과다.

당연한 이야기지만 욕망은 마음을 동요시키고 삶을 피곤하게 만든다. '차가운' 연못과는 달리 '들끓는' 욕망이 마음과 삶에 크고 작은 물결을 끝없이 일으키기 때문이다. 일등, 돈벌이, 승진, 미모, 젊음 등등의 욕망을 쫓느라 한시도 마음 편하지 못한 자신의 삶을 한 번 되돌아보자. 사람들은 이에 대해, 오늘날 욕망 없이는 살아남을 수 없다고 항변할지도 모른다. 하지만 그렇다고 해서 그 추세를 따르는 것은 자신을 스스로 불행으로 내모는 것이나 다름없다. 삶의 평화와 행복은 마음의 고요 속에만 깃드는 만큼, 어떻게든 욕망을 줄이지 않으면 안 된다.

▶욕망의 절제와 순화◀

**즐거워하되 지나침에
빠지지 않고,
슬퍼하되 상심에 젖지 않는다**

사람은 원래 욕망하는 존재다. 욕망을 빼놓고서는 삶을 말할 수 없다. 진·선·미·성의 가치를 포함하여 인류 문화사상 그 어떤 것도 욕망의 산물이 아닌 것이 없다. 아니 사람들이 경계하는 식욕이나 색욕조차도 사실 그것들이야말로 삶의 원동력이다. 지역적으로, 또는 전 세계적으로 다양한 특색을 이루고 있는 식색의 문화가 바로 그 산물이다. 그처럼 욕망은 자기 보존의 본능이요, 문화 창달과 세계 창조의 힘으로 작용한다.

그런데 욕망의 이와 같은 의의와 성과를 무시하려는 듯, 그것을 경계하고 심지어 부정하는 사람들이 예로부터 있어 왔다. 도덕가와 종교인 들이 특히 그러하다. 그들 가운데에는 욕망의 지나친 추구가 초래할 삶의 파탄을 염려하면서 그것의 절제를 강조하는 사람도 있지만, 아예 극단적으로 욕망의 근절을 주장하는 금욕주의자도 있다. 욕망이 도덕성

천작天爵

을 빈곤하게 만들며, 영혼의 안식을 방해한다는 것이다.

하지만 어째서 욕망이 도덕성의 빈곤을 야기하는 것일까? 욕망과 도덕성의 함수관계는 무엇일까? 곰곰이 생각해 보면 욕망은 본질적으로 맹목적이고 배타적이며 이기적이다. 그것은 대상 사물의 획득과 소유, 지배를 통해 자기만족만을 꾀할 뿐 남을 배려할 줄 모른다. 욕망이 많은 사람일수록 남들과 자주 갈등을 일으키는 것도 이 때문이다. 그러므로 그것은 자타공동체의 삶의 원리인 도덕을 황폐화시킬 수밖에 없다.

욕망을 끊임없이 부추기고 심지어 조작하기까지 하는 이 시대 상업문명의 심각한 문제점이 여기에서 드러난다. 욕망의 조작이란 우리들 주변에 홍수처럼 범람하는 수많은 선전문구와 광고들에 의해 욕망이 새롭게 창출되는 것을 두고 하는 말이다. 내가 자가용을 바꾸고 싶은 이유는 현재의 것이 불편해서만이 아니다. 티브이에 멋지게 광고되는 신형의 차종이 내 안에서 욕망을 이끌어 낸다. 또 순백의 아름다움을 보장해 줄 것 같은 화장품 광고를 보다 보면, 그것을 구입하여 사용하지 않으면 불행할 것 같은 느낌이 든다. 그러고 보면 욕망은 인간관계를 파탄시키고 사회공동체를 혼란에 빠트리는 요인에 그치지 않는다. 그것은 사람들을 바깥사물들에만 관심 갖게 함으로써, 정작 삶의 참다운 의미를 성찰하고 심층의 영혼을 돌아볼 겨를을 갖지 못하게 만든다.

과거에 현자들이 상업문명 시절 이전부터 금욕주의를 주장했던 것도 욕망이 갖는 이와 같은 문제점을 자각했기 때문이었다. 그들의 뜻은 금욕 자체에 있는 것이 아니었다. 그들은 금욕을 통해 덕성의 실현이나, 또는 영혼의 안식을 도모하였다. 물론 그들의 주장은 일반인의 상식으로는 너무 극단적이어서 받아들이기 어려운 점들이 있는 것이 사실이다. 하지만 욕망의 해악을 통찰한 그들의 혜안은 우리들에게도 삶의 방향과 지표를 모색하는 데 여전히 많은 도움을 준다. 일례로 불교의 무욕론을 간단히 살펴보자.

불교의 수행자들은 번뇌와 고통을 초래하고 삶을 미망에 빠트리는 요인을 욕망에서 찾는다. 그들에 의하면 만물은 수많은 조건들의 일시적인 조합현상일 뿐이다. 이 세상 모든 것들이 '인연'에 따라 끊임없이 생겨났다가 사라진다. 불변의 실체성을 갖는 것은 이 세상에 아무 것도 없다. 사람 또한 마찬가지다. '나'는 자신이 만들어 놓은 온갖 관념과 기억들의 총합에 불과하다. 예를 들면 나는 남자, 자식, 아버지, 출신학교, 사회적 직함 등 각종의 상들을 모아 하나의 자기정체성을 만들어 낸다. 하지만 그것은 대단히 불안정할 뿐만 아니라 덧없다. 저 상들은 시간과 장소에 따라 변하기 때문이다. 특히 저 상들을 죽음 앞에 세워 보자. 그 모든 것들이 다 허망하기 짝이 없다.

그런데도 우리는 자신과 사물들의 허상에 집착하여 갖가지의 욕망을 지어낸다. 젊음을, 미모를, 권력을, 재물을 숭배하고 열심히 추구한다. 하지만 속담이 말하는 것처럼, "열흘 붉은 꽃 없고花無十日紅", "10년 가는 권세 없는權不十年"법이다. 그럼에도 그것들을 얻으려고, 또 잃지 않으려고 애를 쓰니 온갖 근심 걱정과 번뇌 고통이 따를 수밖에 없다.

그러므로 마음의 평화와 삶의 행복을 위해서는 욕망을 최대한 버려야 한다. 물론 욕망의 싹을 잘라 내는 것만 가지고는 안 된다. 그것은 어느 순간 다시 자라날 것이기 때문이다. 그것의 뿌리를 근절하지 않으면 안 된다. 그 근절책은 세계와 만물의 실상을 깊이 깨닫는 데 있다. "모든 현상은 끊임없이 변화하며諸行無常", 또한 "모든 사물은 고정불변의 실체가 없다諸法無我"는 진리를 말이다. '나'도 죽으면 흙으로 돌아간다. 아니 존재 자체가 없어져 버린다.

이러한 근원적인 깨달음은 모든 욕망을 한순간 무산시켜 버릴 것이다. 해탈의 세계가 여기에서 열린다. 무욕의 마음은 모든 집착에서 해방되어 절대의 자유를 누릴 것이기 때문이다. 그렇다고 해서 그가 세상사에 무관심한 것은 아니다. 그의 깊은 깨달음은 한편으로 중생에 대한 무한한 연민과 자비의 뜻을 일으킬 것이다. '나'에서 벗어나니 세상이 맑은 눈에 들어와 중생의 생로병사에 자연히 연민의 마음이 생기기 때문이다. 불교의 무욕의 정신은 이렇게 중생제도의 염원과 실천으로 발전한다.

이상으로 불교의 욕망관을 간단히 일별했지만, 선비들 또한 욕망의 문제점을 깊이 인식하면서 욕망의 절제는 물론 심지어 무욕을 주장하기까지 하였다. 그들은 욕망을 사람들의 인식과 가치판단을 흐리게 만드는 요인으로 여겼다. 욕망의 성질상 목적물에 기울고 집착하는 마음은 세계와 사물을 편견 없이, 바르게 바라볼 수 없다는 사실을 자각했기 때문이다.

예컨대 빵을 욕망하는 사람의 눈에는 둥근 달도 빵으로 비칠 것이다. 또한 출세의 욕망은 삶에서 추구해야 할 진정한 가치에 대해서 무관심할 수밖에 없다. 그러한 사람은 친구는 물론, 극단적으로는 처자를 버리는 일까지도 마다하지 않을 것이다. 사람들이 흔히 일에 무리수를 두는 것도 따지고 보면 그 이면에 감춰진 욕망에 기인한다. 그러므로 "지혜를 기르기 위해서는 마음을 맑게, 욕망을 적게 가져야 한다." 조선 중

천작天爵

기 이연경李延慶, 1488~1552 선생의 말이다.

욕망은 특히 가치전도의 커다란 요인이다. 권력욕이나 재물욕이 그 대표적인 사례다. 그것은 목적물의 소유와 지배에만 힘을 쏟을 뿐, 사랑이나 정의와 같은 인간의 본질가치에는 무관심하다. 인간의 본능이라할 남녀의 욕망도 위험하긴 마찬가지다. 사람들은 흔히 그것을 사랑이라는 이름으로 포장하고 미화하지만, 거기에는 상대방을 인격이 아니라 소유와 쾌락의 대상으로 여기는 저의가 은밀하게 작용하기도 한다.

오늘날 전 세계적으로 거론되고 있는 동물 학대의 문제도 사실은 인간의 잘못된 욕망에 기인한다. 이미 대중화되어 있는 육식의 욕망은 소나 돼지, 닭 등을 자기목적적인 생명체로 존중하려 하지 않는다. 사육의 공장에서 기계적으로 생산되는 먹거리 정도로만 취급한다. 사람들이 수백만 마리의 가축을 생매장하는 뉴스를 접하면서도 자신의 건강만 염려하는 우리들의 마음을 되돌아보자. 인간의 이기적인 욕망이 얼마나 단단하고 또 잔인한지를 여실히 보여 준다.

사람들의 욕망은 동물만 학대하는 것에 그치지 않는다. 그것은 그들 자신에게까지 해독을 끼친다. 식욕, 성욕, 재물욕, 권력욕을 삶의 제일 원리로 여기는 마음자리에는 인간의 존엄한 가치가 들어설 여지가 없기 때문이다. 사람들은 욕망의 추구에만 급급할 뿐, "나는 어떠한 존재이며, 어떻게 살아야 것인가?" 하는 물음을 더 이상 던지려 하지 않는다. 오늘날 물질적인 풍요의 사회에서 사람들이 존재의 빈곤을 면치 못하는 것은 이의 필연적인 결과다.

그러면 욕망을 어떻게 다스려야 할까? 먼저 우리는 자문해 볼 필요가 있다. 욕망이 과연 자신을 행복하게 해 주는가? 하고 말이다. 욕망은 본래 자기만족을 모른다. 그것은 끊임없이 자가발전하면서 확대 재생산된다. 하나의 욕망이 충족되었다 싶으면 뒤이어 또 다른 욕망거리가 생긴다. 이에 적절한 속담이 있다. "말 타면 경마 잡히고 싶다." '경마'란 '견마牽馬'의 속음으로, 말고삐를 뜻한다. 말고삐를 잡는 노비까지 두고 싶다는 것이다. 욕망은 그렇게 한없이 가지치기를 한다. 그리하여 욕망을 쫓다 보면 허덕거리고 피곤한 삶을 면할 수 없다. 《명심보감》은 말한다. "만족할 줄 알면 삶을 즐길 수 있지만, 탐욕하면 근심을 면치 못한다.知足可樂 務貪則憂"

그렇다고 해서 금욕주의자들처럼 욕망을 아예 부정해야 한다는 말이 아니다. 욕망을 적절하게 지도하고 순화해야 한다. 그렇게 해야만 욕망도 아름다울 것이다. 공자는 말한다. "즐거워하되 지나침에 빠지지 않고, 슬퍼하되 상심에 젖지 않는다.樂而不淫 哀而不傷 《논어》" 남녀(부부)의 사랑을 노래한 어느 시를 평론한 것이지만, 우리는 저 '즐거움'을 욕망으로 바꾸어 생각해 볼 수 있다. 욕망이 절제된 사랑의 기쁨, 욕망이 순화된 삶의 행복을 상상으로나마 공감할 수 있을 것이다.

이를 위해서 우리는 가치판단의 정신을 끊임없이 키워야 한다. 우리는 이성을 욕망 충족의 도구로만 이용하려 해서는 안 된다. 진·선·미·성의 이념과 가치를 발견하고 실현하는 정신을 삶의 중심에 두어야 한다. 그러한 정신으로 욕망을 지도하고 순화해야 한다. 삶은 거기에서만 아름다울 수 있으며, 또한 정신적으로 풍요로울 수 있다. 그러한 이념과 가치가 배제된 삶은 겉으로 아무리 화려하다 하더라도 정신의 황폐를, "참을 수 없는 존재의 가벼움"을 면할 수 없을 것이다.

▶존재와 소유◀

**부를 추구하면
사랑을 모를 것이요,
사랑을 베풀면
부를 축적할 수 없다**

─────────── 앞서 수행을 논의하는 말머리에서, 삶은 사람들이 마치 "페르시아의 양탄자를 짜듯" 각자 자신의 존재를 수놓아 나가는 과정이라 하였다. 그러면 오늘날 이 사회를 사는 사람들은 자신의 존재의 양탄자를 어떻게 수놓아 나가고 있을까? 그 세부적인 내용과 방식은 사람에 따라 다양성을 보이고 있어서 일률적으로 말할 수는 없지만, 우리는 자본주의 사회에 만연한 인간관의 한 유형을 본다. 소유주의적인 인간관이 그것이다. 자신의 존재를 소유물로 화려하게 수놓고 채우려 하는 것이다. 그리하여 그들의 삶을 지배하는 제일 명제는 "나는 소유한다. 고로 존재한다."이다.

이때 소유의 대상은 물질에 국한되지 않는다. 그들이 남들 앞에서 과시하고 행세할 수 있는 '힘'이면 무엇이든 소유의 대상이며, 여기에는 권력이나 높은 사회적 지위, 명예 등도 당연히 포함된다. 이러한 '힘'에

천작天爵

의 의지가 사람들의 삶을 끊임없이 지도하고 조종한다. 그들의 배금주의拜金主義는 양심을 뒷전으로 한 채 온갖 부정과 부패를 마다하지 않고, 권력 의지는 무고한 시민들을 마구잡이로 살상하는 광란과 폭거를 자행하기도 하며, 명예욕은 절친했던 우정도 하루아침에 원망과 욕설로 바꾸어 버린다. 그들이 그렇게 할 수 있는 것은 바로 그러한 '힘'이야말로 사람됨의 평가 척도라고 생각하기 때문이다. 이에 의하면 '힘'을 크게, 많이 가질수록 그는 훌륭하고 위대한 사람이다.

그러나 그 '힘'은 과연 믿을 만한 것이며, 사람됨에 있어서 본질적인 요소인가? 당연히 그렇지 않다. 그 '힘'의 원천인 권력과 부와 명예는 득실이 무상한 것이어서, 하루아침에 주어지는가 하면 이내 박탈당하기도 하기 때문이다. 자고로 그것들을 추구하는 사람들이 근심 걱정을 떨치지 못하고 항상 불안 속에서 사는 커다란 이유도 여기에 있다. 공자의 말대로, "그것들을 얻지 못했을 경우에는 어떻게 하면 얻을 수 있을까 고심하고, 얻고 난 뒤에는 또 잃지나 않을까 걱정할(《논어》)" 수밖에 없기 때문이다.

이는 역시 사람들의 잘못된 인간관에 기인한다. 만약 그것들이 인간존재에 본질적인 것들이라면 어느 누구도 그것들을 빼앗아 갈 수 없으며, 따라서 근심 걱정을 할 이유가 없을 것이다. 맹자는 인간의 본질(사랑과 의로움의 정신)을 비본질적인 것(부귀공명)과 대비시키면서 다음과 같이 말한다. "구하면 얻으리라. ……구하는 것이 내 안에 있는 것이기 때문이다. 구한다 해서 반드시 얻을 수 있는 것은 아니다. ……구하는 것이 내 밖에 있는 것이기 때문이다.(《맹자》)"

그런데도 사람들은 '내 안에 있는 것'보다는 '내 밖에 있는 것'의 획

득에만 관심을 쏟는다. '내 밖'의 부귀공명을 위해 '내 안'의 존재를 과감히 포기하면서까지 말이다. 하지만 이는 자신을 사물화하고 자신의 존재를 스스로 소외시키는 것이나 다름없다. 그리하여 사람들은 카를 마르크스의 이른바, '존재의 절대빈곤'을 겪을 수밖에 없다. 그는 이를 다음과 같이 예리하게 지적한다. "당신의 '존재'가 희미하면 할수록, 그리고 당신이 당신의 생명을 적게 표현하면 할수록, 당신은 그만큼 더 '소유'하게 되고, 당신의 생명은 그만큼 소외된다." 이는 존재와 소유가 반비례적인 함수관계에 있음을 암시한다. 소유를 지향할수록 사랑과 의로움, 진리 등 존재의 정신은 희미해질 수밖에 없기 때문이다.

파우스트가 학자로서 크나큰 명예를 얻었음에도 늘그막에 삶을 견디지 못하고 자살하려 했던 것도 사실, 명예로는 채워지지 않는 존재의 빈곤감 때문이었을 것으로 보인다. 우리 대부분의 사람들이 소유의 풍요 속에서도 무언가 공허감을 떨치지 못하는 것 또한 근원적으로는 이에 기인할 것이다. 그러나 방황 끝에 뒤늦게나마 존재의 안식처를 찾은 파우스트와 달리, 사람들은 그러한 자신을 회의할 줄 모르고 줄기차게 존재의 허기를 부귀공명으로만 채우려 한다.

"부자가 천국에 가는 것은 낙타가 바늘구멍에 들어가는 것이나 다름없다"는 예수님의 말씀을 우리는 이렇게 이해할 수 있다. 재물의 축적에 관심을 쏟는 사람은 자타간 생명을 공감하고 상통하는 사랑은 물론, 자신의 영혼을 소중하게 돌보는 노력을 게을리할 것이다. 그리하여 그는 허망하고 무상한 소유의 세계에서 외롭게 방황하면서, 희미해지고만 존재의 빈곤에 시달릴 수밖에 없을 것이다. 이는 바로 현세의 '지옥'에 다름 아니다. 이러한 '지옥'과도 같은 삶이 바로 우리들의 모습이라

천작天爵

고 한다면 지나친 말일까?

이에 반해 인간존재의 의미를 추구하는 사람은 사랑과 의로움과 진리의 정신에 주목한다. 그 정신은 사람이 고유하게 타고나는 본성이며, 인간존재는 그 가운데에서만 빛난다는 사실을 알기 때문이다. 인류의 스승들이 무소유의 삶 속에서 가없는 사랑을 펼쳤던 것도 이러한 깨달음에서였다. 물론 그 사랑은 사람들만 대상으로 하지 않으며, 모든 살아 있는 것들을 향해 열려 있다. "덕 있는 사람은 외롭지 않다. 반드시 이웃이 있는 법德不孤必有隣 《논어》"이라는 공자의 말을 우리는 이러한 관점에서 이해할 수 있다. 만민과, 더 나아가 만물을 '이웃'으로 여기는 사랑의 덕은 외로움은커녕, 오히려 존재의 풍요를 누릴 것이다.

소유를 버리고 존재의 정신을 지켰던 실례를 우리의 문화전통에서 살펴보자. 선비들의 '청빈淸貧'이 바로 그것이다. 어떤 사람은 이를 '맑은 가난'이라고 풀이하지만, 우리는 그것을 존재와 소유의 관점에서 접근해 볼 수 있다. 즉 청빈이란 존재의 '맑음淸'을 추구하면서 소유의 '가난貧'으로 사는 것을 뜻한다. 아니 정확하게 말하면 소유의 '가난'을 무릅쓰고 존재의 '맑음'을 추구하는 정신이 바로 청빈이다. 존재의 정신은 가난의 위협에 굴복하지 않고 자신을 더욱 곧추세우려 하기 때문이다.

선비들은 소유욕이 자신의 존재를 혼탁하게 만든다는 사실을 깊이 자각하면서 그것을 매우 경계하였다. 조선 중기 노수신盧守愼, 1514~1590 선생은 말한다. "재물은 기름과도 같아서 가까이 하면 사람을 더럽힌다." 앞서 인용했던 것처럼 이황 선생은 아예, "의로움은 삶의 길이요, 잇속은 죽음의 길"이라고 극언하기까지 한다. 존재와 소유의 반비례적인 함수상 존재의 빈곤을 초래하는 소유욕은 곧 정신적인 죽음의 길에 다름 아니기 때문이다.

그러므로 우리가 어려서부터 종종 들어 온 선비들의 가난 이야기가 조금쯤 과장되었을 수는 있지만, 사실무근의 일은 아니었을 것이다. 허물어져 가는 집에서 비가 새는 것도 괘념치 않고 글만 읽었다든지, 또는 끼니 거르기를 일상으로 했다든지 하는 등의 이야기들 말이다. 조정에 의해 선발된 청백리淸白吏들의 생활이 이 점을 잘 증언해 준다. 그들 가운데에는 고관대작을 역임했음에도 불구하고 밭 한 뙈기도 없이 두어 칸의 초가집에서 살았던 사람이 부지기수다.

심지어는 사후 장례비용이 없었던 선비들도 적지 않았다. 예를 들면 중종 시절 성균관成均館 대사성大司成을 지낸 유숭조柳崇祖, 1452~1512라는 학자가 있었다. 오늘날로 치면 국립대학교 총장 격이다. 선생은 벼슬 도중 갑자기 세상을 떠났는데, 집안이 장례를 치를 수 없을 만큼 가난하여 나라에서 관을 보조하였다.

청빈의 정신세계를 좀 더 자세히 들여다보기 위해 서경덕徐敬德, 1489~1546 선생의 시를 한 편 인용한다. 제자들의 기록에 의하면 선생은 양식이 떨어져 종종 끼니를 거르면서도 그러한 기색이 전혀 없이 강학에 열심이었고, 또 때로는 거문고도 뜯으면서 태연자약하게 지냈다고 한다. 기생 황진이와의 교제에 관해서는 사람들에게 널리 알려져 있거니와, 그를 매우 흠모했던 황진이는 선생의 인품을 다음과 같이 칭송한 바 있다. "30년을 면벽한 지족선사知足禪師도 내 품에 안겼는데, 화담 선생은 여러 해 동안 가까이 지냈지만 끝내 어지러운 짓을 하지 않으셨다. 정말 성인이시다." 아래의 시는 선생의 고매한 인품을 집약적으로 전해 준다.

젊어 글 읽을 시절에는 세상의 경륜에 뜻을 두었지만

늘그막에 이르니 안자顏子의 가난이 도리어 맛있구나

부귀는 다투는 사람이 많으니 손 내밀기가 어렵고

숲과 샘은 막는 이가 없으니 몸을 편안히 할 수 있어라

산나물 캐고 낚시질하여 그런 대로 배를 채우고

달을 노래하고 바람을 읊조리며 마음껏 심사를 펼친다

배움이 회의懷疑를 넘어 쾌활함을 알겠으니

인생 백년을 헛되게 사는 것은 면했어라

사람들은 이 시를 읽으면서 어떤 반발심을 느낄지도 모른다. 그것은 선생이 자신의 무능력을 호도하거나, 또는 체념을 초연함으로 가장하고 있는 것처럼 보이기 때문이다. 하지만 선생의 가난은 게으름이나 무기력의 결과가 아니었다. 오히려 출신 성분이나 지적인 능력으로 따지면 선생은 부귀영화를 충분히 누릴 수도 있었을 것이다. 그런데도 어째서 속세에서 물러나 "안자의 가난이 도리어 맛있구나." 하고 노래했을까?

사실 예나 지금이나 "부귀는 다투는 사람이 많으니" 웬만큼 결연한 각오를 세우지 않고서는 "손 내밀기가 어렵다." 문제는 그것으로 끝나지 않는다. 사람들은 '부귀 다툼'의 자리에서 승부욕과 투쟁정신, 선망과 질투와 적의를 끊임없이 제 안에 키우면서 자신의 존재를 피폐하게 만든다. 그들에게 삶은 쟁취다. 어떻게든 상대방을 이겨 먹지 않으면 나는 세상에서 도태되고 만다. 관용과 배려, 사랑은 사치스러운 감상이요, 낙오와 패배의 지름길일 뿐이다. 부귀가 모든 것을 정당화한다. 사랑과

정의도 부귀 속에서만 나온다.

그러나 그들의 모진 심성은 둘째치고, 그러한 사랑과 정의가 과연 진실한 것일까? 그렇지 않다. 설사 그들이 사랑을 베푼다 하더라도 그것은 진정성이 결여된, 또는 자신의 명예를 염두에 둔 시혜에 지나지 않을 것이다. 고슴도치와도 같이 자기방어의 털을 사방으로 날카롭게 세우는 부귀의식에는 고결한 사랑의 정신이 깃들 수 없기 때문이다. 맹자는 단언한다. "부를 추구하면 사랑을 모를 것이요, 사랑을 베풀면 부를 축적할 수 없다.爲富不仁 爲仁不富 《맹자》"

부귀의식의 자기 파괴적인 성질이 여기에서 드러난다. 그것은 삶을 승부의 장으로 만듦으로써 결국 자신의 존재를 황폐화시키고 만다. 서경덕 선생이 부귀를 멀리했던 것도 실은 이러한 이유에서였다. 선생이 부귀에 "손 내밀기 어려워" 했던 것은 부귀의식이 초래할 인간성의 파괴를 염려해서였던 것이다.

선생은 결국 '안자의 가난'을 택한다. 그런데 그것은 단순히 물질생활의 궁핍을 체념적으로 자족하겠다는 뜻이 아니었다. 거기에는 드넓은 존재의 세계가 예정되어 있었다. 공자는 제자였던 안자를 다음과 같이 칭송한다. "훌륭하구나, 안회顏回는. 한 그릇 밥과 한 바가지 물로 연명하는 생활의 고통을 남들은 견디지 못하는데 안회는 그 즐거움을 변함없이 누리니. 훌륭하구나, 안회는." 안자는 끼니를 자주 거를 정도로 가난했다고 하는데, 그가 누렸다는 '그 즐거움'은 '한 그릇 밥과 한 바가지 물'을 얻는 기쁨이 아니었다. 그것은 빈부를 초월한 존재의 삶이었다.

선생이 '맛있게' 여긴 가난의 속내가 바로 여기에 있었다. 이른바 안빈낙도安貧樂道의 경지다. 선생에게는 '도道', 즉 사랑과 의로움과 진리야말로 존재 구원의 핵심이었다. 삶의 고통은 가난이 아니라, 그러한 존재의 정신을 버리는 데서부터 비롯되는 것이었다. 공자는 단언한다. "아침에 도를 깨우치면 저녁에 죽어도 가하리라.(《논어》)"

"배움이 회의를 넘어 쾌활함을 알겠다"고 선생이 술회한 것도 이러한 깨달음의 산물이다. 더구나 저 '쾌활'은 단순히 마음의 상쾌함에 그치지 않는다. 그것은 어쩌면 부귀빈천의 세계로부터 초탈하여 '도'의 경지에서 누리는 내면적 자유의 쾌감이었을 것이다. 선생은 허망한 부귀로는 결코 채워지지 않을 '인생 백년'의 의미를 이러한 '도'에서 찾아, "헛되게 사는 것은 면했노라"고 겸손하게 자부하였다. 선생은 임종 시에 소회를 묻는 제자에게, "삶과 죽음의 이치를 안지 오래라, 내 마음이 편안하다"고 대답했다고 한다.

선생이 "달을 노래하고 바람을 읊조리며 마음껏 심사를 펼"쳤던 풍류의 삶도 여기에서 발원할 것이다. 가난(과 부)을 의식하는 한 누구도 세상을 음미하며 삶의 운치를 누릴 수 없다. 풍류란 현실의 모든 이해득실과 구속을 벗어나 사물을 관조하고 유희하는 것을 뜻한다. 이러한 풍류정신이 일으키는 미적 자유와 쾌감은 가난의 불편과 고통을 충분히 상쇄하고도 남음이 있을 것이다.

이에 더하여 선생에게 그러한 삶의 이면에는 자연이 놓여 있다. "부귀를 다투는" 벼슬길과 저잣거리는 사람들에게 끝없는 긴장과 불안과 걱정을 끼친다. 하지만 자연은 대립과 경쟁의 현실을 넘어 안식과 평화를 제공하는 영원한 휴식처요, 존재의 요람이다. 선생이 아름다운 산천을 만나면 덩실덩실 춤을 추었다는 일화도 이러한 풍류정신과 자연관을 배경으로 갖는다.

이상으로 우리의 문화전통이었던 청빈의 세계를 잠깐 들여다보았다. 사람들은 이에 대해 답답한 마음을 가질 것이다. 오늘날과 같이 돈이 모든 것을 지배하는 사회에서 청빈은 허망한 구호처럼 들리기 때문이다. 정말 청빈의 정신은 먹고사는 일에 절박한 사람들 앞에서는 조심스러운 주제다. 하지만 "교양 있는 사람들까지도 맹목적으로 가난을 두려워한다는 것은 현대인이 시달리는 최악의 도덕적 병폐"라는 주장을 깊이 새겨 보아야 한다. 청빈사상을 강조한 미국 철학자 윌리엄 제임스의 말이다.

사실 소유가 많다고 해서 반드시 행복한 것만은 아니다. 티브이 연속극에서 부귀한 사람들이 자신의 소유물을 지키고 또 늘리기 위해 남들과 비교 경쟁하고 다투는 비정한 모습들을 보자. 그들은 물질적인 안락만 추구하는 나머지 마음의 여유와 평화를 누리지 못한다. 그것은 상상과 허구의 일만은 아닐 것이다.

이에 반해 가난하여 별로 잃을 것도 없는 사람들의 삶은 어떠할까? '존재'밖에는 달리 내놓을 것이 없는 그들은 자연스럽게 사람의 도리와 인정으로 사는 기쁨을 안다. 어느 국제기관의 연례보고가 전해 주는 것처럼, 부자 나라보다는 가난한 나라 사람들의 행복지수가 높다는 사실은 우연이 아닐 것이다. 참고로 2010년의 보고서에 의하면 국민소득 2만 달러를 바라본다는 우리나라 사람들의 행복지수는 세계에서 102위라고 한다. OECD 국가 중에서 한국인들의 자살률이 단연코 1위라고 한다.

그렇다고 해서 존재를 위해 소유를 무조건 버려야 하는 것은 물론 아니다. 존재와 소유가 택일적인 사항은 아니다. 사실 소유를 전적으로 무시할 수는 없는 것이 엄연한 현실이다. 특히 오늘날의 사회에서 삶의 고통을 피하기 위해 어느 정도의 소유는 불가피한 일이다. 하지만 그 고통에 너무 민감하게 반응하여 소유의 정도를 높이려고만 해서는 안 된다. 무엇보다도, 소유는 존재의 삶을 위한 토대일 뿐이라는 사실을 잊지 말아야 한다. 소유가 삶의 목적이 되어서는 안 된다. 소유 지향의 삶이 초래할 존재의 황폐화를 경계해야 한다.

혹자는 '청빈'에 반대하면서 '청부淸富'를 주장하기도 한다. 소유의 부유를 추구하면서도 존재의 맑음을 잃지 말자는 것이다. 쉽게 말하면 돈도 많이 벌면서 진리와 사랑, 의로움으로 살라는 것이다. 참으로 근사한 말이다. 이는 오늘날 자본주의 사회의 구호로 아주 적절해 보인다. 하지만 그 주장에는 암암리에 소유(부)의 정신을 앞세우는 혐의가 있다. 존재(청)는 부차적이고 보조적일 뿐이다.

게다가 그것은 존재와 소유가 반비례적이라는 사실을 간과하고 있다. 소유를 추구하면서 진리와 사랑, 의로움 등 존재의 정신을 키운다는 것은 거의 불가능한 일이다. 소유의 욕망은 자신의 이해득실만 타산하려 하지, 그러한 정신의 실천에는 소홀하기 때문이다. 오히려 진리와 사랑과 의로움의 정신은 소유의 욕망을 자가비판하고 억제하려 할 것이다. 예수님이 낙타와 바늘구멍 이야기를 왜 했을까? 또한 오늘날 소수의 독실한 종교인들이 존경스럽게도 무소유의 생활 속에서 가난한 사람들의 구원에 헌신하는 것은 부유한 생활이 좋은 줄 몰라서가 아닐 것이다. 만민에 대한 사랑이야말로 하느님의 부르심이요, 존재의 소명이라고 생각하기 때문이다.

청빈의 강인하고 창조적인 힘이 여기에서 드러난다. 그 정신은 현실에 무기력하거나 패배적인 사고의 산물이 결코 아니다. 그것은 재물이나 권력의 유혹을 물리치고 진리를 수호하고 창달하려는 견인불발堅忍不拔의 의지를 갖고 있다. 그리하여 인류의 스승들이 실제로 보여 온 것처럼, 그것은 사람들의 삶을 밝혀 주는 횃불로 작용한다. 《주역》은 말한다. "몸은 곤고하지만 네가 지키는 진리는 세상을 형통케 하리라.身窮道亨"

　이제 우리는 자신이 평소 삶의 안목을 소유와 존재 가운데 어디에 두고 있는지 되돌아볼 필요가 있다. 자신의 소유 지향적인 사고가 세계 인식과 삶의 정신을 얼마나 왜곡시키며 또 존재를 빈곤하게 만드는지 깊이 성찰해야 한다. 부귀영화의 소유로는 결코 채워지지 않는 존재의 정신을 일깨워야 한다. 물질 만능의 시대사조만 탓하지 말고 삶의 한 중심에 존재의 정신을 확고히 세워야 한다. 소유조차도 존재의 정신에 봉사하도록 해야 한다. 이는 얼마간의 고통을 수반하겠지만, 한편으로 의미 깊고 가치 있는 삶을 일구어 줄 동력이 될 것이다. 이를 통해서만 삶의 허무를 벗어날 수 있을 것이다.

천작天爵

▶풍류정신◀

호박꽃 속으로 난 길을
걸어 들어갔더니
호박밭에 쪼그리고 앉은 내가 보이더라

─────────── 우리는 인간관계와 사회생활 속에서 갖가
지의 자극과 억압에 긴장하고 또 시달리며 지낸다. 도덕이성의 감시와
지배 또한 우리에게 상당한 부담을 준다. 그것은 욕망이나 그 밖에 다른
감정들을 자꾸만 단속하려 하기 때문이다. 정신의학자들의 임상보고에
의하면, 지나치게 도덕적인 사람들에게서 노이로제 증상이나, 또는 심
하게는 자아의 붕괴현상이 많이 발견된다고 한다.

그러면 생활의 긴장과 스트레스를 어떻게 풀어야 할까? 그 방법은
사람들의 취향에 따라 다를 것이다. 음악 감상, 여행, 등산, 낚시, 운동,
노래, 술, 아니면 고스톱에 이르기까지 다양하다. 무엇이 되었든 우리는
삶의 스트레스를 풀 방도를 개발할 필요가 있다. 다만 주의해야 할 점이
있다. 자신의 스트레스 해소책이 삶의 정신을 향상시켜 주는지, 아니면
오히려 하락시키는지 여부를 따져 보아야 한다는 것이다. 예를 들면 지

나친 음주는 심신을 방종하고 피폐하게 만든다.

심미활동 또한 우리가 관심을 가져 볼 필요가 있는 방법 가운데 하나다. 아름다움의 감각을 키워 세계와 삶을 미적으로 향유해 보자는 것이다. 이는 예술인들만 할 수 있는 일이 아니다. 사람이면 누구나 다 아름다움을 발견하고 또 감동할 수 있는 능력을 갖고 있다. 예술인들은 특별한 재능으로 아름다움을 글로, 그림으로, 또는 선율로 형상화하는 것일 뿐이다.

일반인들은 예술적인 재능을 갖고 있지 못하지만, 심미의식만큼은 그들에게도 일상생활의 구석구석에서 항상 작동한다. 누구나 아름다움에 감동할 뿐만 아니라, 무엇이든 '아름답게' 꾸며 보겠다는 마음을 갖는다. 이를테면 직장인들이 아침에 출근하면서 머리를 빗고 옷매무새를 단장할 때, 그 순간에도 심미의식이 발동한다. 지금은 아련한 추억이 되어 버렸지만, 어렸을 적에 연필을 '이쁘게' 깎기 위해 낭비까지 하면서 신경 썼던 것도 심미의식의 산물이다. 이처럼 사람은 누구나 심미의 충동을 타고난다.

심미활동은 유희의 일종이다. 유희란 현실에서 한발 물러나 즐겁게 놀면서 사물을 감상하고 삶을 관조하는 행위다. 그것은 일의 이해득실이나 유용성, 실제적인 필요와 욕구를 떠난다. 말하자면 '재미로' 하는 일이다. 이를테면 어떤 사람이 '재미로' 화투를 치다가 점수의 득실에 집착한다면, 그는 '유희'의 정신을 망각했다는 비난을 받는다.

심미활동은 유희와 마찬가지로 사람들에게 일상의 구속과 책임을 벗어나 정신의 자유를 누리게 해 준다. 어린아이의 소꿉장난이나 또는 각종 집단의 축제들이 좋은 예다. 그리하여 그것이 주는 즐거움은 단조롭고 지루한 생활에 활력을 불어넣어 준다. 예술 또한 이러한 의의를 갖고 있음은 물론이다. 예를 들면 시인의 자유로운 상상은 미적인 감동을 일으킬 뿐만 아니라, 더 나아가 사물과 세계의 깊은 뜻을 은유적으로 밝혀내기도 한다. 안도현 시인의 〈호박꽃에 취하여〉를 읽어 보자.

> 호박넝쿨이 가리키는 곳을 따라갔더니
> 거기 호박꽃이 피었더라
> 그 호박꽃 속으로 난 길을 걸어 들어갔더니
> 호박밭에 쪼그리고 앉은 내가 보이더라

우리는 보통 사물을 나의 존재 바깥 저만치에 놓여 있는 객체로만 인식한다. 시인은 이를 두고 무덤덤하게, "거기 호박꽃이 피었더라"고 말한다. 그런데 이처럼 주객 분별(대립)적인 인식 태도는 주체인 나 자신에게 크건 작건 각종의 스트레스와 불안 요인이 된다. 사물들이 밖에서 때때로 나에게 가하는 불편과 속박과 억압도 그렇고, 나와 동떨어져 있는 그것들은 필연적으로 나의 존재를 외롭게 만들기 때문이다. 이를테면 '거기 피어 있는' 호박꽃을 나는 그저 바라볼 뿐, 그것과 나 사이의 거리를 좁히지 못하고 혼자 서 있다. 어쩌면 호박넝쿨이 길에까지 뻗어 나와서 나의 발걸음에 장애물이 될 수도 있다.

그런데 시인이 호박꽃에 가까이 다가가 호박꽃과 얼굴을 마주하면서 상황은 일변된다. 한순간 "호박꽃에 취하여", 호박꽃에 빨려 들어 "호박꽃 속으로 난 길을 걸어 들어"가면서, 시인은 주객 분별의 현실을 잊고는 어떤 몽환적인 세계에 빠져든다. "호박밭에 쪼그리고 앉은"(호박꽃 속의) 나를 마주치면서 자신이 사람인지 호박꽃인지 잘 분별이 안 가는 것이다. 달리 말하면 나와 호박꽃 사이에 그어져 있던 자타 분단의 경계선이 무너지면서 나는 두 세계를 넘나든다. 그리하여 이 시는 물아 합일의 존재감 속에서 누릴 수 있는 정신의 자유와 희열을 독자에게 전해 준다.

일반적으로 유희가 그러하듯이 심미정신은 모종의 쾌감을 불러일으킨다. 우리는 일상생활에서 갖가지의 쾌감을 맛보며 살아간다. 식색의 욕망이나, 그 밖에 소유욕을 충족함으로써 얻는 쾌락들이 그 예다. 그런데 심미정신의 쾌감은 그처럼 육감적인 쾌락과는 차원을 달리한다. 예를 들면 아름다운 꽃에서 얻는 쾌감과, 아름다운 이성에게서 느끼는 그것은 크게 다르다. 전자는 맑고 순수한데 반해, 후자는 정욕의 흐린 눈빛을 담고 있기 때문이다. 물론 이성에게서 욕망을 떠나 맑고 순수한 쾌감을 느끼는 사람이 있다면 그의 심미정신은 정말 대단할 것이다.

칸트가 아름다움을 '무관심의 쾌감'이라 말한 뜻이 여기에 있다. 어떤 사물이나 현상 앞에서 모든 현실적인 이해득실의 관심을 떠나 아무런 이유도 없이, 그야말로 '무심하게' 일어나는 쾌감, 그것이 아름다움의 감각이다. 이를테면 무언가 골똘하게 생각하다가 무심히 창밖으로 던진 시선이 바람에 살랑 흔들리는 나뭇잎을 마주치는 순간 느끼는 감동 같은 것이 그 예다. 그것은 현실의 모든 이해타산을 그 순간 괄호 쳐 버린다.

이러한 심미정신은 마음을 정화시켜 주는 힘을 갖고 있다. 그것의 '무관심'성은 사람들을 욕구불만의 현실에서 한순간 해방시켜 내면의 자유 속에서, 마치 유희하는 것과도 같은 즐거움을 맛보게 해 주기 때문

천작天爵

이다. 《쇼생크 탈출》이라는 영화의 한 장면이 떠오른다. 죄수인 주인공이 교도소 소장의 방에서 겁도 없이 모차르트의 〈피가로의 결혼〉을 확성기로 틀어 놓는다. 다른 죄수들이 모두 듣도록 말이다. 그 순간 운동장의 죄수들은 물론, 간수들까지도 모두 동작을 멈추고 고개를 들어 선한 눈빛으로 그 아름다운 노랫소리를 듣는다. 아마도 그들은 자신이 감옥에 있다는 사실을 잊었을 것이다. 비록 잠시나마 감옥이라는 억압된 현실로부터 해방된 자유의 쾌감을 느꼈을 것이다.

이는 심미정신이 단지 마음을 정화시켜주는 것에 그치지 않고, 우리들의 존재까지도 변화시키고 고양시켜 주는 힘을 갖고 있음을 짐작하게 해 준다. 실제로 오늘날 전문가들은 음악이나 그림의 심리치료 기능에 주목하고 또 그것을 응용하기도 한다. 이 점에서 쇼펜하우어의 말은 참으로 진리다. 그는 말한다. "무사무욕의 순수한 미적 태도는 이기적이고 맹목적인 삶의 의지를 치료하는 가장 좋은 치료제다."

이제 심미정신의 사례를 우리의 전통에서 찾아보자. 풍류정신이 그것이다. 어떤 국어사전은 풍류를, "속된 일을 떠나서 풍치가 있고 멋들어지게 노는 일"이라고 풀이한다. 예를 들면 우리에게 잘 알려진 정극인丁克仁, 1401~1481 선생의 〈상춘곡賞春曲〉은 그 세계를 다음과 같이 열어 보여 준다. 다소 길지만 상상으로나마 한 번 동참하기 위해 전문을 인용한다. 어투를 오늘날에 맞게 풀었다.

세속에 묻힌 분들 이내 생애 어떠한가. 옛사람 풍류를 미칠까 못 미칠까. 천지간에 남자 몸이 나 같은 이 많건마는, 산림생활 지극한 즐거움을 모른단 말인가. 초가삼간을 푸른 시내 앞에 두고, 소나무 대나무 울창한 속에

풍월주인風月主人 되었다네.

엊그제 겨울 지나 새봄이 돌아오니 복숭아 살구꽃은 석양 속에 피어 있고, 푸른 버들 아름다운 풀들은 가랑비 중에 푸르구나. 칼로 마름질했는가, 붓으로 그려냈는가. 조물주의 신묘한 공력이 사물마다 야단스럽도다.

숲속에 우는 새는 봄기운에 끝내 겨워 소리마다 교태를 부리누나. 물아일 체物我一體이니 감흥이 다를까. 사립문 앞을 거닐어 보고 정자에도 앉아서 유유자적 읊조리니 산중 하루가 적적한데, 한가로움 속 참맛을 아는 이 없이 나 혼자로구나. 여보게 이웃들아, 산천구경 가자꾸나. 들길걷기 오늘 하고 물놀이는 내일 하세. 아침에는 산나물 캐고 저녁에는 낚시하세.

갓 괴여 익은 술을 두건으로 걸러 놓고 꽃나무 가지 꺾어 술잔 세며 마시리라. 봄바람이 문득 불어 시냇물을 건너 오니, 맑은 향기 잔에 지고 붉은 꽃잎 옷에 진다. 술동이가 비었거든 나에게 알리어라. 어린아이 시켜서 술집에 술을 물어 어른은 지팡이 짚고 아이는 술을 메고 나직이 읊조리며 천천히 걸어서 시냇가에 혼자 앉아 모래사장 맑은 물에 잔 씻어 술을 부어들고 냇물을 굽어 보니 복숭아꽃 떠내려 온다. 무릉도원 가깝구나, 저 산이 거기인가.

솔밭 사이 오솔길에 진달래꽃 꺾어 들고 산머리에 급히 올라 구름 속에 앉아 보니 수많은 촌락들이 여기저기 널려 있네. 안개, 노을, 빛나는 햇살은 수놓은 비단 펼쳐 놓은 듯 엊그제 검던 들녘 봄빛이 넘치누나. 공명功名도

날 꺼리고 부귀도 날 꺼리니 청풍명월淸風明月 그 밖에 어떤 벗이 있겠는가. 누추한 곳 가난한 살림에도 헛된 생각 아니 하니 아무럼 일생의 즐거움 이만하면 족하지 않은가.

풍류정신은 우리 민족의 정신적인 유전인자로 고대부터 면면히 이어져 내려 왔다. 중국의 역사서에는 동이족東夷族이 음주가무를 즐겼다는 기록이 여러 군데 나온다. 동이족은 중국인들이 우리 민족을 일컬었던 말이다. 또 과거에 선비들은 예외 없이 학자이자 동시에 시인이었다. 그들의 저서에는 하나같이 많은 시들이 실려 있다. 전문 지식인들만 그러했던 것이 아니다. 시골 촌로들이 동네 입구 커다란 느티나무 아래에서 시회詩會를 열고, 또 시조를 읊조리기도 하던 풍경은 반세기 전만 하더라도 흔한 일이었다. 지금은 사라진 아쉬운 전통이 되고 말았지만 말이다.

그런데 우리의 고전에서 그 어원을 살펴보면 그것은 단순한 유희의 수준을 넘어 깊은 철학을 함축하고 있다. '풍류'라는 말은 신라 말 최치원崔致遠, 857~? 선생의 글에 처음 나온다. 선생은 〈난랑비서鸞郎碑序〉라는 비문을 다음과 같이 시작한다. "우리나라에 현묘한 도가 있는데, 풍류라고 한다." 그는 이어서 풍류도의 내용을 설명하는데, 요약해서 말하면 선행의 도덕정신과 충효의 사회정신, 그리고 자연을 숭상하는 정신이 거기에 들어 있다고 한다.

참고로 우리는 여기에서 화랑도의 내용을 새롭게 정립할 필요가 있다. 화랑도 하면 사람들은 흔히 "사군이충事君以忠, 사친이효事親以孝, 교우이신交友以信, 임전무퇴臨戰無退, 살생유택殺生有擇"의 세속오계로만 이해한다. 하지만 선생의 글이 화랑의 죽음을 추모한 것이고 보면, 화랑도는 풍류도를 핵심으로 하고 있었을 것이다. 우리는 화랑도의 별칭으로 풍류도, 풍월도風月道, 국선도國仙道 등이 있음을 상기할 필요가 있다.

위에서 풍류도에는 도덕정신과 사회정신, 그리고 자연 숭상의 정신이 있다고 했는데, 우리는 그 구체적인 모습을 《삼국사기》에서 확인할 수 있다. 그 책은 화랑들의 생활상을 다음과 같이 전한다. "화랑들이 대규모로 모여 때로는 서로 도의를 연마하고, 또 때로는 노래와 음악을 즐기며, 명산대천을 유람하면서 아무리 멀어도 가지 않는 곳이 없었다."

이는 오늘날 학생들이 대소의 단체 규모로 산이나 바닷가에 가서 벌이는 각종의 수련활동을 상상하게 해 준다. 아쉽게도 화랑들의 자세한 실상을 그 이상으로는 알기 어렵지만, 저와 같은 집단활동의 목적은 공동체생활을 통해 지식과 도덕과 신체를 단련하면서 낭만도 함께 즐기는 데 있었다. 그것은 물론 '우리나라의 현묘한 도', 즉 '풍류'정신의 발로다.

그러므로 적어도 우리의 전통에 의하면, 풍류란 생활인의 책임을 외면하고 그저 흥에 겨워 멋지게 노는 것에 그치지 않는다. 그것은 건강한 도덕정신과 사회정신을 담고 있다. 물론 그것만으로 풍류를 말하는 것은 가당치 않다. 거기에는 역시 멋과 흥을 아는 유희의 정신이 작용한다. "화랑들이 노래와 음악을 즐기면서" 심미정조를 계발하고 발산했던 사실이 이를 잘 말해 준다. 이렇게 살피면 화랑들 가운데 향가鄕歌 시인들이 많이 배출되었던 것은 결코 우연이 아니다. 아쉽게도 이제는 역사의 화석이 되고 말았지만, 도의를 중시하면서 동시에 예술을 애호했던 우리 민족의 훌륭한 전통이 여기에서 드러난다.

풍류정신은 이처럼 도덕과 사회를 잊지 않는 현실 합리적인 정신

천작天爵

과, 동시에 관조적인 유희의 정신을 함께 갖고 있다. 그런데 여기에는 한 가지 의문이 있다. 양자는 성질상 상반적인데 어떻게 공존하고 조화될 수 있는가 하는 것이다. 전자는 심신을 단속하면서 현실 참여를 강조하는데 반해, 후자는 일상의 구속으로부터 벗어나 세상을 유희하고 관조하려 하기 때문이다. 헨리 시지윅이라는 학자는 말한다. "도덕은 죄악을 근절하고 일소하는 데 목적이 있는데 반해, 인생을 미적인 태도로 관조하는 관점에서는 생동감 있고 충만된 흥미를 위해 필요한 하나의 요소로서 죄를 인식한다."

그러나 도덕(사회)정신과 심미의 정신이 양립 불가능한 모순은 아닐 것이다. 우리는 도덕관념의 재정립을 통해 양자가 만나고 통하는 세계를 엿볼 수 있다. 흔히 사람들은 도덕을 양심 또는 규범에 따라 판단하고 또 처사해야 할 도리로 여긴다. 이러한 도덕의식 속에서는 삶을 유희하려는 심미정신을 기대하기 어렵다. 그것은 행위의 시비와 선악만 따지려 할 뿐 관조의 정신을 갖지 못하기 때문이다.

하지만 도덕을 꼭 규범적인 의미로만 이해할 일은 아니다. 만약 지공무사至公無私의 정신에서 도덕행위를 한다면 문제가 달라진다. 지공무사의 정신은 개인적인 '나'를 벗어나, 마치 저 높은 공중에서 아래를 내려다보듯이 명징한 눈빛으로 사물과 세계를 관조하는 힘을 갖는다. 그것은 일상의 도덕 현장에서는 일의 시비와 행위의 선악을 엄밀하게 판단하고 처사할 것이요, 그 밖의 자리에서는 초월적인 마음의 눈으로 세계와 삶을 무심히 바라보는 쾌감을 얻을 것이다.

지공무사의 정신은 이처럼 현실에 참여하면서도 동시에 현실을 초월하는 정신을 갖고 있다. 그것은 현실 속에서 강력한 도덕(사회)정신으로 작동되다가도, 돌아서서는 초연한 관조의 기쁨을 누린다. 긴장되고 피곤한 도덕심도 여기에서 위로를 얻으면서 재충전될 것이다. 중국 송나라의 유학자 소옹邵雍, 1011~1077 선생은 〈청야음淸夜吟〉이라는 유명한 시에서 그 초연한 기쁨의 경지를 다음과 같이 열어 보여 준다.

> 달은 하늘 한가운데 떠오르고
> 바람은 호수 위에 잔물결을 일으킨다
> 이 가운데 청신淸新한 뜻과 맛을
> 아는 사람 적으리라

최치원 선생이 언급한 '풍류도' 가운데 자연을 숭상하는 정신세계를 우리는 이러한 눈빛으로 들여다볼 수 있다. 그것은 지공무사의 정신이 빚어내는 심미세계의 한 유형일 수도 있다. 선생의 비문에 의하면 풍류도에는 무위자연無爲自然을 강조하는 노자의 사상이 담겨 있다고 한다. 이에 관해 풍류도가 도가道家 사상을 일정하게 흡수했다는 것인지, 아니면 그 사상의 전래 이전부터 그러한 요소를 갖고 있었다는 것인지는 분명하게 말할 수 없다. 다만 풍류도에 자연을 숭상하는 정신이 있었던 것만큼은 확실하다.

자연을 숭상하는 정신은 만물의 근원과 삶의 요람을 당연히 자연에 둘 것이다. 이에 의하면 자기중심적인 태도는, 심지어 인간중심적인 시각까지도 일종의 '악'이다. 그것은 타자(만물)를 외면하거나 또는 정복하려 하기 때문이다. 하지만 자연의 관점에서 바라보면 인간과 만물이 평등하며, 다 같이 존중되어야 한다. 내가 남들보다, 인간이 만물보다

천작天爵

중요할 이유가 하나도 없다. 그 모든 것들이 대자연의 품 안에서 더불어 화해롭게 살아야 할 이웃들이다.

지공무사의 정신을 우리는 이렇게 풀이할 수 있다. '지공'의 정신을 자연에 두어, 세계와 삶을 자연의 정점에서 내려다보고, 만사를 자연(섭리)의 관점에서 처리하는 것이다. 화랑들이 명산대천을 순례했던 데에는 단순한 낭만을 넘어 이러한 문제의식이 담겨 있었을 것으로 생각된다. 그들은 순례활동 속에서 "무위자연의 정신을 배우고 자연의 말 없는 가르침을 행하(〈난랑비서〉)"려 했던 것이다. 거기에는 물론 숭고하고 장엄한 대자연의 아름다움을 즐기면서 심미정조를 더욱 함양하려는 뜻도 있었을 것이다.

정말 자연은 사람들에게 삶의 불안과 세상의 위협을 벗어나 조용히 쉴 수 있게 해 주는 "영혼의 커다란 진정제(괴테)"다. 사람들은 자연 속에서는 도시생활에서처럼 남들과 다투면서 자신의 존재를 주장할 필요가 없다. 사람들은 긴장을 풀고 자연의 풍경들을 그저 누리기만 하면 된다. 고려 때 '해동공자海東孔子'로 일컬어졌던 최충崔沖, 984~1068 선생의 시를 한 번 음미해 보자.

> 뜨락에 가득한 달빛은 연기 없는 촛불이요
> 앉은 자리에 드는 산빛은 청하지 않은 손님일세
> 거기에 또 솔바람 소리는 악보 없는 곡조니
> 다만 소중히 즐길 뿐 남에게 전할 수가 없네

자신이 이러한 풍경 속에 앉아 있다고 한 번 상상해 보자. 달빛 고요한 가운데 어둑한 산그림자를 마주하면서 잔잔한 솔바람 소리를 듣노라면, 시끄러운 세상만사가 다 잊히고 마음속에 청명한 기운이 서릴 것이다. 그 위에 "남에게 전할 수 없"는 내면 깊은 즐거움이 가득이 피어오를 것이다. 그것이 바로 미적인 쾌감이요, 풍류정신이다. 물론 그것을 시로 표현해 내느냐 여부는 전혀 중요하지 않다.

심미감각은 자연 속에서만 길러지는 것이 아니다. 우리는 마음만 먹으면 일상생활의 도처에서 그것을 키우고 또 누릴 수 있다. 석양의 불그스레한 하늘빛에서, 길가의 풀숲에서 우는 풀벌레 소리에서, 또는 퇴근길 집골목에서 세발자전거를 옆에 놓고 소꿉장난하는 아이들의 모습을 지긋이 바라보면서 우리는 알 수 없는 쾌감을 느낀다. 그것이 생활 속의 심미감각이다.

문제는 우리의 마음과 의지에 달려 있다. 욕망과 이해득실의 타산을 떨치지 못하는 한 심미감각은 결코 눈을 뜨지 않는다. 마음을 텅 비우고 무심히 사물을 바라보는 노력을 꾸준히 할 필요가 있다. 이는 물론 언제, 어느 자리에서든 가능한 일이다. 아래의 도연명 선생처럼 말이다. "동쪽 울타리 아래에서 국화꽃을 따다가 / 눈들어 무심히 남녘산을 바라보노라." 선생은 이어서 눈에 들어오는 풍경과, 말로 표현하기 어려운 쾌감을 다음과 같이 읊조린다. "산기운은 날 저물어 아름답고 / 새들은 짝지어 제 집을 찾는구나 / 이 가운데 들어 있는 참된 뜻을 / 표현하려 하지만 말을 이미 잊었네"

천작天爵

제

6

부

▲

'지금, 이자리'의
행복

군자는 지금 머무르고 있는 자리에서 자신의 도리를 다할 뿐,
그 밖의 일은 바라지 않는다
부귀의 자리에서는 부귀에 마땅한 도리를 다하고,
빈천의 자리에서는 빈천에 마땅한 도리를 다하며,
야만의 자리에서는 거기에서 마땅한 도리를 다하고,
고난의 자리에서는 거기에서 마땅한 도리를 다한다.
그리하여 군자는 어떤 자리에서나 안락 자족의 삶을 산다
　-《중용》

▶미래의 행복◀

**현재는 미래로 가는
도정이나 미래의 수단이 아니다**

삶의 목표가 무엇이냐고 물으면 사람들은 흔히 "행복"이라고 대답한다. 무엇을 행복이라 여기느냐고 다시 물으면 대개는 권력, 재물, 명예, 높은 사회적 지위 등의 소유에서 그것을 찾는다. 그러한 목적물들을 미래에 언젠가 얻음으로써 행복을 이루리라고 기대하는 것이다. 현재의 어려움과 고통을 참고 이겨 나갈 힘을 사람들은 거기에서 얻는다.

사실 미래는 우리에게 여러모로 중요하다. 미래가 없는 삶을 우리는 상상할 수 없다. 그것은 마치 막다른 길목에서 더 이상 갈 길을 찾지 못하는 사람의 낭패감과도 같을 것이다. 그러므로 미래를 내다볼 수 없는 "절망은 죽음에 이르는 병"이 아닐 수 없다. 이에 반해 미래를 긍정하고 기대하는 사람은 현재 아무리 극심한 불행을 겪는다 하더라도 충분히 이겨 낼 것이다. 삶은 궁핍과 고통 속에서 더욱 깊어진다는 믿음도 갖고서 말이다. 그러므로 지금 생활이 힘들다 해서 세상을 원망하거나 삶을 체념하지 말고, 어떻게든 미래를 열어 나가는 노력을 해야 할 것이다.

그런데 현재의 불행을 이처럼 미래지향적인 자세로 전환하는 것은 좋지만, 거기에는 곰곰이 짚어 볼 문제가 있다. 미래에 눈을 둔 나머지, 자칫 현재의 진정한 의미와 가치를 놓쳐 버릴 수 있다는 사실이다. 그는 미래를 기대하면서 고통스러운 현재가 빨리 흘러가기를 바랄 것이기 때문이다. 그러나 그것은 현재의 시간이 삭제되기를 소망하는 것이나 다름없다. 극단적으로 말하면 그는 현재를 잃고 미래에서만 살게 될 것이다.

결국 그러한 심리는 전체 삶의 질량을 그만큼 줄이고 만다. 터무니없지만, 그러나 의미 있는 상상을 한 번 해 보자. 어떤 고등학생이 공부에 질린 나머지, 3년 세월이 어서 지나 대학생이 되게 해 달라고 기도했다고 하자. 그랬더니 신이 곧바로 그의 소원을 들어주었다. 그 학생은 수험생활의 고통에서 벗어난 것에 잠시 환호하면서 신에게 감사해 마지않을 것이다. 하지만 뒷날 그는 잃어버린 3년의 삶을 두고두고 아쉬워하고 또 평생 후회할 것이다. 그 시절이 아무리 힘들어도 두 번 다시 없는 소중한 삶의 시간임을 뒤늦게 깨달을 것이기 때문이다.

우리가 어려운 상황에 처해서 경계해야 할 점이 바로 여기에 있다. 사람들은 흔히 "세월이 약"이라고 말한다. 삶의 아픔도 시간이 지나면 아문다는 뜻이다. 사실 힘들고 고통스러운 시간이 어서 지나가기를 바라는 마음은 인지상정일 것이다. 하지만 그러한 생각은 현재를 소홀하게 만드는 경향이 있다. 설사 아무리 어렵다 하더라도 '지금, 이 자리'를 소중하게 여기지 않으면 안 된다.

일부 종교인들이 갖고 있는 경직된 신앙의 한 가지 문제점이 여기에서 드러난다. 그들은 현세를 덧없고 허무하다고 주장하면서 천국을 찬양하고 또 동경한다. 심지어는 죄악으로 가득 찬 이 세상에 대해 환멸과 혐오감을 드러내기도 한다. 하지만 이는 자신의 삶을 스스로 부정하는 어리석음에 다름 아니다. 천국을 스스로 기약할 수 없음은 물론, 현재의 삶이야말로 두 번 다시 없는 절대성을 갖고 있다는 사실을 그들은 망각하고 있다. 신이 나를 이 땅에 태어나게 하신 것도 세상과 삶을 부정하게 하려는 뜻이 아닐 것이다. 천국 이전에 현세의 과제를 나에게 주셨을 것이다. 그것을 찾아 성실하게 실현해야 한다.

그러므로 미래를 꿈꾸면서 현재의 삶을 설계하는 것은 좋지만, 현재를 미래로 가는 도정이요, 미래의 수단쯤으로 생각해서는 안 된다. 만약 미래의 꿈을 이루기 위한 수단으로 현재를 대한다면, 지금 당면한 일들이나 모든 인간관계가 이차적인 가치밖에 갖지 못할 것이다. 예컨대 직장생활에서 미래의 승진이나 월말의 봉급에만 관심을 갖는 사람은 현재 당면한 업무의 성취 자체에서 어떤 보람도 느끼지 못할 것이다. 또 개인적인 소망을 이루려는 목적의식으로 남들을 만나는 사람은 지금 이 순간 누릴 수 있는 교제의 기쁨을 모를 것이다. 결국 그는 삶의 의미와 가치를 스스로 축소시킴으로써 자신을 허무에 빠트리는 불행을 자초하고 말 것이다.

그러므로 우리는 '지금, 이 자리'의 과제에 관심을 집중해야 한다. "내일 지구에 종말이 온다 하더라도 오늘 한 그루의 사과나무를 심는" 마음으로 '지금, 이 자리'에 진지하고 성실하게 나서야 한다. 미래의 꿈

속에서 현재의 행복을 유보하려 하지 말고, 두 번 다시 오지 않을 '지금, 이 자리'에 자신의 온존재를 기울여야 한다. 이러한 삶의 정신은 미래에 목적을 달성함으로써 주어질 일시적인 기쁨과 달리, 매 순간 지속적으로 만족감을 얻을 것이다. 참다운 행복도 여기에서 나온다.

천작天爵

▶부귀의 행복◀

**만족을 모르는 것만큼
불행한 일은 없다**

———————————— 사람들은 흔히 행복의 조건을 부귀영화에서 찾는다. 많은 재산이나, 높은 자리 등이 나를 행복하게 해 주리라 믿으면서 그것들을 추구한다. 특히 물질 만능의 사회에서 돈이야말로 행복의 제일 조건으로 숭배된다. 사람들에게 가난은 곧 수치요, 불행이며, 심지어 죄악이기까지 하다. 진·선·미·성의 가치는 행복의 조건에 들어가지 않는다. 그것은 오히려 돈벌이에 방해만 될 뿐이다.

하지만 물질적인 풍요와 행복은 비례하는 것일까? 단연코 그렇지 않다. 행복은 주관적인 감정인데, 그것을 재물이나 사회적 지위 등 객관적인 지표로 평가하는 것 자체가 잘못된 생각이다. 가난한데도 행복을 누리는 사람이 있는가 하면, 부자이면서도 불행하게 사는 사람도 많다. 예를 들면 재벌의 회장쯤 되면 남부러울 게 없으련만, 남들과 격의 없이 따뜻한 정을 나눌 기회가 없어 너무 외롭다고 한다. 한 친구가 전해 준

이야기다.

티브이 연속극에 등장하는 부잣집 사람들이나 정치인들의 소란한 생활을 보자. 그것은 극작가가 그저 재미로 지어낸 이야기들이 아닐 것이다. 사실 행복은 돈이나 권세와는 무관하게 일상의 사소한 인간관계에 달려 있으며, 근본적으로는 마음의 문제다. 돈이 많고 권세 있다고 해서 부부나 부모 자식, 친구의 관계가 좋아지는 것은 결코 아니다. 참다운 행복은 부귀 등 모든 외재적인 조건들을 떨쳐 버리고 '벌거벗은' 순수존재(인격)로 만나는 자리에서만 누릴 수 있다.

부귀의식은 오히려 자타간 인격적인 교류를 방해하는 요인이 되기도 한다. 예컨대 남들 앞에 권력과 부, 또는 높은 신분으로 나서는 사람은 결코 깊은 교제를 할 수 없다. 사람들은 그의 '힘'에 고개를 숙이며 다가올지라도, 뒤돌아서는 그의 빈곤하고 초라한 인격을 비웃을 것이다. 당연히 그는 참삶의 기쁨을 알 수 없을 것이다. 그에게는 그러한 '힘' 말고는 스스로 누릴 수 있는 존재의 정신이 결여되어 있기 때문이다.

이는 사람들이 부귀를 버리고 빈천해야만 행복할 수 있다는 말을 하려는 것이 아니다. 예컨대 가난 자체가 행복일 수는 없다. 먹을 게 없어 끼니를 자주 거르는 것을 행복하다고 말할 사람은 없다. 하지만 가난을 벗어나기 위해 노력하는 것은 좋지만, 그러다가 자칫 마음이 물질에 기울어진다면 그는 참다운 행복의 정신을 잃게 될 것이다. 우리는 이 점을 경계해야 한다.

앞서 논의한 것처럼 존재와 소유는 반비례하는 법이다. 부귀의식은 참다운 삶의 의미와 가치에 무관심하다. 부귀의 욕망은 인류의 스승들

천작天爵

이 이구동성으로 가르쳐 온 진리와 사랑과 의로움 등 존재의 정신을 외면한다. 그러한 정신은 욕망의 실현을 방해하기 때문이다. 아니 진리와 사랑과 의로움의 삶이 겪을 고난과 핍박을 생각하면, 저 욕망은 그 정신을 아예 배제하려 할 것이다.

부귀의 행복을 추구하는 사람은 이기적이 될 수밖에 없다. 권력이든 재물이든 또는 높은 자리든, 그것을 욕망하는 사람은 남을 배려하고 도와주려는 마음을 가질 수가 없다. 욕망이란 원래 남을 배척하면서 목적물을 독점하려는 이기적인 성질을 갖고 있기 때문이다. 그는 오히려 치열한 경쟁의식 속에서 자기 안에 승부욕과 질투심, 증오심 등 부정적인 심리만 키울 것이다. 그런데 그는 그것이 바로 불행의 온상이라는 사실을 깨닫지 못한다.

설사 그렇게 해서 부귀를 얻었다 하더라도, 그는 그것을 보전하기 위해 끊임없이 경계하고 남들과 대립 경쟁하는 피곤에 시달릴 것이다. 게다가 부귀의 욕망은 만족을 모르고 미래의 목표를 끊임없이 새롭게 설정하면서 삶의 기쁨을 누릴 여유를 갖지 못한다. 어느 시인은 이러한 행복의 속성을 이렇게 말한다. "행복을 잡았다고 생각하는 순간 / 행복은 저 멀리 달아나 버렸다."

그러므로 부귀를 삶의 제일 가치로 여겨 갈망하는 마음을 버려야 한다. 부귀가 행복을 가져다주리라는 환상을 깨트려야 한다. 그것에 앞서서, 그것 이상으로 참삶의 의미와 가치를 추구해야 한다. 자아실현의 길을 부귀가 아니라, 진리와 사랑과 의로움 등 존재의 정신에서 찾아야 한다. 그것이 참다운 행복의 길이다.

물론 가난 때문에 사는 게 불편할 수도 있을 것이다. 하지만 그것도 마음먹기에 달렸다. 편리와 불편은 정말 주관적이다. 과거 자가용이 대중화되기 이전에는 대중교통 수단조차 매우 편리했었다. 지금도 생각하기에 따라서는 버스나 지하철을 편하게 여기면서 이용할 수 있다. 이처럼 그것의 '불편'조차도 자족할 줄 알면 그것이 바로 행복이다. 다시 인용하거니와, "만족할 줄 알면 삶을 즐길 수가 있다.知足可樂"

이는 자가용을 가져서는 안 된다는 말이 아니다. 문제는 편리 지향의 의식이 현재의 생활을 암암리에 불편하고 불행한 것으로 간주하게 만든다는 점이다. 내가 갖고 있는 자가용도 성능이 더 좋은, 또는 신형의 차종과 비교하다 보면 불만스러울 수밖에 없다. 그러고 보면 현대사회는 끊임없이 불행을 확대 재생산한다. 그것은 첨단의 과학기술로 문명의 이기利器를 부단히 발명하여 사람들의 불만족을 계속 키우기 때문이다. 당연히 불만족은 불행의 산실이다. 노자老子는 말한다. "만족을 모르는 것만큼 불행한 일은 없다.(《노자도덕경》)"

게다가 편리 지향의 삶은 의미(가치) 추구의 정신을 약화시키는 경향이 있다. 편리성 여부는 대개 물질적이고 육체적인 관점에서 판정되는데, 그러한 편리만 찾고 거기에 젖다 보면 정신가치를 소홀히 하기 마련이기 때문이다. 편리한 도시문명을 버리고 시골생활의 불편을 자청하는 사람들이 점점 늘어나는 것도 이러한 자각에서일 것이다. 귀농인들이 그 대표적인 예다. 그들이 농사의 '고통'을 자청하는 것은 참삶의 의미를 찾아 진정한 행복을 누리기 위해서일 것이다.

차제에 우리는 이 시대를 지배하는 편리 지향적인 문화의 명암을 깊이 생각해 볼 필요가 있다. 우리의 삶을 되돌아보게 해 주는 우화를 하나 들어 보자. 《장자莊子》에 나오는 이야기다. 공자의 제자 자공子貢이

한음漢陰 땅 길을 가다가 밭에서 일하는 어떤 노인을 만났다. 그 노인은 자신의 밭에 물을 대기 위해 힘들게 우물에서 물동이로 물을 퍼 올리고 있었다. 자공은 노인에게, "그처럼 고생하시지 말고 편리하게 물을 끌어올리는 두레박의 기구를 만들어 쓰시도록" 권유한다. 노인이 대답한다. "기계를 이용하는 사람은 일들을 기계적으로 처리하면서 약삭빠르게 요령만 찾는 마음에 젖어 들게 될 것이오. 그러한 사람은 순박한 심성을 잃으면서 마음이 어지러워질 것입니다. 어지러운 마음에는 삶의 의미와 가치가 깃들 수 없소. 내가 기계의 편리함을 모르는 것이 아닙니다. 그것을 부끄럽게 여겨 하지 않는 것이오."

내친 김에 이황 선생의 시를 한 편 음미해 보자. 시에서 말하는 '한음 노인'은 바로 위의 은자를 지칭한다. 그러한 은자라면 세속의 명예(이름)를 이미 초월했을 것이다. 아래의 시에서 선생은 부귀와 명예(이름)를 추구하느라 계산에 약삭빠른, 피곤한 삶을 벗어나 가난 속에서도 자족하는 '귀농'의 행복을 이렇게 노래한다.

남새밭 손수 갈아 봄나물 심었더니
고운 잎 붉은 싹이 비를 만나 탐스럽네
한음漢陰 노인 부지런을 본받지 않아도
이름을 멀리하니 가난도 족하다오

▶거짓자아의 불행◀

**조그만 보라색 개불알꽃이
크고 붉은 장미꽃을
부러워하던가?**

─────────── 사람들은 흔히 삶의 역경에 처해서 자신의
불행을 한탄한다. 가난과, 별 볼 일 없는 신분과, 일의 실패 등 이러저러
한 고통을 당하면서 남들을 탓하고 또 세상에 적의를 드러내기도 한다.
남들은 잘도 사는데 나는 왜 이렇게 야박한 운명을 타고났느냐고 불평
하면서 하늘을 원망하기까지 한다. 그 극단적인 반응 형태를 우리는 자
살에서 본다. 자살은 그러한 적의와 원망을 안으로 돌려 자기 자신을 파
괴하는 짓이기 때문이다.

하지만 이렇게 반문해 보자. 가난의 어려움을, 일의 실패를 나는 왜
겪어서는 안 되는가? 왜 나는 당연히 넉넉하게 살고, 항상 성공해야만
하는가? 혹시 당치도 않게 세상사 크고 작은 어려움에서 면제받는 특권
을 바라고 있는 것은 아닌가? 사람은 누구나 예외 없이 각종의 고난과
아픔을 갖고 살아간다. 문제는 만사가 나의 뜻대로 되리라는 무의식적

천작天爵

인 착각에 있다. 고통과 불행은 그러한 착각에서 비롯된다.

게다가 남들과의 비교는 자신의 불행의식을 더욱 부채질한다. 사람들은 자신을 자기 주변의, 특히 자기와 가까운 사람들과 곧잘 비교한다. 그리하여 이를테면 그들에 비해 가진 것이 적고, 또 사회적 신분이 낮을 경우에는 어떤 열등감 속에서 자신을 스스로 괴롭힌다. 이는 빈천한 사람에게만 있는 일이 아니다. 부귀한 사람도 자기보다 더 큰 부귀 앞에서는 열등감을 갖는다.

모럴 게임moral game이라는 게 있다고 한다. 어떤 사람이 두 사람에게 돈을 나누어 주기로 한다. 만약 그중 한 사람이 거부하면 둘 다 돈을 받을 수 없다. 그런데 한 사람에게는 7만 원을, 다른 사람에게는 3만 원을 준다. 이때 당신이 3만 원을 받는다면 어떻게 하겠는가? 실험에 의하면 이 제안을 거부한 사람이 40퍼센트 정도 된다 한다. 3만 원만 받아도 이득이 될 것이건만, 7만원을 받는 사람에 비해 홀대받는 것이 기분 나쁘기 때문이다. 이처럼 자타간 비교의식은 번민과 원망, 괴로움, 분노, 증오 등 부정적인 감정의 온상이다.

그러므로 비교의 마음을 갖는 한 어느 누구도 행복할 수 없다. 게다가 삶은 결코 비교거리가 아니다. 삶의 철학과 노선이 저마다 다른데, 돈과 사회적 지위 등 몇 가지의 기준으로 자타의 삶을 비교하는 것은 어리석기 짝이 없는 짓이다. 그것은 마치 사과와 토마토의 품질을 그것들의 색깔과 모양과 크기로 평가하려는 것과도 같다. 게다가 맛의 취향이 사람마다 제각각이고 보면 양자를 비교하는 것 자체가 무의미하다.

삶의 맛도 마찬가지다. 원래 인공감미료와도 같은 부귀(소유)의 맛에 중독되면 '존재'의 정신이 병들고 파괴될 수밖에 없다. 그것을 남들

천작天爵

과 비교하면서 추구하는 것은 나도 따라서 병들겠다는 것이나 마찬가지다. 자기 자신의 고유한 삶에 집중해야 한다. 자연세계의 초목들이 서로 우열을 비교하지 않고 제각각의 방식으로 생명을 펼치듯이 말이다. 조그만 보라색 개불알꽃이 크고 붉은 장미꽃을 부러워하던가? 사실 자신의 존재를 꽃 피우는 과제만도 벅찬 일이다. 그런데 이런저런 일들을 가지고 남들과 비교하는 것은 힘을 쓸데없이 소모시켜 자신의 존재를 스스로 부실하게 만드는 것이나 다름없다.

이처럼 남들과의 비교를 통해 스스로 고통을 지어내는 장본인은 두말할 것도 없이 바로 '나'의식이다. 미모든, 재산이든, 직장이든, 무슨 일이든지 나는 걸핏하면 자신을 남들과 비교하는 버릇이 있다. 상대적인 빈곤감이 여기에서 생겨난다. 나보다 많이 가진 사람 앞에서 위축감을 느끼는 것이다. 그것은 더 나아가 인격의 빈곤감까지 야기한다. 이를테면 출신학교가 삼류라 해서 어리석게도 인격적인 열등의식을 갖고 평생을 살아가는 사람이 있다. 공부와 인격은 전혀 별개의 문제인데도 말이다.

당연히 이러한 '나'는 자신의 진정한 존재가 아니다. 그것은 허상에 불과하다. 재산이든 사회적 지위든 서로 비교될 수 있는 그 모든 것들은 우연적이고 외재적이며 가변적이기 때문이다. 그러한 것들로 존재감을 느끼고 거기에서 정체성을 찾는 '나'는 정말 허약하고 덧없기 짝이 없다. 그러므로 그것들을 부러워하면서 그 때문에 자신의 불행을 한탄하고 또 존재의 위축감을 가질 이유가 전혀 없다. 그 무엇에 의해서도 조건 지워지지 않으며, 누구도 빼앗아 갈 수 없는 참자아를 찾아야 한다.

곰곰이 생각해 보면 허상의 '나'의식은 과거와 미래 속에서 형성된다. 우리는 과거의 생활과 경력 속에서 자신의 정체성을 만들어 내고, 또 미래에 실현하고자 하는 꿈으로 자신의 모습을 꾸민다. 요즘 대학생들이 이른바 '스펙' 쌓기에 열심인 것도 그것으로 자신을 남들에게 보여주려는 의도에서일 것이다. 더 나아가 그동안 살아오면서 쌓아온, 크고 작은 수많은 '스펙'들을 조합해서 만든 총체적인 모습이 바로 '나'다. 남들 또한 그러한 시각으로 나의 존재를 평가하고 대우하며, 나는 거기에서 자신의 정체성을 더욱 강화한다.

이러한 '나'는 자신에게 자긍심을 주고 또 삶에 활력을 부여하기도 할 것이다. 하지만 그것이 바로 고통과 불행의 씨앗이라는 사실을 우리는 간과한다. 군대에서의 일이다. 이유 없이 구타를 당한다든지, 또는 냄새 심한 재래식 변소의 사역병으로 동원된다든지 할 때마다 나를 괴롭히는 것은 육신의 고통이 아니었다. "내가 누군데 저들이 나를 이처럼 두드려 패고, 또 더러운 일을 시켜?" 하는 중뿔난 자존심이었다. 만약 내가 입대 전 온갖 궂은일을 해 온 저학력자였다면 자신에게 그처럼 마음의 고통을 가하지는 않았을 것이다.

제대 후 대학원에 진학해서는 종종 끼니를 거른 일이 있다. 자신을 괴롭히는 것은 역시 배고픔이 아니었다. "내가 누구인데 굶어?" 하는, 되지못한 생각이었다. 어느 대학 출신이라는 과거 사실과 미래 학자생활의 꿈으로 꾸며진 '나'는 굶어서는 안 되는 사람이었던 것이다. 그리하여 자신에 대한 미움과 세상에 대한 분노가 스스로를 고통 속에 빠트렸다.

그런데 사람의 마음이란 참으로 묘하다. 어느 순간, "네가 누구인데 굶어서는 안 되는 거야?" 하는 생각이 미치자마자, 마음이 갑자기 그렇게 평화롭고 고요할 수가 없었다. '지금, 이 자리'의 내가 바로 자신의 진정한 모습이자 삶의 출발점이라는 사실을 깨달았던 것이다. "모든 일이 다 마음먹기諸法—切唯心造"라는 불교의 가르침이 정말 마음 깊이 다가왔다. 이런 깨달음이라면 세상사의 희비를 다 초월하여 고요한 행복을 누릴 수 있을 것 같은 생각이 들었다. 깨달음이 더욱 깊어져 거짓자아를 철저하게 깨부술 수만 있다면 말이다.

불교가 '거짓된 나'의 미망을 파헤치면서 '무아無我'의 깨달음을 강조한 이유가 여기에 있다. 저 거짓된 '나'에 집착하는 한 번민과 고통과 불행의 삶을 피할 수 없기 때문이다. 불교는 이를 두고, "모든 것이 다 고통—切皆苦"이라고 말한다. 그리고 '무아'의 깨달음을 통해 '열반(니르바나)'의 경지에 들 것을 강조한다. 이 세상 그 무엇에도 흔들리지 않는 마음의 깊은 고요와 평화 속에서 지고의 행복을 누려야 한다는 것이다.

천작天爵

▶행복의 인간관◀

아침에 도를 들으면
저녁에 죽어도 좋으리라

행복의식은 이처럼 자아(인간)관과 밀접한 관련을 갖는다. 인간을, 자기 자신을 어떠한 존재로 생각하느냐에 따라 행복감과 그것을 추구하는 길이 달라진다. 거짓자아는 역시 거짓된 행복을 꿈꿀 것이다. 소유주의적인 인간관은 당연히 부귀권세의 소유에서 행복을 찾을 것이다. 하지만 앞서 〈존재와 소유〉에서 논의한 것처럼, 그것은 존재의 빈곤과 삶의 불행을 면할 수 없다.

행복을 감각적인 욕망의 만족에서 찾는 사람들의 경우도 마찬가지다. 그들은 인간에게서 육체성 이상의 가치를 알지 못하기 때문에 거기에 집착한다. 하지만 그러한 행복의식은 그들을 비관과 허무에 빠트릴 것이다. 욕망의 만족은 일시적이고 무상한 것이어서, 거기에서는 어느 누구도 삶의 의미를 자부할 수 없기 때문이다. 개중에는 욕망 뒤끝의 허망함을 다시 새로운 욕망거리로 채우려는 사람들도 있다. 그러나 그것은 마치, 밑 빠진 독에 물 붓기나 마찬가지요, 알코올 중독자가 숙취 후 이튿날 아침의 공허감을 다시 술로 무마하려는 것이나 다름없다.

그러면 진정한 행복의 길을 제시해 줄 인간관은 무엇일까? 우리는 그것을 찾기 위해 철학사를 뒤적이거나, 또는 어려운 논증을 할 필요가 없다. 이미 인류의 역사 속에서 널리 공인되어 온 것이 있기 때문이다. 인류가 존경해 온 위대한 스승들과, 신앙해 온 종교들의 가르침이 그것이다. 그들은 거의 이구동성으로 진리와 도의(사랑과 의로움)를 인간의 본질가치로 여기면서 사람들에게 삶의 행복을 거기에서 찾도록 강조한다. 물론 그 실천의 구체적인 방안은 다를 수 있지만, 그것은 그렇게 중요한 문제가 아니다. 서로 열린 마음으로 상대의 의견을 존중하면서 제각기 진리와 도의의 길을 가면 된다.

우리의 역사 속에 큰 인간상으로 자리 잡고 있는 선비의 삶의 정신도 마찬가지다. 선비의 학문은 기본적으로 인간학, 그것도 실천적인 인간학이다. 그는 인간과 삶에 대한 진지하고도 첨예한 문제의식 속에서 진리와 도의를 평생의 실천과제로 삼았다. 그것이 그에게는 행복의 길이었다. 그가 가난을 마다하지 않으면서 구도의 정신을 놓지 않았던 이유가 여기에 있다. 그의 금욕도 물론 구도정신의 산물이다. 진리와 도의의 실천은 물질이나 욕망의 피상적인 만족감과는 달리, 마음 깊은 곳에서 우러나오는 희열을 주기 때문이다.

인류의 스승들이 강조해 온 진리는 물론 책갈피 속에서나 찾을 수 있는 어려운 무엇이 아니다. 그들이 말하는 진리는 추상적인 원리나 법칙 같은 것이 아니다. 도의 또한 살신성인의 사랑이나 순국殉國의 의리와

천작天爵

같은 거창한 것만을 뜻하지 않는다. 그것들은 단순하게 말하면 사람의 도리요 삶의 이치다. 《중용》은 말한다. "도道란 삶에서 한순간도 떠날 수 없는 것이다. 만약 떠날 수 있는 것이라면 그것은 도가 아니다." "도를 추구하면서 삶을 멀리한다면, 그러한 도는 도라 할 수 없다."

이러한 진리(와 도의)의 정신은 '지금, 이 자리'에 집중한다. 우리가 서 있는 '지금, 이 자리'가 바로 진리 실천의 장이기 때문이다. 그리하여 그가 얻는 진리 실천의 즐거움은 세속적인 욕망 충족의 그것과 차원을 달리한다. 일시적이고 표피적인 후자와는 달리, 그는 자아실현의 깊은 만족감을 일상의 현장에서 지속적으로 얻기 때문이다. 우리는 양자의 사례를, 이를테면 고시 합격이라는 한때의 기쁨에 매달리는 사람과, 평소 신의 말씀에 따라 진리에 헌신함으로써 마음 깊은 곳에서 지속적으로 희열을 느끼는 독실한 신앙인에서 볼 수 있다.

진리에 따라 사는 사람은 부귀빈천의 애환은 물론, 더 나아가 생사로부터 해방되는 최대의 자유를 얻을 것이다. 진리는 이해득실의 희비에 민감하게 반응하는 좀스러운 '나'를 초월하게 해 주는 막강한 힘이기 때문이다. 그것은 더 나아가 우주의 제일 원리, 신의 세계로까지 진입할 수 있는 참자아의 길이기도 하다. 《성경》은 말한다. "진리가 너희를 자유롭게 하리라." 이러한 자유의 기쁨이야말로 최상의 행복이 아닐 수 없다.

"아침에 도를 들으면 저녁에 죽어도 좋으리라"는 공자의 말씀도 이와 다르지 않다. 여기에서 '듣는다'는 말은 단순히 귀담아 듣는다는 뜻이 아니다. 그것은 '지금, 이 자리'에서 진리를 온몸으로 깨달아 실천한다는 깊은 함의를 갖고 있다. 서경덕 선생이 임종 시에 제자들에게, "삶과 죽음의 이치를 안 지 오래라, 내 마음이 편안하다"고 한 소회도 이러한 경지에서 나왔을 것이다. 가장 행복한 죽음이다.

천작天爵

▶ '지금, 이 자리'의 정신 ◀

**과거와 미래는 우리로 하여금
산을 보지 못하도록
장막을 친다**

—————— 사람들은 '지금, 이 자리'의 정신 하면 바로
불교를 떠올릴지도 모른다. 예로부터 많은 선사禪師들이 그것을 강조해
왔기 때문이다. 과거에 집착하거나 미래에 앞서 나가 있지 말고, 지금
이 순간에 충실해야 한다는 것이다. 과거는 더 이상 존재하지 않고, 미
래는 아직 존재하지 않기 때문이다. 사찰 입구의 가게들에서 종종 목격
되는 기념품 수건의 글귀, "날마다 좋은 날 되소서"는 이러한 가르침을
은유적으로 표현한 것이다.

그러나 '지금, 이 자리'의 정신은 불교만의 것이 아니다. 에크하르
트 톨레라고 하는 영성靈性 지도자에 의하면 그것은 기독교와 이슬람교
에서도 공히 강조되는 삶의 정신이라 한다. 그는 그 전거를 다음과 같
이 인용한다. "쟁기를 잡고 자꾸만 뒤를 돌아보는 사람은 하느님의 나라
에 들어갈 자격이 없다.(《성경》)" "과거와 미래는 우리로 하여금 신을 보

지 못하도록 장막을 친다. 과거와 미래일랑 모두 불살라 버려라.(이슬람의 신비주의 전통인 수피즘 시인 루미의 말)"

이처럼 인류의 위대한 종교와 스승들은 모두 '지금, 이 자리'의 정신을 강조한다. 유교도 마찬가지다. 위에서 우리는 그것을 진리 실천의 관점에서 간단하게 살펴보았지만,《중용》은 이를 다음과 같이 본격적인 주제로 내놓는다.

군자는 지금 머무르고 있는 자리에서 자신의 도리를 다할 뿐, 그 밖의 일은 바라지 않는다. 부귀의 자리에서는 부귀에 마땅한 도리를 다하고, 빈천의 자리에서는 빈천에 마땅한 도리를 다하며, 야만의 자리에서는 거기에서 마땅한 도리를 다하고, 고난의 자리에서는 거기에서 마땅한 도리를 다한다. 그리하여 군자는 어떤 자리에서나 안락 자족의 삶을 산다.

여기에서 군자가 행하는 '마땅한 도리'는 물론 그 '자리'에 따라 다르다. 부귀의 자리에서는 자신의 부귀로 사람들에게 사랑의 덕을 베풀고, 빈천의 자리에서는 변절하지 않고 자신의 품성을 더욱 고결하게 닦으며, 야만의 자리에서는 야만에 물들지 않고 말과 행동을 더욱 진실하게 하고, 고난의 자리에서는 좌절하지 않고 '하늘의 뜻天命'을 경청하면서 자신을 더욱 곧추세우는 것, 그것이 '마땅한 도리'다. 어느 자리에서든 그는 '도리'에 따라 안락 자족하는 삶의 기쁨을 잃지 않는다.

이러한 '도리'는 일견 고도의 수행을 거친 군자에게나 합당할 것처럼 보인다. 하지만 그것은 예시일 뿐이다. 정작《중용》이 강조하는 '지금, 이 자리'의 정신은 보통사람들도 행할 수 있는 일상의 사소한 덕목

천작天爵

들을 망라한다. 예컨대 앞서 논의한 〈만남의 정신〉을 들 수 있다. 누구와 만나든 그 자리에서 진정으로, 성실하게 자신의 온존재를 기울이지 않으면 안 된다는 것이다. 그것이 '도리'이며, 삶의 기쁨의 원천이다.

그러므로 보통사람들도 노력만 한다면 '지금, 이 자리'에서 안락 자족하는 삶의 행복을 충분히 누릴 수 있다. 우리도 만남의 일상 현장에서 자신의 '도리'를 다함으로써 자타간 인격의 교감과 상통의 기쁨을 얻을 수 있다. 만남의 이해득실을 따지는 사람의 어지러운 속셈과는 달리, 나의 순수한 마음은 상대방을 감동시키면서 서로 더불어 화해롭게 지내는 삶의 세계를 열어 나갈 것이다.

물론 '지금, 이 자리'의 정신은 미래의 전망을 전혀 갖지 않고 현재에만 머무르는 것이 아니다. 그 역시 미래 지향적인 의식을 분명히 갖고 있다. 다만 그에게 미래는 현재와 동떨어진 세계가 아니라, 현재 속에 용해되어 경험되는 시간이다. 비유하자면 그것은 마치, 자동차를 운전하는데 방향과 목적지가 이미 설정되어 있는 것과도 같다. 운전에 집중하는 사람이 사고 없이 목적지에 다다르는 것처럼, '지금, 이 자리'의 정신은 바로 현재 속에서 밝은 미래를 열어 나간다. 그는 현재야말로 미래를 기약할 수 있는 유일한 자리임을 안다.

과거도 마찬가지다. '지금, 이 자리'를 강조한다 해서 이미 지나간 과거의 일에 무관심한 것은 결코 아니다. 그는 지난 일들을 수시로 반성하면서 자신을 정화하고, 또 거기에서 무언가를 배운다. 이는 과거의 일에서 떠나지 못하고 자책과 회한에 빠지는 퇴행적인 사고와는 전혀 다르다. 과거의 반성과 학습 순간에도 분명히 '지금, 이 자리'의 정신이 투사된다. 말하자면 자신의 현존을 강화하고, 한편으로 보다 나은 미래를 확보하기 위해 과거를 되돌아보는 것일 뿐이다.

물론 그렇다고 해서 과거와 미래의 일들이 마음에 뜬금없이 떠오르거나 스치는 것까지 막을 수는 없을 것이다. 그것을 막으려 하면 할수록 오히려 마음의 혼란만 가중될 뿐이다. 거기에 마음을 곤두세우지 말고, 떠오르는 일들을 무심히 대해야 한다. 마치 달리는 차창 밖 먼 풍경 스치듯 말이다. 앞서 〈마음 바르게 갖기〉에서 논의한 것처럼 마음을 다만, 물체가 다가오면 비추고 지나가면 비우는 거울처럼 밝고 맑게 유지하도록 해야 한다. 과거와 미래의 생각들로 '지금, 이 자리'의 마음을 물들여서는 안 된다. 물든 마음은 사물과 세계를 올바로 바라볼 수 없음은 물론, 갖가지의 회한과 집착 등 부정적인 감정만 키울 것이다.

'지금, 이 자리'의 정신은 과거와 미래를 떠나 현실을 아무런 유보 없이 전적으로 받아들인다. 그는 어떠한 상황에든 한 치의 의심과 반발의 틈도 없이 밀착한다. 상황이 이미 필연으로 주어진 만큼, 그것을 부정하고 저항한다 해서 어떻게 될 수 있는 것이 아니라는 사실을 잘 알기 때문이다. 그는 다만 현재 주어진 자리를 삶의 출발점으로 여겨 자신이 행할 수 있는 '도리'를 다할 뿐이다.

우리 주변의 초목들은 '지금, 이 자리'에 충실한 정신을 잘 보여 준다. 이를테면 매화는 추위를 불평불만하지 않고 주어진 환경에 한 치의 틈도 없이 밀착하여 아름답게 꽃을 피워 낸다. 군자 역시 마찬가지다. 그는 고난의 현실에서 자신의 '도리'를 다하면서 자아를 꽃피우는 데에 집중한다. 《중용》은 위의 글에 이어 다음과 같이 말한다. "군자는 고요하고 평화로운 마음으로 하늘의 뜻을 기다리지만, 소인은 험한 행동으로 요행수를 찾는다."

'소인의 요행수'란 다른 뜻이 아니다. 그는 고통스러운 현실을 받아들이지 못하고 불평불만의 부정적인 마음만 키우면서 자신을 괴롭힌다. "내가 왜 이런 고생을 해야 하느냐?"고 하면서 남들을 허물하고 또 하늘을 원망한다. 그러한 마음은 당연히 밖으로 투사되어 일과 대인관계에 악영향을 미칠 것이다. 그는 한편으로 현재의 상황으로부터 벗어나기 위해 뜻밖의 행운을 찾아 부도덕과 불법의 '험한 행동'도 마다하지 않는다. 하지만 그렇게 해서 그가 잠시 불행한 상황을 벗어난다 하더라도, 그것은 바로 미래의 또 다른 불행을 낳는 업장業障이 될 뿐이다.

또한 그는 당면의 사물과 현실을 '수박 겉핥듯이' 대하게 될 것이다. 책을 읽으면서 다른 생각에 빠져 있는 사람처럼, 그는 '지금, 이 자리'의 의미와 가치에 관심을 갖지 않기 때문이다. 그리하여 그는 삶의 의미를 그만큼 놓칠 수밖에 없다. 그는 마치, 질긴 고기를 잠깐 씹다가 맛없다고 뱉어버리거나, 또는 오물오물 삼켜 버려 그 참맛을 모르는 사람과도 같다.

이와는 달리 '지금, 이 자리'에 집중하는 사람은 고난과 역경의 현실 속에서도 '고요하고 평화로운' 마음속에서 참삶의 의미를 깨달을 것이다. 질긴 고기라도 열심히 씹어 잘 소화시키는 사람처럼, 그는 당면의 어려운 상황에도 자신의 온존재를 투신함으로써 삶의 깊은 맛을 느끼게 될 것이다. 그리하여 그는 세속적인 행불행의 관념을 벗어나 자아를 꽃 피우는 삶 자체를 즐기면서 무한한 평화를 얻을 것이다.

그는 여기에서 '하늘의 뜻'까지 깨닫게 될 것이다. 주어진 상황 속에서 자신의 '도리'를 여한 없이 다하는 사람은 어떠한 고통도 '하늘의 뜻'으로 겸손하게 받아들일 것이다. 그는 사람으로서 할 수 있는 일을 다했기 때문이다. 마르틴 부버는 말한다. "자유를 실현한 자만이 운명과 조우할 수 있다. 자유로운 인간은 자유의 반대 이미지인 운명과 조우한다. 자유와 운명이 만나 서로 의미를 만드는 것은 인간의 한계가 아니라 완성이다." 사실 "진인사대천명盡人事待天命"의 세계도 깊이 들어가면 이와 다르지 않다.

　그는 더 나아가 경건의 정신을 체득할 것이다. '지금, 이 자리'에 담겨 있는 '하늘의 뜻'을 깨닫고 보면 삶에 경건하게 나서지 않을 수 없을 것이기 때문이다. 우리는 그 예를 독실한 신앙인들에게서 발견한다. 그들은 아무리 역경에 처해 있더라도 자신의 현존 자체에 신의 은총을 느낀다. 어떤 기록에 의하면 신앙심이 깊은 어느 에이즈 환자는 극심한 고통에도 삶의 무한한 축복을 느끼면서 얼마 남지 않은 여생을, 지난날 자신이 쌓아 온 업장業障을 정화하는 데에 진력했다고 한다.

　세상에 외경으로 나서는 '지금, 이 자리'의 정신은 삶에 신선한 활기를 부여하고 사물들을 경이롭게 바라보도록 해 줄 것이다. 그에게 삶은 결코 무의미한 일상의 반복에 불과하지 않다. 그는 두 번 다시는 없는 '지금, 이 자리'에서, 역시 두 번 다시는 만나지 못할 사물들 하나하나를 온몸으로 대면할 것이다. 아무리 길가의 잡초와 같은 미물이라도 그것에 내재된 깊은 뜻을 헤아려 실천하려 할 것이다.

　그처럼 온존재를 투신하는 삶의 정신은 무한한 고요와 평화 속에서 만물을 자신의 존재 깊이 보듬어 안으면서 그들을 따뜻하게 보살피려 할 것이다. 온존재의 정신은 남들을 나와 분리시키지 않고 자타간 하나 됨의 의식을 조성할 것이기 때문이다. 우주적 대아大我의 사랑이 여기에서 피어난다. 인류의 스승들은 그것을 인류 구원의 '박애'와, 물아일체의 '인仁'과, 동체대비同體大悲의 '자비慈悲'로 이념화하였다. 자타간 분별심을 떨치고 물아간 동일체 의식 속에서 미물 하나와도 아픔을 같이하면서 구원의 손길을 뻗치는 대자대비의 사랑으로 살아야 한다는 것이다. 이 이상으로 삶의 환희를 가져다주는 것은 없을 것이다.

참고 문헌.

동양 고전

《소학小學》

《대학大學》

《논어論語》

《맹자孟子》

《중용中庸》

《시경詩經》

《서경書經》

《주역周易》

《예기禮記》

《효경孝經》

《춘추좌씨전春秋左氏傳》

《노자도덕경老子道德經》

《장자莊子》

《공자가어孔子家語》

《주자서절요朱子書節要》

《심경心經》

《근사록近思錄》

《고문진보古文眞寶》

《명심보감明心寶鑑》

《채근담菜根譚》

《진일재집眞一齋集》

《정암선생문집靜庵先生文集》

《화담선생문집花潭先生文集》

《하서선생문집河西先生文集》

《퇴계전집退溪全書》

《율곡전집栗谷全書》

저서

《한국민속대관 1》(고려대학교 민족문화연구소, 1982)

문헌공 崔沖 선생기념사업회 편,《유학사상 崔沖의 위상》(성지문화사, 1999)

한국철학회 편,《문화철학》(철학과 현실사, 1995)

김기현,《선비》(민음사, 2009)

Bella et al, 《Habits of the Heart》(Perennial Library, 1986)

역서

《국역 연려실기술 II》(민족문화추진회, 1997)

정동호 · 이인석 · 김광윤 편,《죽음의 철학》(청람, 1986)

디팍 초프라, 이균형 옮김,《사람은 늙지 않는다》(정신세계사, 1994)

더크 보드, 이명수 옮김,《중국인은 무엇을 생각하고 어떻게 살아왔는가》(여강출판사, 1991)

에리히 프롬, 최혁순 옮김,《소유냐 존재냐》(범우사, 1999)

멜빈 레이더 · 버트람 제섭, 김광명 옮김,《예술과 인간가치》(이론과 실천, 1990)

에크하르트 톨레, 류시화 옮김,《지금 이 순간을 살아라》(양문, 2008)

M. 란트만, 진교훈 옮김,《철학적 인간학》(경문사, 1979)

마르틴 부버, 표재명 옮김,《나와 너》(문예출판사, 1992)

천작天爵

마르틴 부버, 윤석빈 옮김, 《인간의 문제》(길, 2007)

에드워드 윌슨, 권기호 옮김, 《생명의 편지》(사이언스북스, 2007)

앙드레 콩트-스퐁빌, 조한경 옮김, 《미덕에 관한 철학적 에세이》(까치, 1997)

C.A 반 퍼슨, 강영안 옮김, 《급변하는 흐름 속의 문화》(서광사, 1994)

리처드 니스벳, 최인철 옮김, 《생각의 지도》(김영사, 2004)

에모토 마사루, 양억관 옮김, 《물은 답을 알고 있다》(나무심는 사람, 2002)

헬레나 노르베리-호지, 김종철·김태언 옮김, 《오래된 미래》(녹색평론사, 2003)

알랭 로랑, 김용민 옮김, 《개인주의의 역사》(한길사, 2001)

존 블룸필드, 박영준 옮김, 《지식의 다른 길》(양문, 2002)

F. 카프라, 김용정·김동광 옮김, 《생명의 그물》(범양사출판부, 1998)

콜럼 코츠, 유상구 옮김, 《살아 있는 에너지》(양문, 1998)

논문

이상은, 〈제사의 의의〉(《사상계》 1956년 2월호)

김기현, 〈퇴계의 경사상〉(《퇴계학보》 122집, 2007)

───, 〈퇴계의 자기성찰 정신〉(《유교사상연구》 37집, 2009)

───, 〈퇴계의 욕망관에 내재된 인간학〉(《퇴계학보》 127집, 2010)

───, 〈퇴계의 수양학〉(《퇴계학보》 129집, 2011)

C. 프레드 알포드, 김강석 옮김, 〈한국인의 선과 악〉(《전통과 현대》 창간호, 1997)

문학

김수영, 《거대한 뿌리》(민음사, 1975)

신동엽, 《신동엽 전집》(창작과 비평사, 1975)

김춘수, 《김춘수 시선》(정음사, 1978)

서정주, 《서정주 시선》(정음사, 1978)

박노해, 《사람만이 희망이다》(해냄, 1997)

도종환, 《사람의 마을에 꽃이 진다》(문학동네, 2006)

안도현, 《바닷가 우체국》(문학동네, 1999)

김용택 외, 《사람들은 왜 모를까 외》(문학사상사, 1997)

최명희, 《혼불》(한길사, 1997)

천작天爵